Viktor E. Frankl

Der Mensch vor der Frage nach dem Sinn

W0312727

SERIE PIPER
Band 289

*Zu diesem Buch*

Keine Frage ist in letzter Zeit so brennend geworden und hat an Aktualität so zugenommen wie die Frage nach dem Sinn menschlicher Existenz. Es gibt wohl kaum einen Wissenschaftler, der sich sein ganzes Forscherleben hindurch dermaßen engagiert mit dieser Frage auseinandergesetzt hat – und zwar von vornherein in einem eminent interdisziplinären Denkstil – wie der Wiener Psychiater Viktor E. Frankl. Seine Logotherapie – oder, wie sie von einzelnen Autoren ebenfalls genannt wird, die »Dritte Wiener Richtung der Psychotherapie« (nach der Psychoanalyse und der Individualpsychologie) – ist ganz darauf abgestimmt, dem Menschen in der Sinnfindung Beistand zu leisten. Frankl entwickelte diese psychotherapeutische Methode in Auseinandersetzung mit den Hauptvertretern der traditionellen Psychotherapie. Die Logotherapie will aber im allgemeinen nicht Ersatz für die Psychotherapie sein; vielmehr besteht ihre Aufgabe in einer Hilfestellung bei der Auseinandersetzung mit dem »Leiden am sinnlosen Leben«.

Dieser Band bietet einen Querschnitt durch das gesamte publizistische Schaffen des Autors auf dem Gebiet der Psychotherapie und ihrer anthropologischen Grundlagen. Das Frankls gesamtes Werk durchziehende Problem der Frage nach dem Sinn des Seins wird zusammenfassend vorgestellt.

*Viktor E. Frankl*, geboren 1905 in Wien, Dr. med., Dr. phil., Professor für Neurologie und Psychiatrie an der Universität Wien. Er hatte Professuren an der Harvard University sowie in Dallas und Pittsburgh inne und ist Professor für Logotherapie an der International University in San Diego (Kalifornien). Begründer der Logotherapie, auch »Dritte Wiener Richtung der Psychotherapie« genannt. Frankl erhielt Ehrendoktorate von 27 Universitäten in aller Welt und zahlreiche andere Ehrungen. Seine 30 Bücher sind in 23 Sprachen übersetzt. (Zu seinen Veröffentlichungen vgl. den Anhang des Buches.)

Viktor E. Frankl

# Der Mensch vor der Frage nach dem Sinn

Eine Auswahl aus dem Gesamtwerk

Mit einem Vorwort von Konrad Lorenz

Mit 16 Abbildungen

Piper
München Zürich

Von Viktor E. Frankl liegen in der Serie Piper außerdem vor:
Die Psychotherapie in der Praxis (475)
Im Anfang war der Sinn (mit Franz Kreuzer) (520)
Die Sinnfrage in der Psychotherapie (577)
Der leidende Mensch (1223)
Der Wille zum Sinn (1238)

Über Viktor E. Frankl liegt in der Serie Piper vor:
Alfried Längle (Hg.), Entscheidung zum Sein (791)

ISBN 3-492-10289-1
Neuausgabe April 1985
10. Auflage, 60.–64. Tausend Februar 1995
(7. Auflage, 40.–44. Tausend in dieser Ausgabe)
© R. Piper & Co. Verlag, München 1979
Umschlag: Federico Luci
Satz: H. Mühlberger, Gersthofen
Druck und Bindung: Clausen & Bosse, Leck
Printed in Germany

*Meinem toten Neffen Peter Bondy*

# Inhalt

# Vorwort

Albert Einstein hat einmal gesagt – oder soll einmal gesagt haben –, der Wissenschaftler sei vor die Wahl gestellt, entweder verständlich und oberflächlich oder aber gründlich und unverständlich zu schreiben. Das ist durchaus nicht immer richtig. Woferne der Wissenschaftler weiß, wo im Gesamtbild des Menschheitswissens seine eigene Forschung ihren Platz hat und welche Rolle sein Beitrag in dem großen Mosaik dieses Gesamtwissens zu spielen hat, ist er in vielen Fällen auch imstande, dies so darzustellen, daß er nicht nur von den Fachgenossen verstanden werden kann, ja, er ist dazu verpflichtet. Die Erfüllung dieser Pflicht scheint vielen Gelehrten schwerzufallen. Wer sich ein Leben lang mit einem ziemlich engen und speziellen Bereich von Fragen beschäftigt hat, neigt begreiflicherweise dazu, ihre Bedeutung – und damit seine eigene – zu überschätzen. Erst wenn er aus dem berüchtigten Elfenbeinturm seiner Wissenschaft herauskommt, merkt er, wie klein eigentlich sein eigener Beitrag zu der Gesamtheit des Menschheitswissens ist.

Die Selbstüberschätzung des Fachwissenschaftlers wird dadurch gefördert, daß er immer weniger über andere Fächer weiß. Das kollektive Wissen der Menschheit wächst nicht nur rapide, sondern mit einer exponentiell zunehmenden Geschwindigkeit. Die Wissenskapazität des Einzelmenschen aber wächst nur in jenem Tempo, das der Evolution nun einmal vorgeschrieben ist, wenn auch immer noch sehr schnell im Vergleich zu anderen Vorgängen der Evolution. Daraus allein ergibt sich, daß der Einzelmensch immer weniger Teil am Gesamtwissen der Menschheit hat.

Dieser Vorgang an sich ist nicht als pathologisch zu bezeichnen. Schon Goethe hat Entwicklung als Differenzierung und Subordination, als Verschiedenwerden und Unterordnung der Teile unter das Ganze definiert. Das Ergebnis dieses hoffentlich nicht schicksalhaften und unaufhaltsamen Spezialisationsvorganges ist die Tyrannis der Expertise, man kann auch sagen, die Sklaverei der Experten. Welchem Beruf immer ein hoffnungsvoller junger Mensch sich zuwendet, er wird in Vorbereitung zum Beruf so viel lernen und später bei seiner Ausübung so viel arbeiten müssen, daß er einfach keine Zeit hat, über andere Wissensgebiete auch nur einigermaßen orientiert zu bleiben. Er hat nicht einmal genug Zeit, um »zu sich zu kommen«, zu reflektieren. Die Reflexion aber ist eine konstitutive Eigenschaft des Menschen, sie ist ein Menschenrecht, und die in Rede stehende Entwicklung unserer Kultur bedeutet einen Verlust an Menschlichkeit. Ganz sicher ist es das Gefühl für diesen Verlust, das so vielen jungen Menschen das Leben sinnlos erscheinen läßt. Dieses Sinnlosigkeitsgefühl ist, wie Viktor Frankl sagt, charakteristisch für eine Massenneurose, die heute unsere westliche Kultur ergriffen hat.

Eine zweite Wurzel der Sinnentleerung unserer Welt besteht in ihrer Ent-Wertung. Die Macht, die der Menschheit aus den sogenannten exakten Naturwissenschaften und damit letzten Endes aus analytischer Mathematik erwuchs, läßt die Menschheit diese Wissensquellen über- und alle anderen unterschätzen. Ein echter Massenwahn der heutigen Menschheit besteht in dem Irrglauben, es habe nur dasjenige reale Existenz, was sich in der Sprache der exakten Naturwissenschaften ausdrücken und quantifizierend beweisen läßt. Damit wird die ganze Welt der Emotionen, werden menschliche Würde und Freiheit, kurzum alles, was einen wirklichen Wert darstellt, für Illusion erklärt.

Zu diesem Irrglauben trägt der Umstand bei, daß für jeden Menschen nur das wirklich scheint, womit er täglich umgeht, worauf er wirkt und was auf ihn zurückwirkt. Dies aber ist für die Mächtigen und Verantwortlichen dieser Welt, die man unter dem Modewort der »Lobbies« zusammenfassen kann, ausschließlich das Geld. Mit ihm lassen sich außerdem wunderschöne mathematische Operationen vornehmen.

Paradoxerweise halten sich diese Geldmenschen für Realisten und wollen nicht verstehen, daß ein exponentielles Wachstum der Wirtschaft im endlichen Raum unseres Planeten zur Katastrophe führen muß. Den Ökologen, der ihnen vorrechnet, wie bald diese Katastrophe zu erwarten ist, halten sie merkwürdigerweise für einen Träumer, der sich in nostalgischen Illusionen nach grünen Wäldern und singenden Vögeln sehnt. Daß man nur das essen kann, was die Photosynthese in diesen grünen Pflanzen erzeugt, begreifen sie nicht, und die

Sage vom König Midas macht ebensowenig Eindruck auf sie wie die Aussage des alten wienerischen Sprichwortes, daß man goldene Nokkerln nicht fressen kann.

Was die Menschheit im gegenwärtigen Augenblick zu tun im Begriffe ist, ist so wahnsinnig, daß man an den alten lateinischen Spruch gemahnt wird »quem deus vult perdere, prius dementat«. Nichts liegt dem Naturforscher wie dem Arzte ferner, als an ein unausbleibliches, mystisch determiniertes Schicksal zu glauben, wie Oswald Spengler es getan hat, der in seinem berühmt gewordenen Buche »Der Untergang des Abendlandes« von einem »natürlichen Altern der Kultur« und von einer »Logik der Zeit« spricht.

Der Naturforscher, der immer und überall nach Ursachen fragt, ist niemals Fatalist. Die Tatsache, daß bisher alle Kulturen im Stadium der Hochkultur zugrunde gegangen sind, ist für ihn kein Grund, an die Unabwendbarkeit solchen Geschehens zu glauben. Er glaubt vielmehr, daß das Sterben von Kulturen durch Krankheiten verursacht wird und daß das Erkennen der Ursachen unter Umständen der erste Schritt zu ihrer Heilung ist. Die Ursachen, die unsere heutige Menschheit mit dem Untergang bedrohen, tragen ganz offensichtlich den Charakter eines Massenwahns, einer Neurose. Und sie liegen so offen zutage, daß viele sie gerade ihrer Offenkundigkeit und Banalität wegen nicht zu sehen vermögen. Der Biologe aber sieht sie, und auch der Arzt ist ein Biologe. Unter den Ärzten aber ist der Psychiater zuständig für die Rettung unserer Kultur, denn sie wird von vielen Geisteskrankheiten bedroht. Wenn ein Psychiater von dem Format eines Viktor Frankl den Ausspruch tut: »Die Welt ist nicht heil, aber sie ist heil-bar«, so ruft er damit die gesamte wissenschaftliche Welt und vor allem die Jugend dazu auf, die Gründe des Verderbens einzusehen und die Katastrophe in letzter Stunde zu verhindern. Manche Neurosen können dadurch geheilt werden, daß man dem Patienten ihre Ursachen zum Bewußtsein bringt. Vielleicht ist das bei der Massenneurose der Menschheit auch der Fall. Das vorliegende Buch liefert einen großen Beitrag zu dieser Form der Heilung.

Altenberg, im Mai 1979 Konrad Lorenz

# TEIL I

## *Ein Längsschnitt durch das Gesamtwerk: Vorträge aus den Jahren 1946–1976*

# Das Buch als Therapeutikum*

Wenn vom Buch als einem Therapeutikum gesprochen wird, so geschieht dies durchaus im klinischen Ernst. Nimmt doch die sogenannte Bibliotherapie bereits seit Jahrzehnten im Rahmen der Neurosenbehandlung einen legitimen Platz ein. Dem Patienten wird jeweils die Lektüre bestimmter Bücher – und zwar keineswegs nur die von Sachbüchern – empfohlen. Dieser Einsatz des Buches ist selbstverständlich ein gezielter und richtet sich nach dem jeweiligen Fall.

Im Hinblick darauf, daß sich die Psychotherapie wesentlich auf eine Partnerschaft zwischen Arzt und Krankem gründet, kann natürlich davon keine Rede sein, daß jemals das Buch den Arzt und die Bibliotherapie eine Psychotherapie zu ersetzen vermöchte. Und doch darf in dieser Hinsicht das Buch nicht unterschätzt werden. Ich besitze Dokumente, aus denen eindeutig hervorgeht, daß Menschen, die jahrzehntelang an schweren Neurosen gelitten hatten und jahrelang in Behandlung gestanden waren, einzig und allein auf Grund der Lektüre eines Buches eine bestimmte Methode und Technik der Psychotherapie selber und selbständig auf den eigenen Fall anwenden und sich dann auch endlich einmal von ihrer Neurose befreien konnten.

Die Möglichkeit, das Buch therapeutisch einzusetzen, geht jedoch weit über das Pathologische hinaus. So vermag das Buch etwa in existentiellen Krisen – von denen ja niemand verschont bleibt – einfach Wunder zu wirken. Das rechte Buch zur rechten Zeit hat viele Menschen vor dem Selbstmord bewahrt, und davon wissen wir Psychiater sehr wohl ein Lied zu singen. In diesem Sinne leistet das Buch echte Lebenshilfe – und Sterbehilfe. Ich meine da nicht die soeben in Mode gekommenen Bücher, in deren Titeln stereotyp das Wortpaar »death and dying«, »Tod und Sterben«, vorkommt und in

---

* Festvortrag zur Eröffnung der Buchwoche '75 in der Wiener Hofburg.

denen vom Sterben gesprochen wird, als ob es sich um nichts anderes handeln würde als um einen Prozeß, der sich in so und so viele Phasen einteilen und womöglich auch noch manipulieren läßt. Sondern ich meine den Tod als eine der menschlichen Grenzsituationen, als einen der Aspekte jener »tragischen Trias« der Existenz – wie ich sie nennen möchte –, zu der sich Tod, Leid und Schuld zusammenfügen. Ich kenne Briefe, die auf dem Sterbebett geschrieben wurden, und andere, die aus dem Kerker geschmuggelt wurden, und in all diesen Briefen wird rührend zum Ausdruck gebracht, wieviel irgendein Buch, ja auch nur ein einzelner Satz, gerade in einer solchen Situation äußerer Abgeschlossenheit und innerer Aufgeschlossenheit bedeuten konnte.

Solche therapeutischen Effekte lassen sich noch potenzieren, wo immer sich eine ganze Gruppe zusammentut und zusammenfindet, um irgendwelche Bücher gemeinsam zu studieren beziehungsweise dann auch durchzudiskutieren. Ich verfüge über Protokolle, aus denen hervorgeht, wie sich unter den Häftlingen des Staatsgefängnisses von Florida eine Studiengruppe ganz spontan herauskristallisierte und wie therapeutisch sich dann die Gruppenlektüre auswirkte:

Die Nummer 552–022 schreibt mir:

»Während der letzten paar Monate hat eine Gruppe von Häftlingen miteinander Ihre Bücher gelesen und Ihr Tonband gehört. Wie wahr: daß sich auch noch im Leiden ein Sinn finden läßt. Unsere Gruppe besteht aus 9 Häftlingen, und wir treffen einander 2mal wöchentlich. Und ich muß sagen, was da geschieht, grenzt an ein Wunder. Menschen, die hilflos und hoffnungslos gewesen waren, finden einen neuen Sinn in ihrem Leben. Hier, im Gefängnis mit den härtesten Sicherheitsvorkehrungen von ganz Florida, nur ein paar hundert Meter entfernt vom elektrischen Stuhl, stellen Sie sich vor, ausgerechnet hier werden unsere Träume wahr.«

Freilich: Sachbücher tun's nicht immer. Es gibt vielmehr Situationen, in denen sich sagen läßt: Wo alle Worte zuwenig wären – dort ist jedes Wort zuviel. Es wäre denn, wir suchen Zuflucht beim Wort eines Dichters. Zumindest ist es mir einmal so ergangen. Der Direktor des berüchtigten Zuchthauses von San Quentin, das sich in der Nähe von San Francisco befindet, hatte mich eingeladen, vor den Häftlingen – durchaus Schwerstkriminellen – einen Vortrag zu halten. Nachdem ich das getan hatte, stand einer meiner Zuhörer auf und sagte, den Leuten von der Death Row, in deren Zellen sich die zum Tod Verurteilten aufhalten, sei es verboten worden, zum Vortrag zu kommen, und er fragte, ob ich nicht einem von ihnen, Mr. Mitchell, der in wenigen Tagen in der Gaskammer exekutiert werde, wenigstens durchs Mikrophon ein paar Worte sagen könnte. Ich war hilflos. Aber ich konnte mich nicht herumdrücken um die Bitte. So improvisierte ich denn: »Glauben Sie mir, Mr. Mitchell, irgendwie kann ich ihre Situation verstehen. Schließlich mußte auch ich eine Zeitlang im Schatten einer Gaskammer leben. Aber, glauben Sie mir, Mr. Mitchell, auch damals habe ich nicht einen Augenblick lang meine Überzeugung aufgegeben, daß das Leben unter allen Bedingungen und Umständen einen Sinn hat. Denn entweder hat es einen Sinn – dann muß es ihn auch behalten, wenn es noch so kurz dauert. Oder aber es hat keinen Sinn – dann könnte es auch nicht sinnvoll werden, wenn es noch so lange dauern würde. Selbst ein Leben, das wir anscheinend vertan haben, läßt sich noch rückwirkend mit Sinn erfüllen, indem wir gerade durch die Selbsterkenntnis über uns hinauswachsen.« Und wissen Sie, was ich dem Mr. Mitchell dann erzählt habe? Die Geschichte vom Tod des Iwan Iljitsch, wie sie uns Tolstoi hinterlassen hat. Die Geschichte eines Mannes, der auf einmal mit der Tatsache konfrontiert ist, daß er nicht mehr lange zu leben hat, und dem plötzlich zum Bewußtsein kommt, wie sehr er das Leben verpfuscht hatte. Aber gerade an dieser Einsicht wächst er innerlich so sehr über sich hinaus, daß er noch imstande ist, das scheinbar so sinnlos gewesene Leben rückwirkend mit Sinn zu überfluten.

Mr. Mitchell war der letzte Mann, der in der Gaskammer von San Quentin starb. Kurz vor seinem Tod jedoch gab er dem San Francicso Chronicle ein Interview, und aus ihm geht eindeutig hervor, daß er die Geschichte vom Tod des Iwan Iljitsch mitbekommen hatte ...

Der Lesehunger der Jugend ist bekannt. Instinktiv weiß sie um die Kraftquellen, die ihr da zur Verfügung stehen. Wie anders ließe sich erklären, was sich einmal – vor Jahrzehnten – im Lager Theresienstadt ereignet hat. Ein Transport mit an die tausend jungen Menschen mußte zusammengestellt werden, und am nächsten Morgen ging es ins Lager Auschwitz. Am selben Morgen aber mußte festgestellt werden, daß in der Nacht in die Lagerbücherei eingebrochen worden war. Jeder einzelne von den Todgeweihten hatte sich Werke seiner Lieblingsdichter, aber auch wissenschaftliche Bücher in den Rucksack gestopft. Als Reiseproviant auf der Fahrt ins (zum Glück noch) Unbekannte. Und jetzt soll mir jemand noch kommen und sagen: »Erst kommt das Fressen, dann kommt die Moral.«

Wir sind nicht blind. Das Buch braucht sich keineswegs immer weiß Gott wie segensreich auszuwirken. Nicht zuletzt sind wir skeptisch geworden, was die Popularisierung wissenschaftlicher Forschungsergebnisse anbelangt. Einstein hat einmal gemeint, dem Wissenschaftler bleibe nur die Wahl, entweder verständlich und oberflächlich zu schreiben, oder aber gründlich und unverständlich. Bei alledem ist ein Unverständnis auf seiten des Lesers noch immer harmloser als ein Mißverständnis. Aber auch ein Mißverständnis kann harmlos sein. Dies war etwa der Fall, als der New Yorker Psychiater Binger einen öffentlich zugänglichen Vortrag über Psychosomatische Medizin gehalten hatte und dann gefragt wurde, in welchem Geschäft denn ein Fläschchen psychosomatischer Medizin erhältlich sei.

Die Gefahr des Mißverstehens sehe ich ganz anderswo. Nur allzu leicht führt eine weniger popularisierte als vielmehr vulgarisierte Wissenschaft dazu, daß der Mensch sich selbst mißversteht – daß sein Selbstverständnis verbildet wird, indem ihm Halbwahrheiten, Viertelwahrheiten, Achtelwahrheiten angeboten werden, als würde es sich um die ganze Wahrheit handeln. Und woher dies kommt?

Für gewöhnlich hören wir die Leute darüber klagen, daß sich die Wissenschaftler zu sehr spezialisieren. Ich glaube, das Gegenteil ist wahr. Der Jammer ist nicht, daß sich die Wissenschaftler spezialisieren. Sondern der Jammer ist, daß die Spezialisten generalisieren. Wir kennen die sogenannten terribles simplificateurs. Sie vereinfachen alles. Aber es gibt auch die terribles généralisateurs, wie ich sie nennen möchte. Die terribles simplificateurs schlagen alles über einen Leisten. Die terribles généralisateurs bleiben nicht einmal bei ihrem Leisten. Sie verallgemeinern alles. Wie anders sollen sie auch einen Bestseller zustande bringen – wie sollen sie popularisieren, *ohne* zu generalisieren?

Unter dem Einfluß der Massenindoktrination, die schon von den bloßen Titeln solcher Bestseller ausgeht, versteht der Leser sich selbst nicht mehr als Menschen, sondern – und ich zitiere zwei Bestsellertitel – als einen »nackten Affen« und einen Apparat und Mechanismus »jenseits von Freiheit und Würde«. Dazu kommt der Nihilismus von heute. Der Nihilismus von gestern erging sich im Gerede vom Nichts. Der Nihilismus von heute verrät sich durch die Worte »nichts als . . .« Der Mensch ist »nichts als« das Produkt von Produktionsverhältnissen, von Erbe und Umwelt, von sozio-ökonomischen und psychodynamischen Bedingungen und Umständen und weiß der Teufel was. So oder so: er wird hingestellt wie ein Opfer der Verhältnisse, während er in Wirklichkeit der Schöpfer der Verhältnisse ist, zumindest ihr Gestalter und, wann immer es nötig sein sollte, auch ihr Umgestalter.

Namentlich eine vulgarisierte Tiefenpsychologie spielt dem neurotischen Leser willkommene Alibis in Hülle und Fülle in die Hände. Schuld an allem sind dann nur noch die Komplexe. Er ist dann für nichts mehr verantwortlich. Es gibt ja keinen freien Willen mehr. Aber wie weise antwortete mir einmal eine schizophrene Patientin auf meine Frage, ob sie sich etwa *nicht* wie willensfrei vorkomme, mit der Bemerkung: »Wissen S', Herr Doktor, i' bin willensfrei, wann i' will, und wann i' net will, bin i' net willensfrei.« Und was im besonderen die Komplexe anbelangt, schrieb mir einmal eine Nicht-Patientin: »Ich habe eine fürchterliche Kindheit hinter mir, bin in einem sogenannten Broken Home aufgewachsen und habe bittere Not gelitten. Und doch möchte ich all das Schreckliche, das ich in meiner Kindheit erlebt und erfahren habe, nicht missen. Denn ich bin überzeugt, daß viel Positives aus ihm hervorgegangen ist. Komplexe? Der einzige Komplex, an dem ich leide, ist der Gedanke, daß ich eigentlich Komplexe haben müßte, ohne wirklich welche zu haben.«

Das Gerede vom »nichts als«, oder, wie diese Einstellung zum Menschen ebenfalls genannt wird, der Reduktionismus, ist nur der eine Aspekt des zeitgenössischen Nihilismus. Der andere Aspekt ist der Zynismus. Es ist schick geworden, sich über die heile Welt lustig zu machen, den Menschen herunterzumachen, ihn zu verteufeln. Selbstverständlich gehört es nicht zu den Aufgaben der Literatur, die Wirklichkeit zu beschönigen, sie zu verharmlosen. Sehr wohl mag es aber zu ihren Aufgaben gehören, jenseits der Wirklichkeit eine Möglichkeit aufleuchten zu lassen, die Möglichkeit einer Veränderung der Wirklichkeit, die Möglichkeit einer Umgestaltung der Wirklichkeit. Die Welt liegt im argen – wem sagen Sie das? Sie ist nicht heil. Aber Sie werden verstehen müssen, daß es mir als Arzt widerstrebt, es dabei bewenden zu lassen. Die Welt ist nicht heil, aber heil-bar. Und eine Literatur, die es verschmäht, in diesem Sinne ein Heilmittel zu sein und am Kampf gegen die Krankheit des Zeitgeistes teilzunehmen – eine solche Literatur ist nicht eine Therapie, sondern ein Symptom, das Symptom einer Massenneurose, der sie noch dazu in die Hände arbeitet. Wenn der Schriftsteller nicht fähig ist, den Leser gegen Verzweiflung zu immunisieren, dann soll er es doch wenigstens unterlassen, ihn mit Verzweiflung noch zu infizieren.

Denn die Massenneurose von heute ist charakterisiert durch ein weltweit um sich greifendes Sinnlosigkeitsgefühl. Heute ist der Mensch nicht mehr so sehr wie zur Zeit von Sigmund Freud sexuell, sondern existentiell frustriert. Und heute leidet er weniger als zur Zeit von Alfred Adler an einem Minderwertigkeitsgefühl, sondern eben an einem Sinnlosigkeitsgefühl, das mit einem Leeregefühl einhergeht, mit einem existentiellen Vakuum. Heute ist es bereits im Osten, ja in der Dritten Welt zu beobachten. So hat der tschechische Neurologe Professor Vymetal nachweisen können, daß »diese Krankheit von heute, der Verlust des Lebenssinns, besonders bei der Jugend, ohne Einreisegenehmigung die Grenzen der kapitalistischen und der sozialistischen Gesellschaftsordnung überschreitet«. Wenn Sie mich fragen, wie ich mir die Heraufkunft des Sinnlosigkeitsgefühls erkläre, dann kann ich nur sagen, im Gegensatz zum Tier sagt dem Menschen kein Instinkt, was er *muß*, und im Gegensatz zum Menschen in früheren Zeiten sagt ihm keine Tradition mehr, was er *soll* – und nun scheint er nicht mehr recht zu wissen, was er eigentlich *will*. So kommt es denn, daß er entweder nur will, was die anderen tun – und da haben wir den Konformismus –, oder aber er tut nur, was die anderen wollen, von ihm wollen – und da haben wir den Totalitarismus.

Mit Hilfe von Tests ist statistisch nachgewiesen worden, daß das Sinnlosigkeitsgefühl am meisten unter den jungen Menschen verbreitet ist. Und Ingenieur Habinger hat auf Grund einer statistischen Stichprobe ermitteln können, daß es unter 500 Wiener Lehrlingen innerhalb der letzten Jahre von 30 Prozent bis auf 80 Prozent gestiegen ist. Was Amerika anbelangt, haben meine Mitarbeiter an der United States International University den Nachweis erbringen können, daß so weltweite und im Zunehmen begriffene Phänomene wie Aggressivität beziehungsweise Kriminalität, Drogenabhängigkeit und Selbstmord im Grunde auf eines zurückzuführen sind, und das ist eben das Sinnlosigkeitsgefühl. Unter den amerikanischen Studenten rangieren als Todesursache die Verkehrsunfälle an 1. Stelle, und an 2. Stelle folgen bereits die Selbstmorde. Dabei sind die Selbstmordversuche 15mal häufiger, und die Dunkelziffer ist noch nicht berücksichtigt. Zum Glück. Denn wir Ärzte haben nicht nur therapeutisch, sondern auch prophylaktisch zu denken, und auf dem Gebiete der Selbstmordverhütung ist Publicity nicht so ohne weiteres von Vorteil. Vielleicht genügt es, wenn ich Ihnen in diesem Zusammenhang verrate, daß in Detroit einmal die Häufigkeit von Selbstmorden beziehungsweise Selbstmordversuchen jäh abnahm, um erst nach 6 Wochen ebenso jäh wieder zuzunehmen. Während dieser 6 Wochen hatte es nämlich einen kompletten Zeitungsstreik gegeben, und den Selbstmorden und Selbstmordversuchen war Publicity komplett versagt geblieben.

Es muß eben nicht alles gesagt werden. Wenn ich einem Patienten den Blutdruck messe, und der ist, sagen wir, 160, und ich sag's dem Patienten, dann ist er ja nicht mehr 160, sondern inzwischen ist er auf 180 gestiegen. Denn der Patient fürchtet sich vor einem Schlaganfall. Sag' ich ihm hingegen, auf seine bange Frage, praktisch sei der Blutdruck normal, er habe also nichts zu befürchten, dann ist der Patient beruhigt, und der Blutdruck ist auch wirklich nur noch 140.

Nun zurück zum Sinnlosigkeitsgefühl. Wie läßt sich »das Buch als Therapeutikum« einsetzen gegen diese Massenneurose von heute? Vor allem an drei Fronten, gegen drei aktuelle und akute Aspekte der Zeitkrankheit, nämlich: die Sonntagsneurose, die Pensionierungskrise und die Arbeitslosigkeitsneurose.

Am Sonntag, während des Weekends, wenn die wochentägliche Betriebsamkeit innehält, kommt einem das Sinnlosigkeitsgefühl nur um so mehr zum Bewußtsein. Das hat eine typische Depression zur Folge, eben die sogenannte Sonntagsneurose. Und die nimmt anscheinend zu. Hat doch das Institut für Demoskopie in Allensbach feststellen müssen, daß es 1952 26 Prozent waren, denen an Sonntagen die Zeit so lang wird, während es heute 37 Prozent sind.

Analoges gilt von der Pensionierungskrise, dem psychosomatischen Verfall bei Menschen, die außer der Arbeit kaum einen Lebensinhalt gekannt haben und, entlastet vom Druck beruflicher Verpflichtungen und konfrontiert mit der Leere in sich, einfach zusammensakken. Umgekehrt können wir dem psychophysischen Kräfteverfall im Alter steuern, wenn wir nicht nur physisch, sondern auch psychisch fit bleiben, und da spielt das Buch nicht nur eine Rolle als Therapeutikum, sondern auch als Prophylaktikum. Jedenfalls habe ich auf niemandes Schreibtisch so viel Bücher aufgetürmt gesehen, wie auf dem von Professor Berze, einem gewesenen Direktor des »Steinhof«, der in geistiger Frische und Regsamkeit im 91. Lebensjahr gestorben ist.

Was schließlich die Arbeitslosigkeitsneurose anbelangt, handelt es sich um ein Krankheitsbild, das ich bereits im Jahre 1933 in der Sozialärztlichen Rundschau beschrieben habe, und zwar auf Grund von Erfahrungen, die ich im Rahmen einer von der Arbeiterkammer gestarteten Aktion »Jugend in Not« sammeln konnte. Es hatte sich herausgestellt, daß die Not eben nicht nur eine wirtschaftliche, sondern auch eine seelische war. Ohne Arbeit erschien den Leuten das Leben sinnlos – sie selbst kamen sich nutzlos vor. Das Bedrückendste war nicht die Arbeitslosigkeit an sich, sondern das Sinnlosigkeitsgefühl. Der Mensch lebt nicht von der Arbeitslosenunterstützung allein.

Im Gegensatz zu den dreißiger Jahren ist die Wirtschaftskrise heute auf eine Energiekrise zurückzuführen: zu unserem Schrecken hatten wir entdecken müssen, daß die Energiequellen nicht unerschöpflich sind. Ich hoffe nur, daß Sie es nicht für frivol halten, wenn ich nun die Behauptung wage, die Energiekrise und das mit ihr einhergehende verminderte Wirtschaftswachstum sei, was unseren frustrierten Willen zum Sinn anlangt, eine einzige große Chance. Wir haben die Chance, uns selbst zu be-sinn-en. Zur Zeit der Überflußgesellschaft hatten die meisten Leute genug, *wovon* sie leben konnten. Aber viele Menschen wußten von nichts, *wofür* sie hätten leben können. Nunmehr mag es sehr wohl zu einer Akzentverschiebung kommen von den Lebens-Mitteln zu einem Lebens-Zweck, zu einem Lebens-Sinn. Und im Gegensatz zu den Energiequellen ist der Sinn unerschöpflich. Nichts aber vermöchte die Sinnfindung katalytisch so sehr in Gang zu bringen wie das Buch. Daß der Mensch auch instinktiv um die damit gegebene Möglichkeit weiß, sich in Zeiten wirtschaftlicher Depression wenigstens innerlich über Wasser zu halten, läßt sich daran erkennen, daß in Ländern mit Massenarbeitslosigkeit mehr Bücher denn je gekauft und gelesen werden.

Dazu kommt noch, daß im Gegensatz zu den Massenmedien und dem Sich-berieseln-lassen, zu dem sie den Menschen verleiten, das Buch das Selektiv-sein fördert. Ein Buch können Sie nicht wie einen Rundfunk- oder einen Fernsehapparat einfach aufdrehen und abschalten. Für ein Buch müssen Sie sich erst entscheiden. Sie müssen es erstehen oder wenigstens entlehnen, Sie müssen es lesen und zwischendurch innehalten, um auch zu denken. Mitten in einer von der Dehumanisierung bedrohten Arbeitswelt schüttet der Mensch Inseln auf, auf denen er nicht nur sich unterhalten kann, sondern auch sich besinnen, nicht nur sich zerstreuen, sondern auch sich sammeln. Die aufs Lesen verwendete Freizeit verhilft ihm nicht zur Flucht vor sich selbst, vor seiner eigenen Leere, sondern sie läßt ihn »zu sich kommen«. Mit einem Wort, das Buch dient nicht einer zentrifugalen, sondern einer zentripetalen Freizeitgestaltung. Es entlastet uns vom Leistungsdruck, von der Vita activa, und ruft uns zurück in die Vita contemplativa, ins beschauliche Dasein, wenn auch nur von Zeit zu Zeit.

Und worin mag die Aufgabe und Verantwortung des Buchhandels bestehen? Darin, daß er dem Menschen seinen Willen zum Sinn, der heute so frustriert ist, zunächst einmal überhaupt erst zumutet. Solange wir uns von vornherein auf den Standpunkt stellen, der Leser sei für dieses oder jenes Buch einfach zu blöd, bleibt er nicht nur auch wirklich blöd, sondern wird er überhaupt erst blöd. Es gibt Idioten, die überhaupt nur Idioten geworden sind, weil ein Psychiater sie einmal dafür gehalten hat. Es tut mir leid, aber ich muß diesen Festvortrag schließen wie ein Gymnasiast seine Redeübung, mit einem Goethezitat: »Wenn wir den Menschen so nehmen, wie er ist, dann machen wir ihn schlechter. Wenn wir ihn aber so nehmen, wie er sein soll, dann machen wir ihn zu dem, der er werden kann.«

# Der Pluralismus der Wissenschaften und die Einheit des Menschen*

Zunächst einmal obliegt es mir, dem Akademischen Senat Dank zu sagen für den Auftrag, einen der fünf wissenschaftlichen Vorträge zu übernehmen, die aus Anlaß des 600. Geburtstages der Universität Wien veranstaltet werden. Dem Anlaß gemäß geziemt es sich, auszugehen von der Idee der Universität. Der Idee der Universität auf dem Objektpol steht auf dem Subjektpol gegenüber die Universalität des Wissens. Der universitas litterarum kann von Rechts wegen nur das studium generale gerecht werden. Womit wir aber heute konfrontiert werden, ist eher ein studium speciale. Denn heute leben wir in einem Zeitalter der Spezialisten, und was sie uns vermitteln, sind bloß partikuläre Perspektiven und Aspekte der Wirklichkeit. Vor den Bäumen der Forschungsergebnisse sieht der Forscher nicht mehr den Wald der Wirklichkeit. Die Forschungsergebnisse sind aber nicht nur partikulär, sondern auch disparat, und es fällt schwer, sie zu einem einheitlichen Welt- und Menschenbild zu verschmelzen. An sich muß die Diskrepanz zwischen den Abbildungen der Wirklichkeit noch lange nicht einen Verlust an Erkenntnis mit sich bringen, sondern kann im Gegenteil sehr wohl einen Gewinn an Erkenntnis ausmachen. Im Falle des stereoskopischen Sehens etwa wird gerade durch das Voneinanderabweichen der Abbildungen nicht mehr und nicht weniger als eine ganze Dimension, eben die Dimension des Raumes erschlossen. Bedingung und Voraussetzung ist aber, daß eine Fusion der Netzhautbilder zustande kommt. Analog bedarf es einer »Anstrengung des Begriffs« (Hegel), um die disparaten Ergebnisse der wissenschaftlichen Forschung zu einem einheitlichen Welt- und Menschenbild zu verschmelzen.

---

* Festvortrag, gehalten anläßlich der 600-Jahrfeier der Universität Wien am 13. Mai 1965 im Großen Festsaal der Wiener Universität.

Nun kann das Rad der Entwicklung nicht zurückgedreht werden. In einer Zeit, deren Forschungsstil durch das Teamwork charakterisiert ist, können wir der Spezialisten weniger denn je entraten. Aber die Gefahr liegt ja gar nicht im Spezialistentum als solchem, nicht so sehr im Mangel an Universalität als vielmehr im Anschein der Totalität des Wissens, den sich so manche Wissenschaftler geben, im Anspruch auf ein »Totalwissen« (Jaspers), den sie erheben. In dem Augenblick, in dem dies geschieht, schlägt Wissenschaft aber auch schon um in Ideologie. Was im besonderen die Wissenschaften vom Menschen anlangt, wird in diesem Augenblick aus Biologie Biologismus, aus Psychologie Psychologismus und aus Soziologie Soziologismus. Wie wir sehen, liegt die Gefahr gar nicht darin, daß sich die Forscher spezialisieren, sondern darin, daß die Spezialisten – generalisieren. Wir alle kennen die sogenannten terribles simplificateurs. Ihnen an die Seite stellen ließen sich nun die terribles généralisateurs, wie ich sie nennen möchte. Die terribles simplificateurs vereinfachen alles; sie schlagen alles über einen Leisten. Die terribles généralisateurs aber bleiben nicht einmal bei ihrem Leisten, sondern verallgemeinern ihre Forschungsergebnisse. Lassen Sie mich Ihnen ein flagrantes Beispiel vor Augen führen: In »The Modes and Morals of Psychotherapy« wird uns folgende Definition angeboten: »Man is nothing but a biochemical mechanism, powered by a combustion system, which energizes computers.« Nun, als Neurologe stehe ich dafür ein, daß es durchaus legitim ist, den Computer als ein Modell zu betrachten, sagen wir, für das Zentralnervensystem. Der Fehler liegt erst im nothing but, in der Behauptung, der Mensch sei nichts als ein Computer. Der Mensch ist ein Computer; aber er ist zugleich unendlich mehr als ein Computer, dimensional mehr als ein Computer. Der Nihilismus demaskiert sich nicht durch das Gerede vom Nichts, sondern maskiert sich durch die Redewendung »nichts als«. Die Amerikaner sprechen in diesem Zusammenhang von einem reductionism. Wie sich zeigt, reduziert der reductionism den Menschen nicht nur um eine ganze Dimension, sondern verkürzt ihn um nicht mehr und nicht weniger als um die Dimension des spezifisch Humanen.

Dem gelehrten Nihilismus, wie er im Reduktionismus zum Ausdruck kommt, steht der gelebte Nihilismus gegenüber, als der sich das existentielle Vakuum interpretieren ließe. Es handelt sich um das Erlebnis einer inneren Leere, um das Gefühl einer abgründigen Sinnlosigkeit, dem wir Psychiater auf Schritt und Tritt begegnen.

Dem existentiellen Vakuum arbeitet nun der Reduktionismus mit seiner Tendenz, den Menschen zu reifizieren, zu versachlichen und zu entpersönlichen, in die Hände. Es klingt wie ein overstatement, ohne aber eines zu sein, wenn der junge amerikanische Soziologe William Irwin Thompson erklärt: »Humans are not objects that exist as chairs or tables; they live, and if they find that their lives are reduced to the mere existence of chairs and tables, they commit suicide.« (Main Currents in Modern Thought 19, 1962.) Und sie tun es unter Umständen wirklich: Als ich an der Universität von Ann Arbor, Michigan, einen Vortrag gehalten und in dessen Rahmen das existentielle Vakuum besprochen hatte, behauptete in der Diskussion der Dean of Students, der Studentenbetreuer, dem existentiellen Vakuum begegne er in seiner Beratungsstelle täglich, und er sei bereit, mir eine ganze Liste zusammenzustellen von Studenten, die eben auf Grund ihres Zweifels an einem Lebenssinn schließlich verzweifelt waren und Selbstmord begangen hatten.

Es läßt sich also verstehen, daß die California College Association eine Diskussion veranstaltete, zu der Huston C. Smith, der Ordinarius für Philosophie am Massachusetts Institute of Technology, und ich als sein Partner eingeladen worden waren. Die Diskussion galt den »Value Dimensions in Teaching«[1], der Wertproblematik des Hochschulstudiums. Die erste Frage, die mir Professor Smith nun stellte, lautete, ob und wie wir Professoren im Rahmen des Universitätsbetriebs den Studenten Werte vermitteln oder so etwas wie einen Lebenssinn geben können. Woraufhin ich zur Antwort gab: Werte können wir nicht lehren – Werte müssen wir leben. Und einen Sinn können wir dem Leben unserer Studenten nicht geben – was wir ihnen zu geben, mit auf den Weg zu geben vermöchten, ist vielmehr einzig und allein ein Beispiel: das Beispiel unserer eigenen Hingabe an die Aufgabe der Forschung. Daraufhin wollte Professor Smith wissen, ob denn nicht auch vom Inhalt und Gegenstand her Sinn und Werte herangetragen werden können an die Studenten, also nicht nur durch das Wie des Darbietens, sondern auch durch das Was des Lehrstoffs. Ich aber meinte, heute müssen wir schon froh sein, wenn die Auswahl des Lehrstoffs nicht danach angetan ist, die ursprüngliche Ausrichtung und Hinordnung des jungen Menschen auf Sinn und Werte geradezu zu unterminieren. Dies aber ist genau das, was na-

1 A color television film produced by Hollywood Animators, Inc.

mentlich in den USA unentwegt geschieht. Dort wird nämlich im allgemeinen eben ein durchaus reduktionistisches Bild vom Menschen an die Studenten herangetragen, deren Enthusiasmus solcherart auf die Zerreißprobe gestellt wird. Zum Glück verfügen sie anscheinend über unerschöpfliche Ressourcen. Wie anders wären die vielen Meldungen zum Peace Corps zu verstehen ...

Um die Rettung des Menschlichen im Angesicht der reduktionistischen Aspirationen einer pluralistischen Wissenschaft bemüht waren nun wie kaum ein anderer Nicolai Hartmann mit seiner Ontologie und Max Scheler mit seiner Anthropologie. Sie unterschieden distinkte Stufen bzw. Schichten wie das Leibliche, das Seelische und das Geistige. Ihnen entspricht je eine Wissenschaft, dem Leiblichen die Biologie, dem Seelischen die Psychologie usw. usw. Der Verschiedenheit der Stufen beziehungsweise Schichten aber entspringt eben »der Pluralismus der Wissenschaften«.

... und wo bleibt »die Einheit des Menschen«? Wo doch das Menschsein, wie eine Keramik, von Rissen und Sprüngen, von »qualitativen Sprüngen« (Hegel) durchsetzt und durchzogen ist? Bekanntlich wurde die Kunst definiert als Einheit in der Mannigfaltigkeit. Nun, ich möchte den Menschen definieren als Einheit trotz der Mannigfaltigkeit. Denn es gibt eine anthropologische Einheit trotz der ontologischen Differenzen, trotz der Differenzen zwischen den unterschiedlichen Seinsarten. Die Signatur der menschlichen Existenz ist die Koexistenz zwischen der anthropologischen Einheit und den ontologischen Differenzen, zwischen der einheitlichen menschlichen Seinsweise und den unterschiedlichen Seinsarten, an denen sie teilhat. Kurz, die menschliche Existenz ist »Unitas multiplex«, um mit dem Aquinaten zu sprechen. Ihr aber wird weder der Pluralismus noch ein Monismus gerecht wie der, dem wir in »Benedicti de Spinoza ethica ordine geometrico demonstrata« begegnen. Aber es sei mir im folgenden verstattet, eine Imago hominis »ordine geometrico demonstrata«, ein Menschbild zu skizzieren, das mit geometrischen Analogien operiert. Es handelt sich um eine Dimensionalontologie (Frankl, Jahrbuch für Psychologie und Psychotherapie 1, 1953, S. 186), und es gibt zwei Gesetze der Dimensionalontologie, deren erstes lautet:

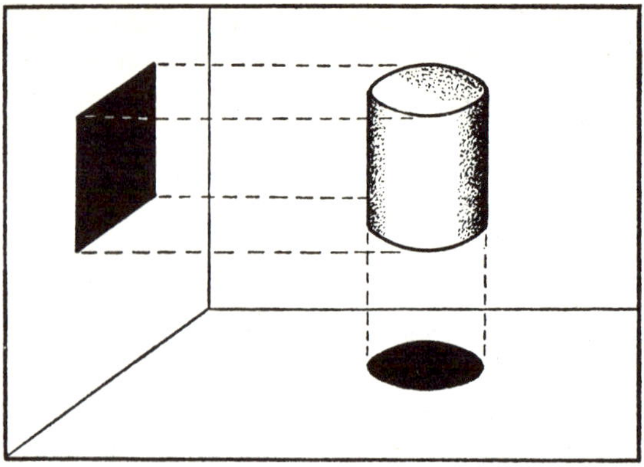

Abb. 1[2]

Ein und dasselbe Ding, aus seiner Dimension heraus in verschiedene Dimensionen hinein projiziert, die niedriger sind als seine eigene, bildet sich auf eine Art und Weise ab, daß die Abbildungen einander widersprechen. Projiziere ich beispielsweise das Trinkglas da, geometrisch ein Zylinder, aus dem dreidimensionalen Raum heraus in die zweidimensionalen Ebenen des Grund- und Seitenrisses hinein, dann ergibt dies im einen Falle einen Kreis, im anderen Falle jedoch ein Rechteck. Darüber hinaus ergibt die Projektion aber auch insofern einen Widerspruch, als es sich in jedem Falle um eine geschlossene Figur handelt, während das Trinkglas doch ein offenes Gefäß ist.

Das zweite Gesetz der Dimensionalontologie lautet:

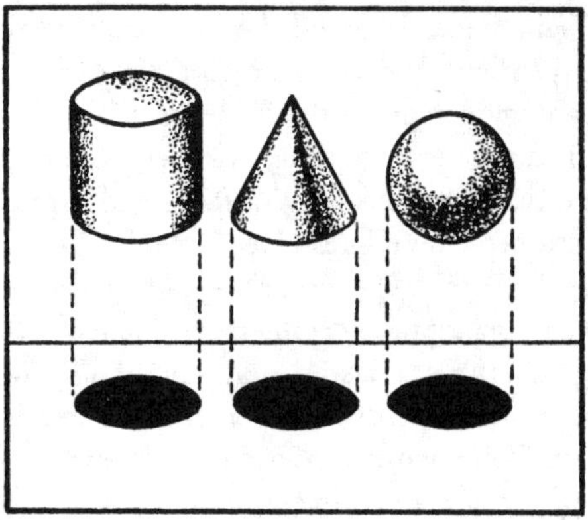

Abb. 2[2]

(Nicht ein und dasselbe, sondern) verschiedene Dinge, aus ihrer Dimension heraus (nicht in verschiedene Dimensionen, sondern) in ein und dieselbe Dimension hinein projiziert, die niedriger ist als ihre eigene, bilden sich auf eine Art und Weise ab, daß die Abbildungen (nicht einander widersprechen, sondern) mehrdeutig sind. Projiziere ich beispielsweise einen Zylinder, einen Kegel und eine Kugel aus dem dreidimensionalen Raum heraus in die zweidimensionale Ebene des Grundrisses hinein, dann ergibt dies in jedem Falle einen Kreis. Nehmen wir an, es handle sich um die Schatten, die der Zylinder, der Kegel und die Kugel werfen, dann sind die Schatten insofern mehrdeutig, als ich aus ihnen, die ja die gleichen sind, nicht darauf schließen kann, ob es ein Zylinder, ein Kegel oder eine Kugel ist, was sie wirft.

Wie sollen wir nun all dies auf den Menschen anwenden? Nun, auch der Mensch, um die Dimension des spezifisch Humanen reduziert und in die Ebenen der Biologie und der Psychologie projiziert, bildet sich auf eine Art und Weise ab, daß die Abbildungen einander widersprechen. Denn die Projektion in die biologische Ebene ergibt

2 Aus Viktor E. Frankl: Der Pluralismus der Wissenschaften und das Menschliche im Menschen. In: Das neue Menschenbild. Die Revolutionierung der Wissenschaften vom Leben. Ein internationales Symposion, herausgegeben von Arthur Koestler und J. R. Smythies. Wien-München-Zürich 1970, S. 374–385.

somatische Phänomene, während die Projektion in die psychologische Ebene psychische Phänomene ergibt. Im Lichte der Dimensionalontologie aber widerspricht der Widerspruch nicht der Einheit des Menschen. Er tut es ebensowenig, wie der Widerspruch zwischen dem Kreis und dem Rechteck der Tatsache widerspricht, daß es sich um die Projektionen ein und desselben Zylinders handelt. Wollen wir aber im Auge behalten: Die Einheit der menschlichen Seinsweise, welche die Mannigfaltigkeit der unterschiedlichen Seinsarten, an denen sie teilhat, überbrückt, also die Überbrückung von Gegensätzen wie Soma und Psyche, werden wir vergebens in den Ebenen suchen, in die wir den Menschen projizierten. Vielmehr ist sie einzig und allein in der nächst höheren Dimension, in der Dimension des spezifisch Humanen zu finden.

Es kann also nicht die Rede davon sein, daß wir das psychophysische Problem lösen. Es mag aber sehr wohl sein, daß die Dimensionalontologie ein Licht darauf wirft, warum das psychophysische Problem unlösbar ist. Analoges gilt vom Problem der Willensfreiheit. Denn nicht anders als im Falle des offenen Gefäßes, dessen Projektion in die Ebenen des Grund- und des Seitenrisses geschlossene Figuren ergab, bildet sich der Mensch in der biologischen Ebene als ein geschlossenes System physiologischer Reflexe und in der psychologischen Ebene als ein geschlossenes System psychologischer Reaktionen ab. Wieder ergibt also die Projektion einen Widerspruch. Denn es gehört zum Wesen des Menschen, daß er ebenfalls offen ist, daß er »weltoffen« (Scheler, Gehlen und Portmann) ist. Mensch sein heißt auch schon über sich selbst hinaus sein. Das Wesen der menschlichen Existenz liegt in deren Selbsttranszendenz, möchte ich sagen. Mensch sein heißt immer schon ausgerichtet und hingeordnet sein auf etwas oder auf jemanden, hingegeben sein an ein Werk, dem sich der Mensch widmet, an einen Menschen, den er liebt, oder an Gott, dem er dient. Solche Selbsttranszendenz sprengt den Rahmen all der Menschenbilder, die im Sinne eines Monadologismus (Frankl, Der Nervenarzt 31, 1960, S. 385) den Menschen als ein Wesen hinstellen, das nicht über sich selbst hinaus nach Sinn und Werten langt und solcherart nach der Welt orientiert, sondern insofern ausschließlich an sich selbst interessiert ist, als es ihm um die Aufrechterhaltung beziehungsweise Wiederherstellung der Homöostase zu tun ist. Daß das Homöostaseprinzip nicht einmal in der Biologie, geschweige denn in der Psychologie durchgängig gilt, wie von Bertalanffy beziehungsweise Goldstein, Allport und Charlotte Bühler nachweisen konnten, wird vom Monadologismus ignoriert. Die Geschlossenheit der Systeme physiologischer Reflexe und psychologischer Reaktionen steht aber im Lichte der Dimensionalontologie in keinem Widerspruch zur Menschlichkeit des Menschen. Sie tut es ebensowenig, wie die Geschlossenheit des Grund- und des Seitenrisses des Zylinders zu dessen Offenheit in Widerspruch steht.

Nun wird uns auch klar, daß die in den niedrigeren Dimensionen gewonnenen Befunde innerhalb dieser Dimensionen nach wie vor in Geltung stehen, und dies gilt im gleichen Maße von so einseitigen Forschungsrichtungen wie Pawlows Reflexologie, Watsons Behaviorismus, Freuds Psychoanalyse und Adlers Individualpsychologie. Freud war genial genug, um zu wissen um die dimensionale Standortgebundenheit seiner Theorie. Schrieb er doch an Ludwig Binswanger: »Ich habe mich immer nur im Parterre und Souterrain des Gebäudes aufgehalten.« (Ludwig Binswanger, Erinnerungen an Sigmund Freud, Francke, Bern 1956, S. 115.) Der Versuchung des Reduktionismus in Form des Psychologismus, ja, ich möchte sagen, eines Pathologismus, erlag Freud erst in dem Augenblick, in dem er zu folgendem Nachsatz ausholte: »Für die Religion habe ich eine Wohnstatt in meinem niedrigen Häuschen schon gefunden, seitdem ich auf die Kategorie ›Menschheitsneurose‹ gestoßen bin.« (l. c.) Erst hier irrte Freud.

Sein Wort vom »niedrigen Häuschen« ist aber ein Stichwort. Muß doch klargestellt werden, daß, wann immer von niedrigeren beziehungsweise höheren Dimensionen die Rede ist, nicht eine Rangordnung präjudiziert und nicht ein Werturteil impliziert ist. Im Sinne der Dimensionalontologie besagt eine höhere Dimension vielmehr, daß wir es mit einer umfassenderen Dimension zu tun haben, die eine niedrigere Dimension in sich einschließt und einbegreift. Die niedrigere Dimension ist also in der höheren Dimension durchaus im mehrdeutigen Sinne von Hegel »aufgehoben«. Und so ist denn auch der Mensch, einmal Mensch geworden, irgendwie Tier und Pflanze geblieben. Nicht anders als ein Flugzeug, das ja ebenfalls nicht die Fähigkeit verliert, sich gleich einem Auto in der Ebene, auf dem Boden zu bewegen. Freilich wird es sein Flugzeugsein erst unter Beweis stellen, sobald es vom Boden abhebt und sich in den Raum erhebt. Womit nicht bestritten werden soll, daß ein Fachmann bereits von der Konstruktion des Flugzeuges, solange es noch gar nicht fliegt, wird ablesen können, ob es überhaupt fähig ist zu fliegen.

Damit möchte ich auf Portmann angespielt haben, der nachweisen konnte, daß sich die Menschlichkeit des Menschen bis in dessen Anatomie hinein verfolgen läßt. Denn selbst der Leib des Menschen ist immer schon von dessen Geist geprägt.

Die Wissenschaft hat aber nicht nur das Recht, sondern sogar die Pflicht, die Multidimensionalität der Wirklichkeit auszuklammern, die Wirklichkeit abzublenden, aus dem Spektrum der Wirklichkeit eine Frequenz herauszufiltern. Die Projektion ist also mehr als legitim. Sie ist obligat. Der Wissenschaftler muß die Fiktion aufrechterhalten, als ob er es mit einer unidimensionalen Realität zu tun hätte. Aber er muß auch wissen, was er tut, und das heißt, er muß um die Fehlerquellen wissen, an denen vorbei er die Forschung zu steuern hat.

Womit wir auch schon dort angelangt wären, wo sich das zweite Gesetz der Dimensionalontologie auf den Menschen anwenden läßt: Projiziere ich nicht dreidimensionale Gebilde in eine zweidimensionale Ebene, sondern Gestalten wie Fedor Dostojewski oder Bernadette Soubirous in die psychiatrische Ebene, dann ist für mich als Psychiater Dostojewski nichts als ein Epileptiker wie jeder andere Epileptiker und Bernadette nichts als eine Hysterikerin mit visionären Halluzinationen. Was sie darüber hinaus sind, bildet sich in der psychiatrischen Ebene nicht ab. Denn sowohl die künstlerische Leistung des einen als auch die religiöse Begegnung der anderen liegt außerhalb der psychiatrischen Ebene. Innerhalb der psychiatrischen Ebene aber bleibt alles so lange mehrdeutig, bis es transparent wird auf etwas anderes hin, das dahinter stehen mag, das darüber stehen mag, gleich dem Schatten, der insofern mehrdeutig war, als ich nicht feststellen konnte, ob es der Zylinder, der Kegel oder die Kugel war, was den Schatten warf[3].

---

3 Nehmen wir andere 3 Phänomene her, die im beschriebenen Sinne ebenfalls gelegentlich isomorph in Erscheinung treten können: Religion, Weltanschauung und Schizophrenie. Wohin es führt, wenn diese 3 Phänomene einseitig und ausschließlich innerhalb der psychiatrischen Ebene betrachtet werden, läßt sich an Hand eines Referates illustrieren, das auf dem Kongreß der Deutschen Gesellschaft für Psychiatrie und Nervenheilkunde in Bad Nauheim (1970) von J. v. Zedtwitz gehalten wurde und in dem es hieß: »Zwischen Religion, Weltanschauung und Schizophrenie bestehen auffällige Übereinstimmungen in der äußeren Erscheinungsform; wenn man sie in einer Tabelle nebeneinanderstellt, findet man, daß sogar die gleichen Bezeichnungen für viele korrespondierende Phänomene gebraucht werden. Diese Übereinstim-

mung läßt die Vermutung eines gemeinsamen Ursprungs aufkommen, und der wird tatsächlich in der« – Sie werden es nicht erraten – »Kastrationsangst gefunden. Zur Abwehr der Kastrationsangst, die als Gottesfurcht oder Gespensterangst auftritt, gebraucht jedermann in Gestalt der Religionsübung analoge Mechanismen wie der Schizophrene zu dem gleichen Zweck. Auch bei sich materialistisch nennenden Weltanschauungen treten die gleichen Phänomene auf, da auch hier ebenso Kastrationsangst vorhanden ist.« (Zentralblatt Neurologie *201*, 1971, S. 274.)

# Zeit und Verantwortung*

Ins Protokoll der Welt »aufgenommen« wird alles, unser ganzes Leben, all unser Schaffen, Lieben und Leiden; aufgenommen wird es in dieses Protokoll und »aufgehoben«, aufbewahrt bleibt[1] es in ihm. Es ist also nicht so, wie ein großer Existenzphilosoph es sieht: daß die Welt gleichsam ein Manuskript ist – ein Manuskript, das überdies in einer »Chiffreschrift« abgefaßt ist. Nein, die Welt ist kein Manuskript, das wir zu entziffern haben (und nicht entziffern können) – die Welt ist vielmehr ein Protokoll, das wir zu diktieren haben.

Und dieses Protokoll ist dramatisch. Hat doch Martin Buber uns gelehrt, daß das Leben des Geistes nicht monologisch, sondern dialogisch sei. Und haben wir nicht selber gefunden, daß es das Leben ist, das uns ständig Fragen stellt? Und verstehen wir jetzt nicht endlich, warum das Protokoll der Welt dramatisch ist? Weil es mit das Protokoll unseres Lebens ist, und unser Leben letztlich ein Verhör ist: ständig stellt uns das Leben Fragen, ständig geben wir dem Leben Antwort – wahrlich, das Leben ist ein Frage- und Antwort-Ernst.

Und das Protokoll der Welt ist unverlierbar; das macht den Trost und unsere Hoffnung aus. Aber es ist nicht nur unverlierbar, sondern

---

* Auszug aus einem Vortrag, gehalten in Innsbruck am 19. Februar 1947 unter dem Titel »Der seelisch kranke Mensch vor der Frage nach dem Sinn des Daseins«.

1 Diesem Aufbewahrtbleiben im Vergangensein tut es nicht Abbruch, wenn das Vergangene aus dem Bewußtsein (aus dem Gedächtnis) verloren wurde: auch aus dem Bewußtsein verloren, läßt es sich nicht aus der Welt schaffen, sondern ist und bleibt es »in die Welt geschaffen«; ja selbst dann, wenn es uns überhaupt nie zum Bewußtsein gekommen ist, ist es – zur Welt gekommen. Das Vergangensein mit dem Erinnertwerden identifizieren hieße also, unsere Konzeption vom Seinscharakter des Vergangenseins ganz und gar subjektivistisch bzw. psychologistisch uminterpretieren.

auch unkorrigierbar, und das ist eine Warnung und eine Mahnung an uns. Denn wenn wir sagten, daß sich nichts Vergangenes aus der Welt schaffen lasse, bedeutet das nicht eine Mahnung, es eben *in* die Welt zu schaffen?

Und nun sehen wir ein weiteres: Wenn man im alltäglichen Sinne von Zeitgewinn spricht, dann denkt man immer an einen Gewinn von Zeit durch Hinausschieben in die Zukunft. Wir aber wissen jetzt: wir »gewinnen Zeit« – wir gewinnen »an« Zeit, oder wir gewinnen die Zeit »für uns«, indem wir etwas, statt es in die Zukunft hinauszuschieben, gerade umgekehrt in die Vergangenheit hineinretten.

Wie ist es nun aber, wenn die Zeit verronnen ist? Wenn das Dasein demnach »geronnen ist«, wenn es zur Endgültigkeit gerinnt? Dies ist der Fall im Tode.

Im Tode ist alles immobil geworden, nichts ist disponibel; dem Menschen steht nichts mehr zur Verfügung – kein Leib und keine Seele mehr ist ihm da verfügbar: es kommt zum totalen Verlust des psychophysischen Ich. Was bleibt, ist nur noch das Selbst, das geistige Selbst. Der Mensch hat also nach dem Tode kein Ich mehr – er »hat« überhaupt nichts mehr, er »ist« nur mehr: eben sein Selbst.

Und wenn man behauptet, im Sterben sehe der Mensch, etwa der im Gebirge abstürzende Kletterer, sein ganzes Leben wie in einem Filmraffer in unheimlicher Schnelligkeit nochmals vor sich ablaufen, dann könnten wir jetzt sagen: im Tode ist der Mensch der Film selbst geworden. Er *ist* nunmehr sein Leben, sein gelebtes Leben; er *ist* seine eigene Geschichte, sowohl die ihm geschehene als die von ihm geschaffene. Und so *ist* er auch sein eigener Himmel und seine eigene Hölle, je nachdem.

So gelangen wir aber auch zu der Paradoxie, daß die eigene Vergangenheit des Menschen die eigentliche Zukunft ist, die er zu gewärtigen hat[2]. Im Tode hat der Mensch zwar kein Leben, aber dafür ist er es. Und daß es das gewesene Leben ist, das er nunmehr »ist«, das kann uns nicht mehr stören; wissen wir doch, daß das Gewesensein die sicherste Form von Sein überhaupt ist.

Dieses Gewesensein aber ist recht eigentlich ein Gewesensein im

---

2 Der lebende Mensch hat Vergangenheit und hat Zukunft, der Sterbende hat keine Zukunft mehr, sondern nur mehr Vergangenheit; der Tote aber *ist* seine Vergangenheit.

Sinne des Perfectum – und keineswegs mehr etwa des Imperfectum. Denn das Leben ist ja jetzt vollendet – erst als vollendetes »ist« es ja. Während also im Laufe der Zeit, im Verlauf des Lebens, ähnlich wie beim Hindurchlaufen der Sandkörner durch die enge Stelle der Sanduhr, immer aufs neue nur einzelne faits accomplis in die Vergangenheit eingehen, ist jetzt, nach dem Tode, das ganze Leben, die Lebenstotalität, eingegangen ins Vergangensein – als par-fait accompli.

Aber dies führt uns zugleich zu einer zweiten Paradoxie, und einer doppelten noch dazu: Denn wenn wir davon sprachen, daß wir etwas in die Welt schaffen, indem wir es in das Sein der Vergangenheit hineinschaffen, dann ist es erstens der Mensch selbst, der sich in die Welt schafft, er setzt »sich selbst« in die Welt; und zweitens wird er nicht mit seiner Geburt in die Welt gesetzt, sondern er setzt sich selber in die Welt erst im Tode.

Wenn wir aber bedenken, daß es ja das Selbst ist, das er im Tode (selber) in die Welt setzt, dann werden wir über diese Paradoxie nicht mehr erstaunt sein. Denn das Selbst »ist« ja eigentlich nicht, es »wird« doch immer erst. Es kann somit gar nicht anders »sein« denn als *gewordenes*, eben als *fertig* gewordenes. Und fertig geworden ist es erst – im Augenblick des Todes.

Freilich »nehmen wir nichts ins Grab mit«; aber ist die Totalität des Lebens, das wir gelebt haben und im Sterben eben fertiggelebt haben, ist diese Totalität nicht etwas, was *außerhalb* aller Gräber bleibt, und außerhalb ihrer eben auch *bleibt?* Und nicht nur trotz der Vergänglichkeit bleibt, sondern eben gerade in seinem Vergangensein *aufbewahrt* bleibt?

Freilich, vom alltäglichen Menschen wird der Tod immer wieder mißverstanden. – Wenn der Wecker ratscht und uns aus dem Traum aufschreckt, dann erleben wir, noch im Traum befangen, den »Weckreiz« wie einen furchtbaren Einbruch in die Traumwelt, und wir wissen nicht, daß uns der Wecker zu unserem eigentlichen Sein, zur Tagwelt aufweckt. Ergeht es nun dem Sterbenden nicht ähnlich? Erschrecken wir Sterbliche nicht ebenfalls vor dem Tode? Mißverstehen nicht auch wir, daß und inwiefern er uns zu einer eigentlicheren, realeren Realität unserer selbst erweckt?

Und die zärtliche Hand, die uns aus dem Schlaf weckt – mag ihre Bewegung noch so zärtlich sein: wieder erleben wir nicht ihre ganze Zärtlichkeit, nein, wir empfinden sie wie einen schrecklichen Einbruch in unsere Traumwirklichkeit, sobald sie versucht, unseren

Schlaf hinwegzuscheuchen; auch den Tod, der unser Leben fortnimmt von uns, erfahren wir im allgemeinen wie etwas Furchtbares, das an uns geschieht, und wir ahnen kaum, wie gut er es mit uns meint . . .

# Kritik der reinen Begegnung

## Wie humanistisch ist die Humanistische Psychologie?*

Was heute der Psychotherapie not tut, ist der Einstieg in die eigentlich menschliche Dimension, in die Dimension der menschlichen Phänomene. Die Frage lautet nun, wie weit dies von der sogenannten Humanistischen Psychologie besorgt wird. Charlotte Bühler vertritt in ihrem soeben erschienenen Buch »Introduction into Humanistic Psychology« die Ansicht, daß die Logotherapie zu den humanistisch-psychologischen Richtungen gehört. Dennoch wollen wir im vorliegenden Rahmen die Logotherapie aus der Humanistischen Psychologie zumindest heuristisch heraushalten, um zu ihr kritisch Stellung nehmen zu können, und zwar in erster Linie zu dem weithin mißverständlichen und mißbräuchlichen Begriff der Begegnung, wie er seitens Humanistischer Psychologen immer wieder ins Treffen geführt wird.

Eigentlich wurde dieser Begriff ja nicht von den Humanistischen Psychologen eingeführt, sondern von den sogenannten Existentialistischen Philosophen. Bekanntlich geht er auf Martin Buber und Ferdinand Ebner zurück. Aber auch Jacob L. Moreno verdient in diesem Zusammenhang berücksichtigt zu werden (Einladung zu einer Begegnung, Wien 1914). Alles in allem ließe sich sagen, daß der Beitrag der genannten Denker zur Existenzphilosophie in einer Interpretation der menschlichen *Existenz* als einer *Ko-existenz* bestand. Im besonderen wurde die Koexistenz als eine Ich-Du-Beziehung interpretiert und als solche von vornherein als eine Beziehung angesehen, die sich, ich möchte sagen, nicht auf einer sub-humanen, sondern auf der humanen, ja, auf der personalen Ebene abspielt.

---

* Deutsche Übersetzung eines auf Einladung des Herausgebers des »Journal of the American Academy of Psychoanalysis« verfaßten und in dessen Jahrgang 1, Heft 1, 1973, veröffentlichten Aufsatzes.

Und doch wurde nicht mehr und nicht weniger als eine ganze Dimension noch immer ausgelassen. Um welche Dimension es sich handelt, mag klar werden, sobald wir uns der von Karl Bühler geschaffenen Sprachtheorie zuwenden. Er unterschied eine dreifache Funktion der Sprache, und zwar insofern, als die letztere für den Sprechenden eine Ausdrucksfunktion besitzt, für den jeweils Angesprochenen die Funktion eines Appells und hinsichtlich der jeweils besprochenen Tatsachen und Sachverhalte eine Darstellungsfunktion. So ließe sich denn sagen, daß ich, während ich mich an meinen Gesprächspartner wende, um ihm etwas *zur Kenntnis* zu bringen, mich selbst *zum Ausdruck* bringe. Solange es aber nur um diesen Ausdruck meiner selbst geht, habe ich es noch nicht mit der wirklichen Sprache zu tun, vielmehr mit einer bloßen Pseudo-Sprache, wie sie uns unter Umständen in Fällen von Schizophrenie gegenübertritt. Tatsächlich konnte ich in den frühen dreißiger Jahren einen Fall beschreiben, in dem die Patientin mit den von ihr »kreierten«, erfundenen (französisch klingenden) Worten nachweislich nicht etwas »meinte«, sondern einzig und allein ihr (preziöses) Lebensgefühl eben zum Ausdruck bringen wollte. Analoges gilt ja von der Art und Weise, auf die wir mit unseren Haustieren umzugehen pflegen, nämlich nur scheinbar und nicht wirklich mit ihnen »sprechend«: wir sprechen jeweils »zu« ihnen, aber nicht »von« etwas.

Mit der Anerkennung der für die menschliche Sprache so bedeutenden Darstellungsfunktion wird eine Dimension betreten, die für die menschliche Ko-existenz, für alles menschliche Einander-Begegnen, nicht weniger von Bedeutung ist. Wir meinen die Dimension, in die, Brentano und Husserl zufolge, die »geistigen Akte« bis zu ihren »intentionalen Gegenständen« vorstoßen. Der Gesamtbereich der intentionalen Gegenstände jedoch, mit einem Wort, der Gesamtbereich des von den geistigen Akten jeweils Angepeilten, ist identisch mit der Welt, von der die Existenzphilosophen nicht müde werden, zu beteuern, daß sie menschliches Dasein, eben im Sinne von »In-der-Welt-Sein«, als dessen Horizont immer schon umfaßt. Diese Struktur menschlichen Daseins bringt es mit sich, daß der Mensch eigentlich oder zumindest ursprünglich über sich selbst hinaus nach etwas langt, das nicht wieder er selbst ist, nämlich entweder nach einem Sinn, den zu erfüllen es gilt, oder nach anderem menschlichen Sein, dem zu begegnen und das zu lieben es gilt. Mit anderen Worten, der Mensch transzendiert sich selbst in die Welt hinein, auf den Sinn hin, auf den

Logos hin. Und eine Psychologie, die diesen Namen verdient, bezieht *beide* Hälften ihres Namens ins Gesichtsfeld mit ein: den Logos ebenso wie die Psyche.
Buber und Ebner haben nicht nur auf die Bedeutung der Begegnung hingewiesen, sondern auch auf ihren dialogischen Charakter. Ich möchte nun zu behaupten wagen, daß ein echter Dialog nicht zustande kommt, solange nicht die Dimension des Logos betreten wird. Ein Dialog ohne den Logos läuft auf einen Monolog à deux hinaus. Die Partner sind dann nicht mehr mit einem intentionalen Gegenstand befaßt, sondern nur noch damit beschäftigt, sich selbst zum Ausdruck zu bringen.

Im Gegensatz zum Begriff der Begegnung, wie wir ihn Buber und Ebner verdanken, ist nun der dem encounter group movement zugrundeliegende verwässerte Begegnungsbegriff insofern pseudo-humanistisch, als er die Selbst-Transzendenz allen Mensch-seins außer acht läßt. Für ihn ist der Mensch nicht ein über sich selbst hinaus gehendes Wesen, sondern eine Monade ohne Fenster (die den geistigen Akten den Blick auf deren intentionale Gegenstände freigeben würden). Was ihm zugrunde liegt, ist nicht eine wirklich humanistische Psychologie, sondern eigentlich eine Monadologie. Im besonderen ist diese *pseudo-humanistische Psychologie* noch immer nicht frei von der von Peter R. Hofstätter mit Recht so gegeißelten »Libidohydraulik«, der Auffassung vom Menschen als einem Wesen, dem es nicht etwa darum geht, in der Welt etwas zu besorgen, sondern eben nur darum, in sich selbst für den Ausgleich von Spannungen zu sorgen.

Im folgenden wird ein Fall wiedergegeben, der diese Fehlauffassung vom Menschen illustrieren mag. Die Patientin hatte sich einer encounter group angeschlossen und brachte im Rahmen einer Sitzung ihre Erregung und ihren Ärger zum Ausdruck, die auf ihren in Scheidung begriffenen Mann gerichtet waren. Der group leader forderte sie nun auf, auf einen Luftballon einzustechen und solcherart ihrem Ärger und ihrer Aggression »Luft zu machen«. Der Ballon trat also an die Stelle des ursprünglich gemeinten Objekts ihrer Aggression, nämlich ihres Mannes. Es ließe sich aber auch sagen, der Ballon sei an die Stelle des Subjekts einer Explosion getreten, denn anscheinend war der Zweck des Arrangements weniger, ihn zur Explosion zu bringen, als vielmehr, die Patientin davor zu bewahren, daß sie vor lauter Aggression explodiert. Nach der Prozedur wird sie sich auch leichter gefühlt haben. Dürfen wir aber auch annehmen, daß die von ihr empfundene Erleichterung echt war? War sie nicht eher das Ergebnis und die Wirkung einer Indoktrination, der Übertragung einer Ideologie? Wurde da nicht ein mechanistisches Menschenbild vom Therapeuten auf die Patientin übertragen? Die Erleichterung ist nur zu verstehen, wenn die Patientin sich selbst mißversteht, indem sie sich für ein geschlossenes System hält, das, soll es nicht Schaden leiden, vor einem Übermaß von Spannungen bewahrt werden muß, wie der Ballon, der angestochen werden muß, damit er nicht explodiert. Jemand, dessen natürlicher Realismus weder von einer Neurose noch von deren Therapie in einen Solipsismus verkehrt wurde, sagt sich: »Wenn ich meine Erregung auch noch so sehr los bin, ändert sich nichts, zumindest in der Welt ändert sich nichts, nach wie vor habe ich Grund, mich aufzuregen, und der Grund, aus dem ich mich aufrege, ist es, was mich interessiert.« Tatsächlich ist für ihn seine eigene emotionale Reaktion verhältnismäßig uninteressant.

Was auf den Ärger zutrifft, gilt auch von der Trauer. Wie wird ein Trauernder nach dem Tod des von ihm Geliebten auf das Angebot reagieren, eine Tranquilizer-Tablette einzunehmen? »Daß ich vor der Wirklichkeit meine Augen verschließe, macht sie noch lange nicht unwirklich. Daß ich einschlafe und dann vom Tod des von mir Geliebten nichts mehr weiß, macht ihn ebensowenig wieder lebendig. Das ist es einzig und allein, was mich interessiert: ob er lebendig ist oder nicht, und nicht, ob ich mich nun aufreg' oder nicht.« Das mögen seine Worte sein. Worum es dem Trauernden geht, ist nicht so sehr, ob er glücklich ist oder nicht, wie vielmehr, ob er zu dem einen oder anderen Grund hat. Eine *Psychologie ohne Logos* (um auf Wilhelm Wundts »Psychologie ohne Psyche« anzuspielen) kennt aber keine Gründe, auf die hin wir unser Verhältnis einrichten. Sie kennt nur Ursachen, und die gibt es nicht etwa draußen in der Welt, sondern in uns selbst, in unserer eigenen psychophysischen Verfassung. Ursachen sind aber nicht dasselbe wie Gründe. Wenn jemand Zwiebeln schneidet, dann weint er. Seine Tränen haben eine Ursache. Aber er hat keinen Grund zu weinen. Und wenn er unglücklich ist und einen Whisky zu sich nimmt, dann wird er weniger unglücklich sein, und der Whisky ist die Ursache dafür. Aber der Grund dazu, unglücklich zu sein, wird damit noch lange nicht aus der Welt geschafft. In der Welt ändert sich ja nichts. Wie wäre es aber, wenn er Gebrauch machte von der Fähigkeit des Menschen, das Leiden in eine Leistung zu verwandeln? Wie wäre es, wenn die in Scheidung begriffene Frau von ihrer Fähigkeit Gebrauch machte, auf dieser menschlichen Ebene zu ihrer in Brüche gegangenen Ehe Stellung zu nehmen, indem sie sich nicht dem Ärger überläßt, sondern eine Aussöhnung herbeiführt, und zwar entweder, wenn es noch möglich ist, mit ihrem Mann, oder, wenn es wirklich nicht mehr gehen sollte, mit ihrem Schicksal, dem Schicksal einer geschiedenen Frau? So oder so würde sie etwas unternommen haben, jedenfalls mehr, als wenn sie nur dafür gesorgt hätte, die Aggressionen zu ventilieren. Sie hätte ihr Schicksal in die Hand genommen. Erst dann hätte sie als Mensch agiert und nicht nur als Apparat reagiert. Blockiert aber nicht eine Psychologie, die den Menschen nicht als ein Stellung nehmendes, sondern nur als ein von Mechanismen und Impulsen gesteuertes Wesen ansieht, die Fähigkeit des Menschen, auf menschlicher Ebene eine Situation zu meistern, indem er nicht nur äußerlich ihr gewachsen ist, sondern auch innerlich an ihr über sich hinauswächst? Blockiert nicht eine Psychologie ohne Logos, die nur Ursachen und Wirkungen kennt, aber keinen Sinn, der noch das Leiden zu krönen vermöchte, blockiert nicht diese Psychologie, wenn sie vom Therapeuten auf den Patienten übertragen wird, des letzteren Fähigkeit, äußere Tragödien in innere Triumphe zu verwandeln und Zeugnis abzulegen vom humanen Potential, das in ihm schlummert? Und läßt sie nicht in unserem Fall die Patientin bei ihrem Glauben, sie sei abhängig davon, ob sich irgendein Mann von ihr scheiden läßt oder nicht und ob irgendwelche gegen ihn gerichteten, in ihr gestauten Aggressionen dräniert werden oder nicht?

In der Begegnung transzendiere ich mich selbst, wenn sie echt ist, und bringe nicht nur mich selbst zum Ausdruck. Und zwar transzendiere ich mich selbst auf den Logos hin. Die Pseudo-Begegnung basiert aber nicht auf einem echten Dialog, sondern auf einem Dialog ohne den Logos, und dient daher nur als ein Forum, um sich gegenseitig zum Ausdruck zu bringen. Was mag nun der Grund sein für die gegenwärtige Verbreitung der encounter groups, in deren Rahmen die Pseudo-Begegnung vorwiegend praktiziert wird?

Zunächst einmal wäre darauf hinzuweisen, daß sich der Mensch von heute ungemein dafür interessiert, daß sich andere für ihn interessieren. Sichtlich gibt es da ein Defizit. Anscheinend bringt die Industriegesellschaft immer mehr Menschen hervor, die an Einsamkeit leiden, der Einsamkeit einer »einsamen Masse«, wie der Bestsellertitel lautet. Das Klima ist kalt und unpersönlich, die Atmosphäre, die sie atmen, unmenschlich. Zwar unhörbar, aber unaufhörlich schreien sie nach menschlicher Wärme, nach menschlicher Nähe. Nach dieser Intimität lechzen sie so sehr, daß sie jeden Preis zu zahlen, jedes Opfer zu bringen bereit sind, auf die Gefahr hin, daß Intimität in Intimitäten umschlägt. Von der sexuellen Intimität zur sexuellen Promiskuität ist es dann ein Schritt.

Was in Wirklichkeit not tut, ist weniger Intimität um jeden Preis als vielmehr Schutz der Intimsphäre. Was not tut, ist der Mut zur Einsamkeit, die schöpferische Gestaltung der Einsamkeit, die Verwandlung der negativen Abwesenheit von Mitmenschen in die positive Gelegenheit zur Meditation. Die Industriegesellschaft legt einseitig Wert auf die vita activa, und diese Einseitigkeit bedarf ihrer Kompensation: der vita contemplativa. Das Gegenteil von Aktivität muß jedoch keineswegs Passivität sein, sondern kann auch Rezeptivität sein. Tatsächlich braucht der Mensch heute mehr denn je ein Gleichgewicht zwischen den schöpferischen Möglichkeiten, dem Leben einen Sinn zu geben, und den Gelegenheiten, die ihm Begegnung und Liebe geben. An dieser Stelle bietet uns das sensitivity training seine Dienste an.

Um nun auf den Schrei nach menschlicher Teilnahme zurückzukommen: das Dumme ist, daß unter den gegenwärtigen Umständen für diese Teilnahme gezahlt werden muß. Die Teilnahme an einem weekend workshop kann bis zu ein paar hundert Dollar kosten. Es läßt sich leicht ermessen, wie echt, wie menschlich das Interesse ist, das dem Teilnehmer entgegengebracht wird. Dazu kommt, daß zumindest in Kalifornien gerade die kostspieligsten einschlägigen Arrangements im allgemeinen in der Hand von ungenügend geschulten Leuten liegen, die weder methodisch und technisch unter Kontrolle stehen noch einem Stand angehören, an dessen Berufsethik sie gebunden wären. In einem Zeitalter, in dem gegen die sexuelle Heuchelei so losgezogen wird, wie es gegenwärtig der Fall ist, dürfte das Geschäft mit der Promiskuität nicht je nachdem als sensitivity training, encounter group oder nude marathon getarnt werden. Da lobe ich mir, verglichen damit, eine Prostituierte, die ehrlich und aufrichtig zugibt, daß sie ihr Geschäft im eigenen finanziellen Interesse betreibt, und nicht vorgibt, es im Interesse der Menschheit zu tun, deren Leiden auf den Mangel an Orgasmen zurückzuführen sei, deren »ewig Weh und Ach«, mit Goethes beziehungsweise Mephistopheles' Worten, sie daher »so tausendfach aus einem Punkte zu kurieren« habe. Sigmund

Freud wußte genau, was er tat, wenn er die Abstinenzregel aufstellte und die Gegenübertragung als einen Kunstfehler hinstellte. Seine loyalen Epigonen stehen auch zu diesen Regeln, und es fällt ihnen nicht ein, die zu bedauernde Ausnahme für ihre zu beherzigende Regel auszugeben. An die Ideale unserer Berufsethik nicht einmal asymptotisch heranreichen zu können gehört zur condition humaine. Aber niemand möge sich auf sein diesbezügliches Versagen etwas zugute tun.

Immerhin läßt sich der Kult, der namentlich in Amerika, und in Amerika namentlich in Kalifornien, mit der Intimität getrieben wird, psychologisch verstehen, psychologisch und soziologisch: bereits Yalom verwies im Rahmen des offizielllen Berichts, den zu erstellen er von der American Psychiatric Association beauftragt worden war, auf die unerhörte Mobilität der amerikanischen beziehungsweise kalifornischen Bevölkerung, die so häufig übersiedeln muß und an keinem Ort so recht Wurzel schlagen kann. Diese Entwurzelung, meint Yalom, führe zu einer Entfremdung. Ich möchte hinzufügen, daß es sich nicht nur um eine Entfremdung von der Umwelt handelt, sondern auch um eine Selbst-Entfremdung. Es kommt nicht nur zu einer Entfremdung von der Gesellschaft, sondern auch zu einer Entfremdung vom Gefühl. Gerade die angelsächsische Bevölkerung war viel zu lange Zeit unter dem Einfluß einer puritanischen Moral gestanden, die nicht nur die Beherrschung des Gefühls verlangt, sondern auch die Unterdrückung einer Gefühlsäußerung gefordert hatte. Analoges gilt von der Verdrängung der Sexualität. Seit Jahr und Tag jedoch wird diese Tendenz überkompensiert, und der gegenwärtige Trend ist, ins andere Extrem zu verfallen. Das Pendel schlägt nach der anderen Seite aus, und die Masse der Erzieher und Eltern huldigt einer übertriebenen permissiveness, die aber auch eine ausgesprochene Intoleranz gegenüber Versagungen und Spannungen zur Folge hat. Jedes Gefühl heischt seine Äußerung, und jedes Bedürfnis seine Befriedigung. Wir haben es mit einer emotionalen Inkontinenz zu tun, wie wir ihr im allgemeinen nur in Fällen von Thalamusläsion begegnen, in denen der Patient ohne adäquaten Anlaß weinen oder lachen muß und dann eine Zeitlang nicht mehr aufhören kann, es zu tun. Auch der Zeitgenosse, dessen emotionale Inkontinenz nicht auf biologische, sondern auf psychologische und letzten Endes soziologische Bedingungen und Ursachen zurückgeht, kann sich nicht zurückhalten, kann ein Gefühl nicht für sich behalten. Er muß es äußern, er muß sich mitteilen, und in dieser Not bietet ihm die encounter group die Hand. Im Rahmen der encounter group ist er zu einer bedingungslosen Gefühlsäußerung nicht nur berechtigt, sondern auch verpflichtet. Auch zu dem Bedürfnis, sich mitzuteilen, gibt es nun eine hirnpathologische Parallele, und zwar haben wir die Distanzlosigkeit im Auge, die in Fällen fortgeschrittener epileptischer Charakterveränderung symptomatisch ist. Der Patient scheut sich nicht, bis ins intimste Detail sein Leben zu erzählen und sich bis in die Privatsphäre hinein nach unserem Leben zu erkundigen.

So oder so sind emotionale Inkontinenz und Distanzlosigkeit pathologische Defekte. Sie rufen die encounter group und das sensitivity training auf den Plan. Die encounter group läßt sich ebenso als eine Reaktion auf die soziale Entfremdung verstehen, wie das sensitivity training als eine Reaktion auf die emotionale Entfremdung, die Selbst-Entfremdung. Individuell gesehen mag den Reaktionen eine therapeutische Funktion zukommen. Sozial gesehen sind sie symptomatisch. Unter Umständen arbeiten sie aber auch der Krankheit in die Hände. Das Gefühl läßt sich nicht absichtlich herbeiführen. Es entzieht sich der »Hyper-Intention«, um diesen Ausdruck einzuführen. Es muß sich einstellen, läßt sich aber nicht einfangen. Im Gegenteil, auf diese Art und Weise blockieren wir es nur[1].

Es gibt nun einmal Phänomene, die sich nicht wollen lassen: ich kann nicht glauben wollen, ich kann nicht lieben wollen, ich kann nicht hoffen wollen, und am allerwenigsten kann ich wollen wollen. Diese und verwandte Phänomene lassen sich nämlich nicht manipulieren. Dies rührt daher, daß ihre Manipulation nur auf dem Hintergrund der Verwandlung des Subjekts in ein Objekt möglich ist. Dies führt wieder dazu, daß ein Objekt, auf das sich das Subjekt intentional richtet, ausgeklammert wird[2]. Manipuliert jemand sich selbst, in-

---

1 Einer meiner kalifornischen Studenten, der im Rahmen meines Fortgeschrittenen-Seminars eine Forschungsarbeit erstellte, die dem encounter group movement gewidmet war, berichtete, was ihm widerfahren war (er hatte sich einer encounter group angeschlossen): »I was asked by many persons to be their friend ... I did not feel sincere in embracing someone and telling them that I love them and would be their friend but I did so anyway ... I forced myself to be emotional but to no avail ... The harder I tried the more difficult it was.«

2 Meines Erachtens ist das Merkmal eines Subjekts, daß es, auf Grund seiner Intentionalität, *eigene* Objekte besitzt, eben seine eigenen intentionalen Gegenstände, auf die hin es sich selbst transzendiert.

dem er ein »intentionales Gefühl« (Max Scheler) erzwingen will, dann verliert er den intentionalen Gegenstand aus den Augen, auf den sich das Gefühl gerichtet hätte, wenn es von ihm nicht solcherart bereits im Keime unterdrückt und erstickt worden wäre. Ich möchte dies an Hand eines alltäglichen Vorkommnisses illustrieren: will ich jemanden zum Lachen bringen, dann muß ich ihm wohl oder übel einen Witz erzählen. Es ist also so, daß ich nicht direkt einen »Gefühlszustand« (Scheler) anpeilen kann, sondern einen adäquaten Gegenstand anvisieren muß. Dann stellt sich der Gefühlszustand automatisch ein.

Analogem begegnen wir, wann immer wir die Behandlung von Minderwertigkeitsgefühlen in Angriff nehmen. Auch dieser Angriff darf nicht ein direkter sein. Will der Patient die Minderwertigkeitsgefühle überwinden, dann muß er dies auf einem Umweg besorgen, so zwar, daß er *trotz* ihrer seiner beruflichen Arbeit nachgeht und in der Freizeit *trotz* der Minderwertigkeitsgefühle seinen gesellschaftlichen Verpflichtungen nachkommt. Er muß an den Minderwertigkeitsgefühlen vorbei das Leben führen, er muß sie zunächst einmal ignorieren. Der Frontalangriff hält sie nur im Brennpunkt der Aufmerksamkeit fest und erhält sie am Leben. Lebt er an ihnen vorbei, dann sind sie über kurz oder lang zur Atrophie verurteilt.

Ein Übermaß an Aufmerksamkeit, ein Übermaß an Bewußtheit, die »Hyper-Reflexion«, um auch diesen Ausdruck einzuführen, ist nicht weniger pathogen, als ein Übermaß an Absicht, die Hyper-Intention. Beide Reaktionsmuster werden von der encounter group forciert. Der Patient wird aufgefordert, sich unentwegt zu belauern und, was immer er im Rahmen der forcierten Reflexion feststellt, zu registrieren. Ja, mehr als dies: er muß es unaufhörlich diskutieren. Ich möchte sagen, es kommt zu einer *»Hyper-Diskussion«* mehr oder weniger belangloser introspektiver Details. Und die Hyper-Diskussion avanciert alsbald zum Selbstzweck, mitunter zum Lebenszweck. In einem leer und sinnlos gewordenen Leben, in einem »existentiellen Vakuum« hypertrophiert der Hang und die Neigung, sich selbst zu bespiegeln, sich selbst zu beobachten, alles vor jedem auszubreiten, alles mit jedem zu diskutieren. Ins existentielle Vakuum hinein wuchert anscheinend nicht nur die Neurose, sondern auch ihre Pseudo-Therapie.

Trotzdem muß Charlotte Bühler beigepflichtet werden, wenn sie sagt: »In spite of much confusion and concern with negative side-effects, certain essential benefits of the encounter group movement seem clear.« Im besonderen führt sie unter Vorteilen an »the spirit of cooperation and mutual helpfulness«. Und warum sollte auch nicht wirklich die encounter group eine Plattform sein, auf der Menschen zueinander finden, die zur Abwechslung nicht immer wieder nur ihre eigenen Gefühlszustände gegenseitig »begaffen« (Martin Heidegger), sondern auf der Suche nach einem Sinn einander helfen und beistehen? Die Teilnehmer würden dann nicht nur sich selbst zum Ausdruck bringen, sondern sich selbst auf den Logos ihrer persönlichen Existenz hin transzendieren und solcherart einander zu einer wirklich humanen Existenz verhelfen können. Es würde sich um eine Gruppen-Logotherapie handeln, von der Robert M. Holmes sagt, »group logotherapy could pay large dividends. Who could predict the results of such a group ... called to discuss their own failures, their own ›existential vacuum‹? What personal discoveries might be made in the discipline of telling one's own story from the standpoint of one's search for meaning in the unavoidable facts of his life?«

Literaturverzeichnis

Bühler, Charlotte, und Melanie Allen: Introduction into Humanistic Psychology. Brooks/Cole, Belmont, California 1971.

Holmes, Robert M.: Alcoholics Anonymous as Group Logotherapy. Pastoral Psychology *21*, 1970, S. 30.

Yalom, Irvin D.: The Theory and Practice of Group Psychotherapy. Basic Books, New York 1970.

# Das Leiden am sinnlosen Leben*

Meine Damen und Herren, der Preis wurde mir ausdrücklich »für das gesamte schriftstellerische Schaffen verliehen«, und das setzte bereits 1924 ein, in welchem Jahre nämlich meine erste wissenschaftliche Publikation in Sigmund Freuds Internationaler Zeitschrift für Psychoanalyse erschienen ist. 1925, also ein Jahr später, folgte bereits eine Arbeit, die in Alfred Adlers Internationaler Zeitschrift für Individualpsychologie publiziert wurde. 1938 erschien dann die erste Arbeit, in der ich die Logotherapie unter diesem ihrem Namen vorstellte. Es ist dies das System, das heute in den amerikanischen Lehrbüchern die »Dritte Wiener Richtung der Psychotherapie« genannt wird.

Sie werden mit Recht von mir erwarten, daß ich Ihnen jetzt sage, was die Logotherapie eigentlich ist; aber wenn einer ein halbes Jahrhundert darauf verwendet hat, darüber zu publizieren – wie soll er dann in einer halben Stunde darüber referieren? Natürlich läßt sich alles auch mit wenigen Worten sagen; aber dabei habe ich schon draufgezahlt. Da ist nämlich einmal ein amerikanischer Arzt zu mir gekommen und hat mich gefragt: Sie sind also Psychoanalytiker? Woraufhin ich antwortete: Nicht direkt Psychoanalytiker – sagen wir halt Psychotherapeut. Und wie heißt die Psychotherapie, die Sie vertreten, will er nun wissen. Logotherapie, gebe ich zur Antwort. Und können Sie mir mit einem Satz sagen, fragt er, was der Unterschied ist zwischen der Logotherapie und der Psychoanalyse? Gewiß kann ich das, sage ich; aber dann müssen zuerst Sie mir mit einem Satz sagen, was Psychoanalyse ist! Daraufhin sagt er: Nun, in der Psychoanalyse muß sich der Patient auf eine Couch legen und Dinge sagen, die manchmal unangenehm zu sagen sind. Woraufhin ich schnurstracks

* Festvortrag, gehalten anläßlich der Verleihung des Donauland-Sachbuchpreises am 8. November 1976 im Zeremoniensaal der Wiener Hofburg.

zur Antwort gebe: Sehen Sie, in der Logotherapie darf er sitzenbleiben – und muß Dinge anhören, die manchmal unangenehm zu *hören* sind.

Meine Damen und Herren, Sie haben leicht lachen. Mir ist es vergangen, als ich feststellen mußte, daß diese Episode, die ich in meinem amerikanischen Buch »Man's Search for Meaning« erwähne, auch in Lehrbücher Eingang gefunden hat, dort aber keineswegs etwa bloß als Bonmot wiedergegeben wird, vielmehr wird sie dort als meine kürzeste und bündigste Definition der Logotherapie hingestellt.

A propos »Man's Search for Meaning«: Professor Birkmayer hat in seiner Laudatio erwähnt, daß allein von der amerikanischen Ausgabe zwei Millionen Exemplare erschienen sind und heuer die 51. Auflage herausgekommen ist[1]. Müssen wir uns da nicht fragen, wie kommt es, daß ein Buch, das auf deutsch vor dreißig Jahren auf den Markt gekommen ist[2], sich heute noch verkaufen kann? Sollte es nach wie vor aktuell sein oder gar jetzt erst überhaupt aktuell geworden sein?

Nun, daß das Buch heute noch »geht«, ist nur zu verstehen, wenn wir bedenken, daß es nicht nur vom Thema, sondern schon vom bloßen Titel her sich genau mit dem auseinandersetzt, was den Menschen von heute, und da im besonderen den jungen Menschen von heute, sosehr unter den Fingernägeln brennt, und das ist »das Leiden am sinnlosen Leben«. Das Buch, von dem da die Rede ist, ist also einfach deshalb noch nach 30 Jahren aktuell, weil das Leiden, von dem es handelt, heute überhaupt erst so recht akut geworden ist. Und es ist dieses Leiden am sinnlosen Leben, dessen Heraufkunft wir Logotherapeuten eben vor Jahrzehnten bereits kommen sehen haben.

Inzwischen ist die Sinnfrage zum brennendsten Problem von heute geworden, und zwar keineswegs etwa bloß im Sinne einer Malaise unter empfindsamen Intellektuellen. Vielmehr konnte etwa der amerikanische Psychiater Robert Coles beobachten, daß unter seinen Patienten auch die manuellen Arbeiter heute hauptsächlich über eines klagen, und das ist das Sinnlosigkeitsgefühl. Und der Direktor des Washingtoner Zentrums für *Verhaltenstherapie* hat berichtet, daß in erster Linie die jungen Leute unter 30 am sinnlosen Leben leiden.

---

1 1992 ist die 80. Auflage erschienen. In Amerika ist das Buch laut New York Times »eines der 10 einflußreichsten Bücher«.

2 Es ist 1977 auch auf deutsch wieder erschienen, unter dem Titel »... trotzdem Ja zum Leben sagen (Ein Psychologe erlebt das Konzentrationslager)«.

Die nächste Frage, die wir uns aber stellen müssen, lautet: Handelt es sich bei diesem »Leiden« am sinnlosen Leben um eine Krankheit? Nun, ich persönlich bin nicht der Ansicht, daß es sich da um eine Krankheit handelt, etwa um das Symptom einer Neurose. Vielmehr meine ich, daß der Mensch damit, daß er die Frage nach dem Sinn des Lebens stellt, ja mehr als das, daß er wagt, die Existenz eines solchen Sinnes sogar in Frage zu stellen, – ich meine, daß der Mensch damit nur seine Menschlichkeit manifestiert. Noch nie hat ein Tier danach gefragt, ob das Leben einen Sinn hat. Das tut eben nur der Mensch, und das ist nicht *Ausdruck einer seelischen Krankheit*, sondern *der Ausdruck geistiger Mündigkeit*, würde ich sagen. Denn es ist geistige Mündigkeit, wenn jemand es verschmäht, eine Antwort auf die Sinnfrage einfach aus den Händen der Tradition entgegenzunehmen, vielmehr darauf besteht, sich selber und selbständig auf die Suche nach Sinn zu begeben.

Aber »der Mensch auf der Suche nach Sinn«, um diesen Buchtitel zu gebrauchen, wird unter den gesellschaftlichen Bedingungen von heute eigentlich nur frustriert! Und das rührt daher, daß die Wohlstandsgesellschaft beziehungsweise der Wohlfahrtsstaat praktisch alle Bedürfnisse des Menschen zu befriedigen imstande ist, ja, einzelne Bedürfnisse werden von der Konsumgesellschaft überhaupt erst erzeugt. Nur *ein* Bedürfnis geht leer aus, und das ist das Sinnbedürfnis des Menschen – das ist sein »Wille zum Sinn«, wie ich ihn nenne, das heißt, das dem Menschen zutiefst innewohnende Bedürfnis, in seinem Leben oder vielleicht besser gesagt in jeder einzelnen Lebenssituation einen Sinn zu finden – und hinzugehen und ihn zu erfüllen! Um solcher Sinnerfüllung willen ist der Mensch auch bereit zu leiden, wenn es nötig sein sollte. Umgekehrt aber, wenn er um *keinen* Sinn des Lebens weiß, dann pfeift er aufs Leben, auch wenn es ihm äußerlich noch so gut gehen mag, und unter Umständen schmeißt er es dann weg. Und erst unlängst wurde mir von einem Wiener Fachlehrer eine *Statistik* vorgelegt. Er hatte seine Schüler dazu animiert, schriftlich Fragen zu stellen, und zwar ganz anonym. Sexuelle Themen standen an zweiter Stelle, das Thema Rauschgift kam an dritter Stelle, und wissen Sie, was an allererster Stelle rangierte? Selbstmord! Tatsächlich haben meine Mitarbeiter an der US International University in Kalifornien mit Tests und Statistiken nachweisen können, daß sowohl Selbstmord als auch Drogenabhängigkeit im Grunde auf das Sinnlosigkeitsgefühl zurückzuführen sind.

Das Leiden am sinnlosen Leben schreit selbstverständlich nach einer *sinnzentrierten Psychotherapie*, auf die ich hier natürlich nicht eingehen kann; aber vielleicht sollten wir uns die Frage stellen, nein, uns *der* Frage stellen, ob denn das Leben nicht auch wirklich sinnlos ist. Nun, wenn wir uns diesseits irgendwelcher vorgefaßten Meinungen auf eine streng empirische Tatbestandsaufnahme einlassen und die Art und Weise analysieren, wie der schlichte und einfache Mensch, der Mann von der Straße, fernab der Indoktrination von seiten irgendeiner Ideologie sein eigenes Menschsein versteht, ich möchte sagen, auf Grund eines »präreflexiven ontologischen Selbstverständnisses«, dann stellt sich heraus, daß es sozusagen *drei Hauptstraßen* gibt, auf denen sich Sinn finden läßt: Zunächst einmal kann mein Leben dadurch sinnvoll werden, daß ich eine Tat setze, daß ich ein Werk schaffe; aber auch dadurch, daß ich etwas erlebe – etwas oder jemanden erlebe, und jemanden in seiner ganzen Einmaligkeit und Einzigartigkeit erleben heißt, ihn lieben. Es geschieht also entweder im Dienst an einer Sache oder aber in der Liebe zu einer Person, daß wir Sinn erfüllen – und damit auch uns selbst verwirklichen. Zuletzt aber zeigt sich, daß auch dort, wo wir mit einem Schicksal konfrontiert sind, das sich einfach nicht ändern läßt, sagen wir mit einer unheilbaren Krankheit, mit einem inoperablen Karzinom, daß also auch dort, wo wir als hilflose Opfer mitten in eine hoffnungslose Situation hineingestellt sind, auch dort, ja gerade dort, läßt sich das Leben noch immer sinnvoll gestalten, denn dann können wir sogar das Menschlichste im Menschen verwirklichen, und das ist seine Fähigkeit, auch eine Tragödie – auf menschlicher Ebene – in einen Triumph zu verwandeln. Das ist nämlich *das Geheimnis der bedingungslosen Sinnträchtigkeit des Lebens:* daß der Mensch gerade in Grenzsituationen seines Daseins aufgerufen ist, gleichsam Zeugnis abzulegen davon, wessen er und er allein fähig ist.

So hört denn das Leben buchstäblich bis zu seinem letzten Augenblick, bis zu unserem letzten Atemzug, nicht auf, Sinn zu haben. Diese Grundthese der Logotherapie ist aber nicht etwa eine bloße Annahme, sondern sie ist längst schon von einer ganzen Reihe methodisch sauberer Forschungsprojekte empirisch erhärtet worden. Es hat sich nämlich herausgestellt, daß sich im Leben Sinn finden läßt grundsätzlich unabhängig von der Geschlechtszugehörigkeit eines Menschen und von seinem Alter, von seinem Intelligenzquotienten und von seinem Bildungsgrad, von seiner Charakterstruktur und von seiner Umgebung, und schließlich hat sich nachweisen lassen, daß der Mensch Sinn finden kann unabhängig davon, ob er religiös ist oder nicht, und für den Fall, *daß* er religiös ist, wieder unabhängig davon, welcher Konfession auch immer er angehören mag.

Diese Forschungsergebnisse verdanken wir den wissenschaftlichen Arbeiten meiner Schüler Brown, Casciani, Crumbaugh, Dansart, Durlak, Kratochvil, Lukas, Lunceford, Mason, Meier, Murphy, Planova, Popielski, Richmond, Roberts, Ruch, Sallee, Smith, Yarnell und Young.

Wir brauchten also eigentlich nur den Horizont der am scheinbar so sinnlosen Leben Leidenden zu erweitern, um sie dessen gewahr werden zu lassen, daß das Leben in Wirklichkeit nichts weniger als sinnlos ist und auch gar nicht sinnlos werden könnte. Wie entscheidend aber eine solche Überzeugung gerade in den Grenzsituationen menschlichen Daseins sein kann, geht aus den Erfahrungen hervor, die in Kriegsgefangenenlagern gemacht wurden. Eine Reihe von Psychiatern konnte nämlich feststellen, daß sowohl in Japan als auch in Nordkorea und zuletzt in Nordvietnam jene Kriegsgefangenen noch am ehesten eine Chance hatten zu überleben, die ausgerichtet waren auf einen Sinn, dem sie sich verpflichtet wußten. Das wurde mir übrigens auch von den drei amerikanischen Offizieren bestätigt, die in Nordvietnam die längste Kriegsgefangenschaft *(bis zu sieben Jahren)* überlebt hatten und, wie der Zufall es wollte, an der US International University in Kalifornien meine Studenten waren. Dort haben sie in meinem Seminar ausführlich über ihre Erfahrungen referiert, und das übereinstimmende Resümee lautete: Es war der Wille zum Sinn, was sie letzten Endes am Leben erhalten hatte! Anscheinend kommt dem Willen zum Sinn etwas zu, für das die moderne Psychologie den Ausdruck survival value geprägt hat.

Lassen Sie mich aber zum Schluß noch einmal auf die Sinnmöglichkeit zurückkommen, die das Leiden in sich birgt. Wie konnte ich nur die Behauptung wagen, im Leiden könne der Mensch das Menschlichste in sich selbst verwirklichen? Sehen Sie, meine Damen und Herren, gerade dort, wo wir eine Situation nicht ändern können, gerade dort ist uns abverlangt, uns selbst zu ändern, nämlich zu reifen, zu wachsen, über uns selbst hinauszuwachsen! Und das ist bis in den Tod möglich. Nicht umsonst lautet der Titel des soeben erschienenen letzten Buches von Frau Dr. Kübler-Ross: »Death, the Final Stage of Growth« (»Der Tod, das letzte Stadium des Wachstums«).

Daß es aber tatsächlich das Leiden ist, das dem Menschen die Chance gibt, an ihm zu wachsen, überhaupt sich zu ändern, hat niemand treffender beschrieben als der israelische Maler und Bildhauer Yehuda Bacon, der bereits als Kind nach Auschwitz kam und sich nach seiner Befreiung fragte, was für einen Sinn die Jahre gehabt haben mochten, die er in Auschwitz verbracht hatte, und er schreibt: »Als Knabe dachte ich, ich werde der Welt schon sagen, was ich in Auschwitz gesehen habe – in der Hoffnung, die Welt würde einmal eine andere werden; aber die Welt ist nicht anders geworden, und die Welt wollte von Auschwitz nichts hören. Erst viel später habe ich wirklich verstanden, was der Sinn des Leidens ist. Das Leiden hat nämlich dann einen Sinn«, schreibt Yehuda Bacon, »wenn du selbst ein anderer wirst«.

# Determinismus und Humanismus*

Es ist bloße vier Jahre her, daß meine eigene Alma mater, die Universität Wien, ihren 600. Geburtstag feierte, und auch anläßlich dieser Feier war ich eingeladen worden, einen Festvortrag zu halten. Nun, bei dieser Gelegenheit brachte ich meine Überzeugung zum Ausdruck, daß die zwei großen Probleme, das Leib-Seele-Problem und das Problem der Willensfreiheit, schlechterdings unlösbar sind. Das einzige, das sich aber sehr wohl tun läßt, ist die Feststellung des Grundes, warum sie unlösbar sind.

Was zunächst das psychophysische Problem anlangt, läuft es auf die Frage hinaus: Wie ist jene Einheit in der Vielfältigkeit möglich, als welche sich Menschsein präsentiert? Und wer wollte bestreiten, daß es solche Vielfältigkeit auch tatsächlich gibt? Konrad Lorenz sagt, »daß die Scheidewand zwischen den beiden großen Inkommensurablen, dem Physiologischen und dem Psychischen, unüberschreitbar ist«, und »selbst eine Erweiterung der naturwissenschaftlichen Resultate auf psycho-physischem Gebiet brachte uns der Lösung des Leib-Seele-Problems nicht um Haaresbreite näher« (Über tierisches und menschliches Verhalten, Band II, München 1965, S. 362 und 372). Was jedoch die Hoffnung anlangt, künftige Forschung vermöchte uns der Lösung näherzubringen, äußert sich Werner Heisenberg nicht weniger pessimistisch, wenn er behauptet, »wir erwarten keinen direkten Weg des Verständnisses zwischen den Bewegungen der Körper und den seelischen Vorgängen, da auch in der exakten Wissenschaft die Wirklichkeit in getrennte Schichten zerfällt«.

Dies spiegelt sich ja auch, auf der Seite der Forschung, in dem, was ich den »Pluralismus der Wissenschaften« (Viktor E. Frankl, Der

---

* Deutsche Übersetzung eines Vortrags, der am 6. Januar 1970 an der Loyola University von Chicago anläßlich der Verleihung des Ehrendoktorats gehalten wurde.

Pluralismus der Wissenschaften und die Einheit des Menschen, in: Die Sechshundertjahrfeier der Universität Wien, offizieller Festbericht im Selbstverlag der Universität Wien, 1965) nenne. Tatsächlich bilden die einzelnen Wissenschaften die Realität so verschieden ab, daß die betreffenden Abbildungen einander widersprechen. Nun behaupte ich, daß eben diese Widersprüche nicht der Einheit der Wirklichkeit widersprechen. Und dies gilt im besonderen von der menschlichen Realität ebenfalls. Um diese meine Behauptung zu veranschaulichen, brauchen wir uns nur zu vergegenwärtigen, daß sich jede einzelne Wissenschaft als ein ganz bestimmter Querschnitt auffassen läßt, der durch die Realität hindurch geführt wird. Schneiden wir nun aus einem Zylinder, dessen Durchmesser ebenso groß ist wie seine Höhe, einen horizontalen Querschnitt heraus, dann ergibt sich ein Kreis, während ein vertikaler Querschnitt ein Quadrat ergibt. Nun

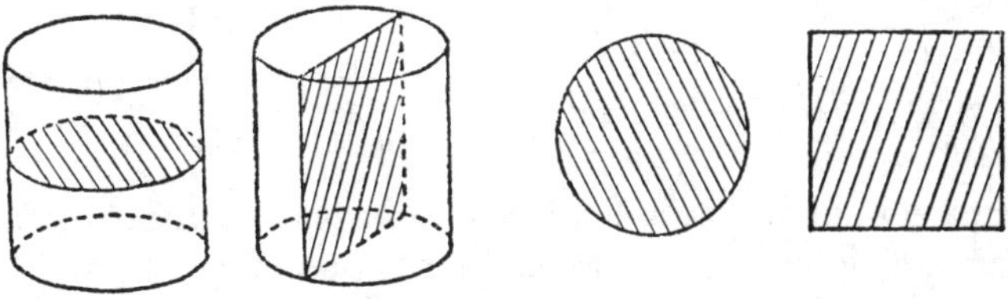

gibt es bekanntlich keine »Quadratur des Kreises«. Ebensowenig läßt sich aber auch die Kluft überbrücken, die den somatischen und den psychischen Aspekt menschlichen Daseins voneinander trennt. Die coincidentia oppositorum, wie Nicolaus Cusanus sie genannt hat, ist nämlich nicht innerhalb der beiden Schnittebenen möglich, ja, überhaupt nicht in einer zweidimensionalen Ebene, sondern nur im dreidimensionalen Raum, also in der nächst höheren Dimension. Und der Mensch? Auch da werden wir auf der biologischen Ebene mit leiblichen und auf der psychologischen Ebene mit seelischen Phänomenen konfrontiert. Wieder müssen wir uns fragen, wo es – angesichts der Mannigfaltigkeit – eine Einheit gibt, und wieder ergibt sich, daß die Einheit nur in einer Dimension zu finden ist, die jenseits der biologischen beziehungsweise der psychologischen Schnittebene liegt, eben in der menschlichen Dimension, im Raum des Menschlichen, in der Dimension der spezifisch menschlichen Phänomene. Da ist die unitas multiplex zu finden, als die der Aquinate den Menschen definiert. So handelt es sich denn eigentlich nicht um eine Einheit in der Mannigfaltigkeit, vielmehr so recht um eine Einheit trotz der Mannigfaltigkeit.

Was von der Einheit des Menschen gilt, gilt nun aber auch von dessen Offenheit. Stellen wir uns zunächst einmal vor, der Zylinder, durch den wir die beiden Querschnitte führen, sei ein offenes Gefäß, dann ist der horizontale Querschnitt nach wie vor ein geschlossener Kreis, der vertikale hingegen ist offen. Sobald wir in den beiden Figuren aber Querschnitte aus einem Zylinder sehen, sind Geschlossenheit und Offenheit durchaus miteinander kompatibel. Nun, auch der Mensch wird unter Umständen wie ein Wesen hingestellt, das ein geschlossenes System ist, innerhalb dessen es nur Ursachen und Wir-

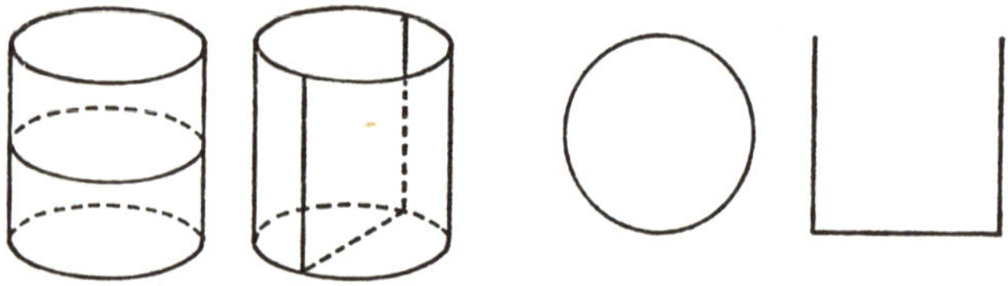

kungen gibt, und zwar in Form von bedingten und unbedingten Reflexen, conditioning processes und Reaktionen auf Reize. Andererseits wissen wir darum, wie sehr Menschsein durch Offenheit gegenüber der Welt charakterisiert ist (Max Scheler, Arnold Gehlen und Adolf Portmann), auf welchem Grunde Martin Heidegger vom Menschsein als einem In-der-Welt-Sein spricht. Ich möchte sagen, menschliche Existenz ist zutiefst durch ihre »Selbst-Transzendenz« (Viktor E. Frankl, Grundriß der Existenzanalyse und Logotherapie, in: Handbuch der Neurosenlehre und Psychotherapie, Band III, München-Berlin 1959, S. 690) charakterisiert. Menschsein weist über sich selbst hinaus, es verweist auf etwas, das nicht wieder es selbst ist. Auf etwas oder auf jemanden. Auf einen Sinn, den zu erfüllen es gilt, oder auf anderes menschliches Sein, dem wir begegnen. Auf eine Sache, der wir dienen, oder auf eine Person, die wir lieben[1].

Eben diese Selbst-Transzendenz der Existenz, eben diese Offenheit

---

1 Was ich Selbst-Transzendenz nenne, hat primär mit Transzendenz nichts zu tun. Vielmehr handelt es sich um einen anthropologischen und nicht um einen theologischen Begriff. Und vom anthropologischen Standpunkt aus ist auch die Religion selbst zunächst einmal eine Einübung in die spezifisch menschliche Fähigkeit, etwas

menschlichen Seins ist es nun, was in die Ebene des einen wissenschaftlichen Querschnitts zu liegen kommt, während der andere es verfehlt. Wieder aber sind Geschlossenheit und Offenheit kompatibel. Nun, Analoges mag auch vom Gegensatz zwischen Determinismus und Freiheit gelten. Es gibt Determinismus innerhalb der psychologischen Dimension, und es gibt Freiheit innerhalb der noologischen Dimension, die als die Dimension der spezifisch menschlichen Phänomene zu definieren wäre. Und wenn sich hinsichtlich des Leib-Seele-Problems eine Einheit trotz der Mannigfaltigkeit ergibt, dann zeichnet sich im Zusammenhang mit dem Problem der Willensfreiheit etwas ab, das sich als eine Freiheit trotz aller Determiniertheit formulieren ließe. Dem Kenner entgeht nicht die Anspielung auf Nicolai Hartmanns Formulierung einer »Autonomie trotz Dependenz«.

So ist denn Freiheit eines der menschlichen Phänomene. Sie ist aber auch ein allzu menschliches Phänomen. Menschliche Freiheit ist endliche Freiheit. Der Mensch ist nicht frei von Bedingungen, sondern nur frei, zu ihnen Stellung zu nehmen. Aber sie bestimmen ihn nicht eindeutig. Denn letzten Endes liegt es an ihm zu bestimmen, ob er den Bedingungen unterliegt, ob er sich ihnen unterwirft. Es gibt nämlich einen Spielraum, innerhalb dessen er sich über sie hinaus erheben kann, womit er ja in die menschliche Dimension überhaupt erst sich aufschwingt. Nachdem ich im Rahmen eines Interviews[2] als »Professor für Neurologie und Psychiatrie« apostrophiert worden war, der doch um die biologische, psychologische und soziologische Bedingtheit des Menschen wissen müsse, gab ich zu bedenken, daß ich nicht nur Professor auf 2 Gebieten, sondern auch Überlebender von 4 Konzentrationslagern bin und als solcher Zeugnis ablege von der Fähigkeit des Menschen, auch noch den ärgsten Bedingungen zu trotzen. Und wenn Sigmund Freud einmal meinte, »man versuche es, eine Anzahl der allerdifferenziertesten Menschen gleichmäßig dem Hungern auszusetzen. Mit der Zunahme des gebieterischen Nahrungsbedürfnisses werden alle individuellen Differenzen sich verwischen und an ihrer Statt die uniformen Äußerungen des einen ungestillten Triebes treten« (Gesammelte Werke, Band V, S. 209), so war eigentlich eher das genaue Gegenteil der Fall. In den Konzentrationslagern wur-

---

*einer Sache wegen* zu tun oder eine Person *um ihretwillen* zu lieben – oder *eben Gott zuliebe* sein Dasein mit möglichst viel Sinn anzureichern.

2 A color television film produced by Hollywood Animators, Inc.

den die Menschen differenzierter. Die Schweine demaskierten sich. Und die Heiligen taten es ebenfalls. Der Hunger entlarvte sie. Der war derselbe, im einen wie im anderen Falle. Die Menschen aber differenzierten sich. Wie lautet doch der Bestsellertitel? »Calories do not count« (Auf die Kalorien kommt's nicht an).

Letzten Endes wird menschliches Verhalten jedenfalls nicht von Bedingungen diktiert, die der Mensch antrifft, sondern von einer Entscheidung, die er trifft. Ob er es nun wissen mag oder nicht: er entscheidet, ob er den Bedingungen trotzt oder weicht, mit anderen Worten, ob er sich von ihnen überhaupt und in welchem Maße er sich von ihnen bestimmen läßt.

Um aber auf die Querschnitte durch die Realität zurückzukommen, wie sie von den einzelnen Wissenschaften gelegt werden, so versteht sich es von selbst, daß die interdisziplinäre Einstellung zur Forschung mehr als eine einzige Schnittebene berücksichtigt und solcherart sehr wohl geeignet sein mag, uns vor jeder Einseitigkeit zu bewahren. Und was im besonderen das Problem der Willensfreiheit anlangt, bewahrt sie uns einerseits von einer Verleugnung der deterministischen und mechanistischen Aspekte menschlichen Daseins, andererseits aber auch vor der Verleugnung der Freiheit, die es dem Menschen erlaubt und gestattet, sich über all diese Aspekte auch schon hinauszuschwingen. Eigentlich ist es aber nicht der Determinismus, der solche Freiheit verleugnet. Vielmehr ist es erst der »Pan-Determinismus« (Viktor E. Frankl, Forschungen und Fortschritte 35, 1961, S. 36), der sich die Verleugnung der menschlichen Freiheit zuschulden kommen läßt. In Wirklichkeit lautet die Alternative also nicht »Indeterminismus oder Determinismus«, sondern »Determinismus oder Pan-Determinismus«. Um aber wieder auf Freud zu sprechen zu kommen, huldigte er dem Pan-Determinismus nur in der Theorie. In der Praxis war er nichts weniger als blind für die Freiheit des Menschen, sich zu wandeln. Definierte er doch das Ziel, das er der Psychoanalyse gesetzt hatte, indem er stipulierte, die Psychoanalyse wolle »dem Ich des Kranken die *Freiheit* schaffen, sich so oder anders zu entscheiden« (Hervorhebung im Original) (Psychoanalyse und Libidotheorie, Gesammelte Werke, Band XIII, 1923, S. 280).

Die Freiheit des Menschen schließt dessen Freiheit in sich ein, zu sich selbst Stellung zu nehmen, sich selbst gegenüberzutreten und sich zu diesem Zwecke zunächst einmal von sich selbst zu distanzieren. Für gewöhnlich veranschauliche ich diese wesentlich menschliche Fähigkeit zur »Selbst-Distanzierung« (Viktor E. Frankl, Der unbedingte Mensch, Wien 1949, S. 104) an Hand einer Anekdote: Während des Ersten Weltkriegs saß ein jüdischer Militärarzt mit seinem Freund, einem aristokratischen Oberst, im Schützengraben, als ein heftiges Bombardement einsetzte. Ihn hänselnd fragte der Oberst: »Jetzt haben Sie aber Angst, nicht wahr? Da sieht man wieder einmal, wie sehr die arische Rasse der semitischen überlegen ist.« Woraufhin der Militärarzt antwortete: »Sicher habe ich Angst. Aber warum sprechen Sie von der Überlegenheit der einen Rasse gegenüber der anderen? Wenn Sie, lieber Oberst, soviel Angst hätten wie ich, wären Sie vielleicht schon längst auf und davon gelaufen.« Worauf es ankommt, ist nämlich tatsächlich nicht die Angst oder was für Gefühle immer wir gerade haben mögen, vielmehr einzig und allein, wie wir zu ihnen Stellung nehmen, also unsere Einstellung. Diese Einstellung jedoch ist jeweils eine eben frei gewählte.

Die Freiheit, gegenüber unserer psychologischen Verfassung eine Einstellung zu wählen, läßt sich auch noch in pathologischen Fällen nachweisen. Immer wieder begegnen wir Psychiater Patienten, deren Einstellung zu dem, was an ihnen pathologisch sein mag, selber und ihrerseits nichts weniger als pathologisch ist. Ich kenne Fälle von Paranoia, die aus ihren Verfolgungswahnideen heraus ihre vermeintlichen Verfolger und Gegner getötet haben. Und ich kenne Fälle von Paranoia, die den vermeintlichen Feinden verziehen haben. Sie haben nicht aus ihrer Psychose heraus agiert, sondern auf diese Psychose reagiert, und zwar aus ihrer Menschlichkeit heraus. Und es gibt Patienten, die an Depressionen leiden und sich selbst töten, während es andere zustande bringen, ihre Selbstmordimpulse zu überwinden, sei es um einer Sache willen oder einer Person wegen.

Bei alledem bin ich überzeugt, daß eine Psychose wie eben die Paranoia beziehungsweise die endogene Depression zumindest primär somatogen ist, ihre Ätiologie also letzten Endes von der Biochemie her verständlich wird. Darum brauchen wir uns noch lange nicht zu fatalistischen Schlußfolgerungen hinreißen zu lassen. Die wären nicht einmal in Fällen gerechtfertigt, in denen die biochemische Substruktion bis zur Heredität zurückverfolgt werden kann. In diesem Zusammenhang möchte ich nur auf den von Johannes Lange wissenschaftlich bearbeiteten Fall von eineiigen Zwillingsbrüdern verweisen, von denen es der eine zu einem raffinierten Kriminellen und der andere zu einem raffinierten Kriminalisten gebracht hatte. Das Raffinement mag sehr wohl vererbt gewesen sein. Ob jemand jedoch kriminell wird, ist letzten Endes eine Frage der Einstellung. Die Vererbung stellt das Material zur Verfügung, mittels dessen der Mensch sich selbst aufbaut.

Noch weniger als von der Vererbung läßt sich von der Kindheit sagen, daß sie den Lebenslauf eindeutig bestimmt. Eine Leserin aus Alabama schrieb mir einmal: »Ich habe mehr unter dem Gedanken gelitten, daß ich Komplexe haben sollte, als an wirklichen Komplexen zu leiden. All das Schreckliche, das ich in meiner Kindheit erlebt und erfahren habe, würde ich um nichts in der Welt hergeben. Denn ich bin überzeugt, viel Positives ist aus ihm hervorgegangen.«

Der Pan-Determinismus auf seiten des Psychiaters ist nur geeignet, den Patienten in jenem Fatalismus zu bestärken, der ohnehin für die Neurose charakteristisch und symptomatisch ist. Was von der Psychiatrie gilt, gilt aber auch von der Soziatrie. Dem Kriminellen verhilft der Pan-Determinismus zu einem Alibi. Nunmehr sind es die Mechanismen, auf die sich die Verantwortung abwälzen läßt.

Scheler hat einmal darauf aufmerksam gemacht, daß der Mensch ein Recht darauf hat, für schuldig befunden zu werden, und einen Anspruch darauf, bestraft zu werden. Sehen wir ihn für das bloße Opfer von Umständen an, dann nehmen wir ihm mit der Schuld die Würde. Gehört es doch zum Wesen des Menschen, schuldig werden zu können. Zum Wesen des Menschen gehört aber nicht nur die Freiheit, schuldig zu werden, sondern auch die Verantwortung dafür, die Schuld zu überwinden. In diesem Sinne habe ich einmal auch vor den Gefangenen von San Quentin gesprochen, nachdem mich der Direktor dieses kalifornischen Zuchthauses zu einem Vortrag eingeladen hatte. Joseph B. Fabry von der University of California, der mich dorthin begleitet hatte, hat die Reaktion der Gefangenen – in San Quentin sind nur Schwerverbrecher untergebracht – beschrieben. »The psychologists always ask us about our childhood and the bad things in the past. Always the past – it's like a millstone around our necks. But Frankl talked about what we still can do, even in prison. Most of us don't even come any more to hear psychologists speak. I only came because I read that he'd been a prisoner, too.« (»Die Psychologen fragen uns immer nach unserer Kindheit aus und nach all dem Schrecklichen, das es in der Vergangenheit gegeben hat. Immer die Vergangenheit – es ist nicht mehr auszuhalten – immer die Vergangenheit – sie drückt uns nieder wie ein Mühlstein, den wir mit uns herumschleppen. Die meisten von uns hören sich gar nicht mehr die Vorträge der Psychologen an. Ich hab' mir den Vortrag von Frankl nur angehört, weil ich gelesen hab', daß auch er einmal ein Gefangener gewesen ist.«) Weitere Kommentare waren die folgenden: »They always treat us as hopeless criminals or as psychopaths, here in prison and also outside, and so we eventually give up trying – what's the use? Frankl said I have it in myself to change, and he's gone through it, he ought to know.« (»Man behandelt uns wie hoffnungslose Verbrecher oder wie Psychopathen, hier im Gefängnis, aber auch draußen, und so geben wir denn schließlich auf, es einmal andersherum zu probieren. Wozu auch? Frankl hat etwas ganz anderes gesagt. Nach dem, was er sagt, liegt es durchaus an mir, mich zu ändern. Er muß es wissen. Er selbst hat einmal durch all das hindurch müssen.«) (Joseph B. Fabry, The Pursuit of Meaning: Logotherapy Applied to Life, Boston 1968, S. 23 f.).

Carl R. Rogers hat sich einmal um »eine empirische Definition« (Discussion, Existential Inquiries 1, 1960, S. 9) der Willensfreiheit bemüht und sich auf Untersuchungen von W. L. Kell gestützt, der 151 Fällen heranwachsender Krimineller nachgegangen ist. Das Ergebnis war, daß sich ihr Verhalten weder auf Grund des Familienklimas vorhersagen ließ noch auf Grund der Erziehung, der Umgebung, der sozialen Situation, der kulturellen Einflüsse, der Vererbung oder der durchgemachten Erkrankungen. Vielmehr ließ einzig und allein das Ausmaß des Selbst-Verständnisses eine Vorhersage hinsichtlich des Rückfälligwerdens zu, indem es am ehesten mit dem späteren Verhalten korrelierte (0·84). Wir gehen wohl nicht fehl, wenn wir das Selbst-Verständnis als einen der Aspekte auffassen, in denen sich die von uns herausgestellte Fähigkeit zur Selbstdistanzierung darbietet. Eben diese Fähigkeit zur Selbstdistanzierung ist es aber auch, die der Pan-Determinismus beeinträchtigt.

Wie wäre es, wenn wir den Determinismus gegen den Pan-Determinismus wendeten, indem wir den einen auf den anderen anwendeten? Zu diesem Zwecke müssen wir uns zunächst einmal fragen, was den Pan-Determinismus verursacht. Nun, was ihm ursächlich zugrunde liegt, ist eine nicht genug exakte Unterscheidung, und zwar werden einerseits Ursachen mit Gründen verwechselt und andererseits wird Verursachung mit Bedingtheit verwechselt. Worin besteht nun der Unterschied zwischen Ursachen und Gründen? Wenn jemand Zwiebeln schneidet, dann weint er. Seine Tränen haben eine

Ursache. Aber er hat keinen Grund zu weinen. Und einen Bergsteiger, der sich dem Gipfel eines Viertausenders nähert, mag Angst oder das Gefühl einer Beklemmung überkommen und beschleichen. Diese Gefühle haben entweder eine Ursache oder einen Grund. Die Ursache kann Sauerstoffmangel sein. Wenn der Bergsteiger aber weiß, daß er ungenügend ausgerüstet ist oder nicht genug trainiert hat, dann hat seine Angst nicht eine Ursache, sondern einen Grund.

Sofern Menschsein »In-der-Welt-sein« heißt, schließt »die Welt« eine Welt des Sinnes und der Werte ein. Sinn und Werte sind ja die »Gründe«, die den Menschen zu seinem jeweiligen Verhalten und Handeln »bewegen«. Es ist nun gerade diese Welt des Sinnes und der Werte als möglicher menschlicher »Beweggründe«, die auch schon wieder ausgeschlossen wird, die wir aus dem Gesichtsfeld verbannen, sobald wir den Menschen im Sinne eines geschlossenen Systems interpretieren. Denn dann kann es so etwas wie Gründe und Motive von vornherein nicht mehr geben. Was bleibt, sind vielmehr Ursachen und Wirkungen. Die Wirkungen werden je nachdem repräsentiert von Reaktionen auf Reize oder bedingten Reflexen, während die Ursachen je nachdem repräsentiert werden von den (die bedingten Reflexe »bedingenden«, also) konditionierenden Prozessen, Trieben oder »angeborenen Auslösemechanismen«. Allein, die Triebe sind etwas, das mich eben treibt, während so etwas wie Sinn und Werte mich eher zieht, anzieht. In diese Dynamik geht ein Moment der Freiheit ein, d. h. ich kann zu einer Wertforderung ja oder nein sagen, ich kann mich also so oder so entscheiden. Das Moment der freien Stellungnahme gilt nämlich nicht nur gegenüber der eben bloß scheinbaren Nötigung durch die biologischen, psychologischen oder soziologischen Bedingungen, sondern auch gegenüber einer zu verwirklichenden Wertmöglichkeit.

Sobald wir uns anthropologisch dem Modell eines geschlossenen Systems verschreiben, sind wir motivationstheoretisch blind für das, was den Menschen von außen anzieht, und bemerken nur noch, was ihn von innen treibt, also seine Triebkräfte und Triebregungen. Als Sie, meine Damen und Herren, heute morgen das Drake Hotel betraten, konnten Sie an den Eingangstüren »pull« lesen. Wenn Sie das Hotel verlassen werden, werden Sie »push« lesen. »Pull«, also »ziehen«, ist tatsächlich nur von außen zu lesen, also erst wenn Sie die Eingangstüren geöffnet und sich auf die Straße begeben haben. Nun, der Mensch ist mindestens so »offen« wie die Eingangstüren des

Drake Hotel. Ist er doch »weltoffen«, um mit Scheler zu sprechen. Er ist ja keine Monade ohne Tür und Fenster. Aber eine Psychologie, die seine Weltoffenheit von allem Anfang an ausgeklammert hat, mit anderen Worten, eine Psychologie, für die es keine Selbst-Transzendenz mehr gibt, mag sehr wohl zu einer Monadologie degenerieren. Im besonderen spiegelt sich diese Selbst-Transzendenz aber in der Intentionalität menschlicher Phänomene, wie sie von Franz Brentano und Edmund Husserl herausgestellt worden ist. Tatsächlich sind die menschlichen Phänomene jeweils auf einen intentionalen Gegenstand hingeordnet und ausgerichtet, und Sinn und Werte sind intentionale Gegenstände solcher Art. Sinn und Werte sind der Logos, auf den hin die Psyche sich selbst transzendiert. Soll die Psychologie diese Bezeichnung verdienen, dann muß sie beide Hälften ihres Namens anerkennen, den Logos genauso wie die Psyche.

Wird die Selbst-Transzendenz der Existenz verleugnet, dann wird auch die Existenz selbst verfälscht. Sie wird reifiziert, das Dasein wird verdinglicht, die Person wird versachlicht, das Subjekt wird objektiviert. Denn es ist nur die Intentionalität, die Hinordnung und Ausrichtung auf intentionale Gegenstände als *eigene* Objekte, womit sich das Subjekt überhaupt als ein Subjekt ausweist. Die intentionalen Gegenstände, also Sinn und Werte, fungieren aber auch als Motive und Gründe. Sobald wir sie außer acht lassen, kann es für uns nicht mehr eine Motivation, sondern nur noch konditionierende Prozesse geben, und es steht uns frei, die Rolle der »geheimen Verführer« zu übernehmen und konditionierende Prozesse systematisch und methodisch zu arrangieren. Mit anderen Worten, den Menschen reifiziert zu haben heißt auch schon, ihn manipulieren zu können. Die Reifikation öffnet der Manipulation Tür und Tor. Aber auch umgekehrt. Wer den Menschen manipulieren will, muß ihn reifizieren. Und vor allem muß er den Pan-Determinismus propagieren. »Dieses Modell verdankt seine Beliebtheit und Verbreitung dem Umstand, daß es so ausgezeichnet das Weltempfinden einer amerikanischen Geldzivilisation widerspiegelt. In der Tat entsprechen die Aspekte des ... conditioning usw. genau der ›pecuniary philosophy‹ (Jules Henry) einer kommerzialisierten Gesellschaft, und sie liegen nicht nur der theoretischen Psychologie zugrunde, sondern gleicherweise der Praxis der Menschenbeeinflussung für kommerzielle oder politische Ausrichtung, wie sie durch Begriffe Madison Avenue, motivation research, brain washing usw. umschrieben wird.« (L. v. Bertalanffy: Zur Geschichte theoretischer Modelle in der Biologie, Studium Generale 18, 1965, S. 290.)

Ursachen werden nicht nur mit Gründen, sondern auch mit Bedingungen verwechselt, sagten wir. In einem bestimmten Sinne sind aber auch die Ursachen Bedingungen, und zwar »hinreichende« Bedingungen, im Gegensatz zu denen die Bedingungen im engeren Wortsinn nicht hinreichende, sondern nur »notwendige« Bedingungen sind.

Eine hinreichende Bedingung genügt, um ein Phänomen zu erzeugen, es zu schaffen. Sie bestimmt das Phänomen also nicht nur hinsichtlich seines Wesens, seiner Essenz, sondern auch hinsichtlich seines Daseins, seiner Existenz. Anders eine notwendige Bedingung. An und für sich genügt sie noch lange nicht, das Phänomen in die Welt zu setzen. So gibt es Fälle von Schwachsinn auf Grund einer Unterfunktion der Schilddrüse. Wird Schilddrüsenhormon eingenommen, dann erhöht sich der IQ. Ist damit aber auch schon gesagt, daß Geist nichts anderes als Schilddrüsenhormon ist, wie der Verfasser eines Buches, das ich einmal zu besprechen hatte, allen Ernstes erklärte? Ich würde sagen, Thyreoideahormon ist »nichts als« eine notwendige Bedingung, die der Autor mit einer hinreichenden Bedingung verwechselt hatte. Ein anderes Beispiel, zur Abwechslung eine Unterfunktion der Nebennierenrinde betreffend. Ich konnte auf Grund von Laboratoriumsuntersuchungen nachweisen, daß sich Fälle von Depersonalisation auf die Unterfunktion der Nebennierenrinde zurückführen lassen. Auf Gaben von Desoxykortikosteronazetat hin stellt sich das Gefühl und Erlebnis des Personseins, des Selbst wieder ein. Dürfen wir darum auch schon hingehen und behaupten, das Selbst sei nichts als Desoxykortikosteronazetat[3]?

Wir sind dort angelangt, wo der Pan-Determinismus in den Reduktionismus umschlägt. Tatsächlich ist es die Verwechslung von Ursachen und Bedingungen, die den Reduktionismus scheinbar dazu legitimiert, die menschlichen Phänomene auf subhumane Phänomene zu reduzieren, indem er die ersteren von den letzteren deduziert. Tatsächlich ist der Reduktionismus eigentlich ein Sub-Humanismus. Das Deduzieren von sub-humanen Phänomenen verwandelt aber auch die menschlichen Phänomene, mit einem Wort, es de-humanisiert sie.

---

3 Wer da glaubt, durch die Aufhebung bloßer Voraussetzungen das Werden oder gar das Wesen eines Phänomens erklären zu können, gleicht den Vertretern der volkstümlichen Meinung, Flöhe entstünden aus Mist und Läuse aus Schmutz. (AG 176)

Der Reduktionismus ist der Nihilismus von heute. Ich sage dies im Gegensatz zu der weit verbreiteten Meinung, es sei der Existentialismus, der diesen Platz einnehme. Mag der Titel des Hauptwerks von Jean-Paul Sartre auch lauten »Das Sein und das Nichts«, so ist doch das Wahre am Existentialismus nicht die Nichtigkeit (nothingness), sondern die Nicht-Dinghaftigkeit (no-thingness) des Menschen. Der Mensch ist nicht ein Ding unter anderen Dingen. Dinge be-dingen einander. Der Mensch jedoch ist insofern unbedingt, als er der Selbst-Bestimmung fähig ist. Er selbst bestimmt jeweils, ob er sich von den Dingen bestimmen läßt oder nicht.

Während sich der Nihilismus von gestern durch das Gerede vom Nichts verriet, tut es der Nihilismus von heute durch die Redewendung »nichts als«.

Denken wir nur an das Gewissen: eine typisch reduktionistische Theorie betrachtet dieses spezifisch menschliche Phänomen als das bloße Resultat konditionierender Prozesse. Ein Hund, der sich nicht zimmerrein verhält und mit eingezogenem Schwanz unters Bett kriecht, legt tatsächlich ein Verhalten an den Tag, das sich ohne weiteres als das Resultat konditionierender Prozesse auffassen läßt. Ist es doch von einer Art Erwartungsangst diktiert, nämlich der ängstlichen Erwartung von Strafe. Das Gewissen hat mit dergleichen Ängsten nichts zu tun. Solange Furcht vor Strafe, Hoffnung auf Lohn oder der Wunsch, dem Über-Ich zu gefallen, menschliches Verhalten bestimmen, ist ja das Gewissen noch gar nicht zu Worte gekommen.

Lorenz war vorsichtig genug, um von »moralanalogem Verhalten bei Tieren« zu sprechen. Anders die Reduktionisten. Für sie besteht kein Unterschied zwischen tierischem und menschlichem Verhalten. Spezifisch menschliche Phänomene existieren für sie gar nicht. Sie werden aber nicht auf Grund empirischer Befunde, sondern durchaus auf Grund einer apriorischen Überzeugung verleugnet. Für die Reduktionisten ist es von vornherein ausgeschlossen, daß sich etwas, das sich am Menschen feststellen läßt, nicht auch am Tier feststellen ließe. Die Reduktionisten könnten also das berühmte Glaubensbekenntnis der Sensualisten variieren und sagen, nihil est in homine, quod non prius fuerit in animalibus. Indem sie sich auf diese Art und Weise apriorisch auf eine vorgefaßte Meinung festlegen, nähert sich ihr Verhalten verdächtig dem eines Rabbi, an den sich, wie es in einem alten Witz heißt, zwei Gemeindemitglieder um Rat wandten. Der eine behauptete, die Katze des anderen habe ihm 2 kg Butter gestohlen und gefressen, während der andere bestritt, daß seine Katze jemals Butter fresse. Der Rabbi ließ sich die Katze kommen, und dann ließ er sich eine Waage kommen, und siehe da! Die Katze wog haargenau 2 kg. Woraufhin der Rabbi sagte: »Die Butter hätt' ich jetzt; wo aber ist die Katz'?« Er war von der apriorischen Annahme ausgegangen, wenn es 2 kg gibt, dann kann es sich nur um 2 kg Butter handeln. Aber ergeht es denn den Reduktionisten unter den vergleichenden Verhaltensforschern nicht ähnlich? Gehen nicht auch sie von der apriorischen Annahme aus, menschliches Verhalten müsse sich durch angeborene Auslösemechanismen erklären lassen, und zwar vollinhaltlich erklären lassen? Diese Verhaltensforscher finden dann ihre Auslösemechanismen – die hätten sie dann; wo aber ist jetzt der Mensch?

Wir haben Ursachen, Gründe und Bedingungen gegeneinander abgegrenzt, aber nicht die Ursache im Sinne einer causa efficiens der causa finalis gegenübergestellt. Noch haben wir nicht, über die Kausalität hinaus, die Finalität, die Teleologie besprochen. Für den Pan-Deterministen gibt es eine Teleologie von vornherein nicht. Für ihn existieren Zwecke ebensowenig, wie für ihn ein Sinn existiert. In dieser Hinsicht gleicht er der Goetheschen Karikatur eines Forschers.

»Wer will was Lebendiges erkennen und beschreiben,  
Sucht erst den Geist herauszutreiben,  
Dann hat er die Teile in seiner Hand,  
Fehlt, leider! nur das geistige Band.  
*Encheiresin naturae* nennts die Chemie,  
Spottet ihrer selbst und weiß nicht wie.«  
(Faust, 1. Teil)

In der Tat, im naturwissenschaftlichen Welt- und Menschenbild »fehlt das Band«, das die einzelnen Phänomene miteinander verknüpft, indem es sie miteinander in Zusammenhang bringt. Insofern, als dieser Zusammenhang jeweils von einem Sinn hergestellt wird, ist der Sinn ein »missing link«. Daß die Naturwissenschaft eine Welt des Sinnes und der Zwecke nicht kennt, heißt aber nicht, daß es Sinn und Zwecke nicht gibt, sondern nur, daß die Naturwissenschaft für Sinn und Zwecke blind ist[4]. Innerhalb der Grenzen der bloßen Naturwissenschaft scheint der Sinn nicht auf. Der Querschnitt, den die Naturwissenschaft durch die Realität hindurchführt, trifft ihn nicht. Nehmen wir an, eine Kurve liegt in einer vertikalen Ebene, die von einer horizontalen Ebene geschnitten wird. Was in der horizontalen Ebene

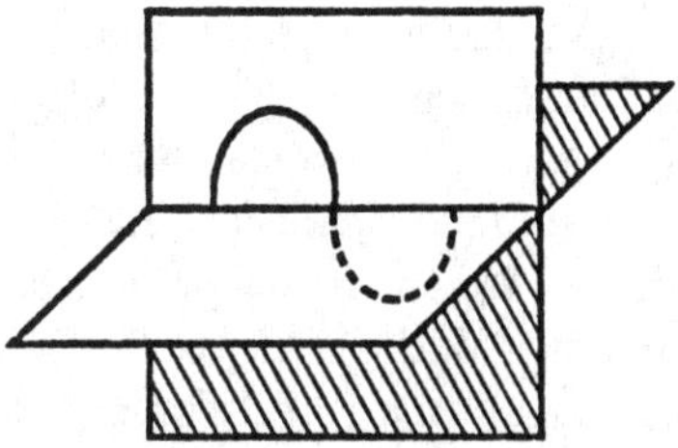

Quelle: Viktor E. Frankl: The Unheard Cry for Meaning. Psychotherapy and Humanism. New York 1978, S. 59.

von der Kurve bleibt, ist nichts als die Schnittpunkte, isolierte Punkte, die scheinbar nicht miteinander zusammenhängen. Aber sie tun es nur scheinbar nicht. Denn in Wirklichkeit werden sie von der Kurve miteinander verbunden. Die Verbindungen liegen aber nicht innerhalb, sondern außerhalb der horizontalen Ebene, nämlich oberhalb und unterhalb ihrer. Übertragen wir nun, was wir aus dem Gleichnis lernen konnten, auf Ereignisse, die ebenfalls einen »sinnvollen« Zusammenhang vermissen lassen, sagen wir, auf die scheinbar sinnlosen Mutationen, so läßt sich verstehen, warum sie – und mit ihnen die ganze Evolution – sich in der Schnittebene »Naturwissenschaft« als bloße Zufälle abbilden müssen, während der je nachdem »höhere« oder »tiefere« Sinn – nicht anders als die oberhalb beziehungsweise unterhalb der horizontalen Ebene liegende Kurve – erst

4 Nach E. Schrödinger »müssen wir bekennen, daß es uns jedenfalls bisher nicht gelungen ist, ein einigermaßen verständliches Weltbild aufzubauen, ohne unseren eigenen Geist, den Schöpfer des ganzen Weltbildes, daraus zu verbannen, derart, daß darin für ihn kein Platz ist. Aus dem gleichen Grunde mangelt der Welt der Naturwissenschaft alles, was eine Bedeutung in bezug auf das wahrnehmende Wesen hat; vor allem denke ich an die Werte, an alles, was auf Sinn und Zweck des ganzen Geschehens Bezug hat. Am schmerzlichsten ist das völlige Schweigen unseres ganzen naturwissenschaftlichen Forschens auf unsere Fragen nach Sinn und Zweck des ganzen Geschehens.«

in einer anderen Schnittebene zum Vorschein kommen kann. Um es zu pointieren: nicht alles läßt sich im Sinne sinnvoller Zusammenhänge, also teleologisch beziehungsweise final verstehen (sondern eben nur kausal erklären); aber zumindest können wir verstehen, warum dem so ist und sein muß, warum etwas scheinbar sinnlos ist und sein muß, und warum wir dennoch an einen Sinn glauben dürfen, der dahinter steckt, der darüber steht, wenn auch in einer anderen Schnittebene, in die hinein wir ihm eben zu folgen haben.

Was vom Sinn gilt, gilt nur um so mehr von einem letzten Sinn. Je umfassender ein Sinn ist, um so weniger faßlich ist er. Der unendliche Sinn ist für ein endliches Wesen überhaupt nicht faßlich. Hier gibt die Wissenschaft auf, und die Weisheit hat das Wort. Und zwar die Weisheit des Herzens, von dem Blaise Pascal einmal gesagt hat: »Le cœur a ses raisons, que la raison ne connaît point.« Wir können aber auch von einem ontologischen Selbst-Verständnis des Menschen sprechen. Erst eine methodisch saubere phänomenologische Analyse der Art und Weise, wie der schlichte und einfache Mensch, der »Mann von der Straße«, sich selbst versteht, würde auch uns beibringen, daß der Mensch mehr ist als ein Kriegsschauplatz für die Konflikte von Ich, Es und Überich, wie Fulton J. Sheen einmal gemeint hat, und daß der Mensch mehr ist als ein Spielball von Mechanismen und konditionierenden Prozessen. Der Mann von der Straße mag uns beibringen, daß Menschsein heißt, ständig mit Situationen konfrontiert zu sein, von denen jede gleichzeitig Gabe und Aufgabe ist. Was sie uns »aufgibt«, ist die Erfüllung ihres Sinnes. Und was sie uns gleichzeitig »gibt«, ist die Möglichkeit, durch solche Sinnerfüllung uns selbst zu verwirklichen. Jede Situation ist ein Ruf, auf den wir zu horchen, dem wir zu gehorchen haben.

Wir sind ausgegangen vom Determinismus als einer Einengung der Freiheit. Anschließend sei darum die Rede vom Humanismus als einer Ausweitung der Freiheit. Tatsächlich ist die Freiheit die halbe Wahrheit. Freisein ist der negative Aspekt eines Phänomens, dessen positiver Aspekt Verantwortlichsein heißt. Freiheit schlägt in Willkür um, wenn sie nicht im Sinne von Verantwortlichkeit gelebt wird. Und das ist auch der Grund, warum ich dafür zu plädieren pflege, daß zur Freiheitsstatue an der Ostküste das Pendant errichtet werde, nämlich eine Statue der Verantwortlichkeit an der Westküste.

# Das Unbewußte*

Der Geist ist gerade an seinem Ursprung unbewußter Geist.

Ist es nicht – um es an einem Modell zu erläutern – wie beim Auge? So wie an der Ursprungsstätte der Netzhaut, nämlich an der Eintrittsstelle des Sehnerven in sie, die Netzhaut ihren »Blinden Fleck« hat, so ist der Geist genau dort, wo er seinen Ursprung hat, aller Selbstbeobachtung und Selbstbespiegelung gegenüber blind; wo er ganz ursprünglich, ganz »er selbst« ist, ist er sich selbst – unbewußt. Und von ihm gilt hier voll und ganz, was in den alten indischen Veden ausgesagt wird: »Das, was sieht, kann nicht gesehen werden; das, was hört, kann nicht gehört werden; und das, was denkt, kann nicht gedacht werden.«

Aber nicht nur im Ursprung, nicht nur im ersten ist der Geist unbewußt, sondern auch im letzten, »in letzter Instanz«; nicht nur im tiefsten ist er unbewußt, sondern auch im höchsten: Die oberste Instanz nämlich, die über Bewußtheit bzw. Unbewußtheit gleichsam zu entscheiden hat, ist selber unbewußt. Wir brauchen uns nämlich nur daran zu erinnern, daß es im Schlaf eine sogenannte Traumwache gibt – als eine Instanz, die darüber wacht, ob der schlafende, träumende Mensch wach werden soll oder weiterschlafen darf. Diese Traumwache läßt etwa die schlafende Mutter sofort erwachen, sobald der leise Atem des Kindes unruhig wird, während bedeutend lautere Geräusche von der Straße her glattwegs ignoriert werden. Und diese Traumwache versagt auch nicht in der Hypnose – auch hier erwacht die Versuchsperson, sobald etwas um sie oder mit ihr geschieht, was sie zutiefst gar nicht selber will; nur in der Narkose wird, von einem

* Zuerst in: »Der unbewußte Gott«. 1. Auflage, Amandus-Verlag, Wien 1948.

gewissen Grade an, diese Instanz zum Schweigen gebracht, die Traumwache also selber eingeschläfert. Ansonsten aber gilt immer, daß jene Instanz, die Schlafen und Wachen reguliert, selber nicht schläft, sondern wacht – freilich nur insofern, als sie Wache hält; denn als Traum-»Wache« wacht ein Etwas im Menschen über ihn ja nur, als ob es wach wäre – es ist somit nur quasi-bewußt; nur irgendwie weiß es um die Vorgänge um den Schlafenden herum – von einem eigentlichen Bewußtsein jedoch kann da keine Rede sein. Jene Instanz, die darüber entscheidet, ob etwas bewußt wird oder unbewußt bleibt, funktioniert demnach selber unbewußt. Um aber zu entscheiden, muß sie doch irgendwie unterscheiden können. Beides nun, sowohl entscheiden als auch unterscheiden, kann nur ein Geistiges. Und in diesem Sinne zeigt sich wiederum, daß und inwiefern Geistiges nicht nur unbewußt sein kann, sondern im letzten ebenso wie im Ursprung auch unbewußt sein muß.

Tatsächlich ist es nun auch so, daß das, was man Gewissen nennt, in eine unbewußte Tiefe hinabreicht, in einem unbewußten Grunde wurzelt: gerade die großen, echten – existentiell echten – Entscheidungen im menschlichen Dasein erfolgen allemal durchaus unreflektiert und insofern auch unbewußt; an seinem Ursprung taucht das Gewissen ins Unbewußte ein.

In diesem Sinne ist das Gewissen auch irrational zu nennen; es ist alogisch – oder, noch besser: praelogisch. Denn genauso, wie es ein vorwissenschaftliches und ihm ontologisch noch vorgelagert ein praelogisches Seinsverständnis gibt, genauso gibt es auch ein praemoralisches Wertverständnis, das aller expliziten Moral wesentlich vorgängig ist – eben das Gewissen.

Irrational aber ist das Gewissen deshalb, weil es, zumindest in seiner unmittelbaren Vollzugswirklichkeit, niemals restlos rationalisierbar ist; immer ist es nur nachträglich, immer nur einer »sekundären Rationalisierung« erschließbar: Alle sogenannte Gewissenserforschung ist ebenfalls nur als nachträgliche denkbar – auch der Ratschluß des Gewissens ist nämlich letztlich ein unerforschlicher.

Fragen wir uns aber danach, aus welchem Grunde das Gewissen notwendig irrational wirksam ist, dann hätten wir folgenden Tatbestand zu bedenken: Dem Bewußtsein erschließt sich Seiendes – dem Gewissen jedoch erschließt sich nicht ein Seiendes, vielmehr ein noch nicht Seiendes: ein erst Sein-sollendes. Dieses Sein-sollende ist also nichts Wirkliches, es ist ein erst zu Verwirklichendes; es ist nichts

Wirkliches, sondern bloß Mögliches (freilich nicht ohne daß diese bloße Möglichkeit in einem höheren Sinne wiederum eine Notwendigkeit darstellte). Sofern aber das, was uns vom Gewissen erschlossen wird, ein erst zu Verwirklichendes ist, sofern es erst realisiert werden soll, erhebt sich sofort die Frage, wie anders es realisiert werden sollte als dadurch, daß es vorerst einmal geistig irgendwie antizipiert wird. Dieses Antizipieren, diese geistige Vorwegnahme, erfolgt nun in dem, was man Intuition nennt: Die geistige Vorwegnahme geschieht in einem Akte der Schau.

So erweist sich das Gewissen als eine wesentlich intuitive Funktion: Um das zu Realisierende zu antizipieren, muß das Gewissen es zuvor intuieren; und in diesem Sinne ist das Gewissen, ist das Ethos tatsächlich irrational und nur nachträglich rationalisierbar. Kennen wir aber nicht ein Analogon – ist nicht auch der Eros ebenso irrational, ebenso intuitiv? Tatsächlich intuiert auch die Liebe; auch sie erschaut nämlich ein noch nicht Seiendes: sie aber nicht, wie das Gewissen, ein »erst Sein-sollendes«, sondern das noch nicht Seiende, das von der Liebe erschlossen wird, ist ein nur Sein-könnendes. Die Liebe erschaut und erschließt nämlich Wertmöglichkeiten am geliebten Du. Auch sie nimmt also in ihrer geistigen Schau etwas vorweg; das nämlich, was ein konkreter, eben der geliebte Mensch an noch unverwirklichten persönlichen Möglichkeiten in sich bergen mag.

Aber nicht allein darin, daß sowohl das Gewissen als auch die Liebe es gleicherweise mit bloßen Möglichkeiten, nicht aber mit Wirklichkeiten zu tun haben, gleichen sie einander; das ist es nicht allein, was von vornherein evident macht, daß beide gleicherweise nur auf intuitivem Wege vorgehen können. Vielmehr läßt sich auch noch ein zweiter Grund anführen für ihre notwendig, weil wesentlich intuitive, irrationale und daher auch niemals restlos rationalisierbare Wirkungsweise: beide nämlich, sowohl das Gewissen als auch die Liebe, haben es mit absolut individuellem Sein zu tun.

Ist es doch gerade die Aufgabe des Gewissens, dem Menschen »das Eine, was not tut«, zu erschließen. Dieses Eine aber ist ein jeweils Einziges. Es geht dabei um jene einmalige und einzigartige Möglichkeit einer konkreten Person in ihrer konkreten Situation, die etwa Max Scheler mit dem Begriff der »Situationswerte« treffen wollte. Es geht also um etwas absolut Individuelles, um ein individuelles »Seinsollen« – das daher auch von keinem generellen Gesetz, von keinem allgemeinformulierten »moralischen Gesetz« (etwa im Sinne des

Kantschen Imperativs) gefaßt werden kann, sondern eben von einem »individuellen Gesetz« (Georg Simmel) vorgeschrieben wird; es ist überhaupt nicht rational erkennbar, sondern eben nur intuitiv erfaßbar. Und diese intuitive Leistung besorgt eben das Gewissen.

Sofern das Gewissen solche konkreten, individuellen Wertmöglichkeiten intuitiv erschließt, wäre man nun geneigt dazu, den Weg, auf dem es das bewerkstelligt, als instinktiven zu bezeichnen und demzufolge das Gewissen, im Gegensatz zur »praktischen Vernunft«, als ethischen Instinkt anzusprechen. Nur zeigte sich dann alsbald bei näherem Zusehen, daß dieser ethische Instinkt in einem nicht unwesentlichen Gegensatz steht zu dem, was man als Instinkt bezeichnet, also zum vitalen Instinkt. Der Instinkt der Tiere zielt nämlich auf ein Allgemeines, er ist überhaupt nur wirksam »im allgemeinen«: Er ist wesentlich schematisch. Denn je ihren Instinkten gemäß reagieren die Tiere auf bestimmte Merk- und »Wirkmale« je ihrer Umwelt immer nur nach einem starren Schema, das ein für allemal und für alle Individuen feststeht. Die Wirksamkeit dieses Instinktschemas steht und fällt also damit, daß es nur allgemein gilt, daß es nur nach dem Gesetz der großen Zahl gilt, während es im Einzelfall nicht nur versagt, sondern das Einzelwesen geradezu dazu verführt, unter gewissen Umständen zwar durchaus instinktgemäß, aber gerade darum ausgesprochen zweckwidrig, »unvernünftig« sich zu verhalten. Dasselbe instinktive Reaktionsschema, das etwa der Majorität der Ameisen, dem ganzen Ameisenstaat, das Leben erhält oder rettet, kann die einzelne Ameise unter Umständen um ihr Leben bringen. Das wird, vom Instinkt aus gesehen, eben in Kauf genommen: Der vitale Instinkt vernachlässigt das Individuelle.

Ganz anders, ja im Gegensatz dazu wird nun die Wirksamkeit des ethischen Instinkts gerade dadurch gewährleistet, daß er eben nicht auf Allgemeines, sondern immer nur auf Individuelles abzielt: Er geht, wie gesagt, auf das Konkrete. Und während das Tier mitunter vom vitalen Instinkt irregeleitet wird, ist es beim Menschen so, daß er mitunter gerade von der ethischen Vernunft irregeführt wird – während ihn erst der ethische Instinkt, eben das Gewissen, fähig macht, »das Eine, was not tut« und das eben kein Allgemeines ist, überhaupt zu sehen.

Ein Leben aus dem Gewissen heraus ist nämlich immer ein absolut persönliches Leben auf eine absolut konkrete Situation hin – auf das hin, worauf es in je unserem einmaligen und einzigartigen Dasein ankommen mag: das Gewissen begreift das konkrete »Da« meines persönlichen »Seins« immer schon ein. Nun wollen wir zeigen, daß auch in dieser Beziehung, auch in bezug auf die wesentlich individuelle Intention des Gewissens, die Liebe in einer gewissen Parallelität steht: So wie das Gewissen »das Eine, was not tut«, erschließt, so erschließt die Liebe das Einzigartige, was möglich ist: die einzigartigen Möglichkeiten der jeweils geliebten Person. Ja, erst die Liebe und nur sie ist imstande, eine Person in ihrer Einzigartigkeit, als das absolute Individuum, das sie ist, zu erschauen. In diesem Sinne eignet ihr eine bedeutende kognitive Funktion. Und vielleicht ist diese ihre kognitive Leistung schon zu jener Zeit erfaßt und gewürdigt worden, als im Hebräischen der Liebesakt wie der Erkenntnisakt mit dem gleichen Wort belegt wurde.

Der an sich irrationalen und daher auch nicht restlos rationalisierbaren Intuition des Gewissens entspricht beim Künstler die Inspiration. Aus ihr heraus schafft der Künstler, und damit sind und bleiben die Quellen, aus denen er schöpft, in einem bewußtseinsmäßig niemals restlos erhellbaren Dunkel. Es zeigt sich sogar immer wieder, daß zumindest die übermäßige Bewußtheit mit solcher Produktion »aus dem Unbewußten heraus« zu interferieren imstande ist; nicht selten wird die forcierte Selbstbeobachtung, der Wille zum bewußten »Machen« dessen, was sich wie von selbst in unbewußter Tiefe vollziehen müßte, zu einem Handicap des schaffenden Künstlers. Alle unnötige Reflexion kann da nur schaden.

Es ist uns ein Fall bekannt, in dem ein Geiger immer versuchte, möglichst bewußt zu spielen: vom Zurechtrücken der Geige angefangen bis zum geringsten Detail der Spieltechnik wollte er alles bewußt »machen«, alles in Selbstreflexion vornehmen. Dies konnte nur zu einem völligen künstlerischen Versagen führen. Die Therapie aber mußte fürs erste einmal diesen Hang zur übertriebenen Reflexion und Selbstbespiegelung ausschalten: Sie mußte auf das hin angelegt sein, was wir in einem anderen Zusammenhang nachgerade als Dereflexion bezeichnet haben. Die psychotherapeutische Behandlung mußte diesem Patienten sein *Vertrauen zum Unbewußten* wiedergeben, indem sie ihn anwies, sich immer wieder vor Augen zu halten, wie sehr sein Unbewußtes »musikalischer« sei als sein Bewußtsein. Tatsächlich führte eine dergestalt ausgerichtete Therapie gewissermaßen zu einer Ent-hemmung der künstlerisch »schöpferischen Kräfte« des Unbewußten, und zwar dadurch, daß der wesentlich unbewußte (Re-)Produktionsprozeß vom hemmenden Einfluß der überflüssigen Bewußtheit befreit wurde.

Am soeben besprochenen Fall zeigt sich nun aber auch ein sehr wesentliches Moment aller psychotherapeutischen Zielsetzung: Heute dürfen wir nämlich keineswegs mehr auf dem Standpunkt beharren, in der Psychotherapie komme es auf Bewußtwerdung um jeden Preis an; denn nur vorübergehend hat der Psychotherapeut etwas bewußtzumachen. Er hat Unbewußtes – und so auch geistig Unbewußtes – nur bewußtzumachen, um es schließlich wieder unbewußt werden zu lassen; er hat eine unbewußte potentia in einen bewußten actus überzuführen – zu keinem andern Zwecke jedoch, als um schließlich einen wieder unbewußten habitus herzustellen: Der Psychotherapeut hat die Selbstverständlichkeit unbewußter Vollzüge schließlich wiederherzustellen.

Sollte das vorhin Gesagte nun dahin auszulegen sein, daß alle künstlerische Produktion bzw. Reproduktion dem zuzurechnen sei, was man Gefühl nennt? Wir meinen, hier nicht vorsichtig genug sein zu können. Denn der Begriff des Gefühls ist heute ein reichlich unexakter geworden. Insbesondere ist es bei diesem Wort niemals klar, ob – um der wichtigen Unterscheidung von Scheler zu gedenken – ein zuständliches Gefühl, ein bloßer Gefühlszustand oder aber ein intentionales Gefühl jeweils gemeint ist. Während nämlich intentionale Gefühle sehr wohl dem geistig Unbewußten zuzurechnen wären, würden bloße Gefühlszustände mit dem geistig-existentiellen, also dem eigentlichen menschlichen Sein, ebensowenig zu tun haben wie irgendwelche triebhaften Zustände.

Es soll aber ausdrücklich vermerkt werden, daß wir nur dem Wort »Gefühl«, keineswegs aber dem Gefühl selbst den Vorwurf einer gewissen Unexaktheit machen. Das Gefühl selbst, zumindest dort, wo es im Schelerschen Sinne intentional zu heißen wäre, ist nämlich nichts weniger als unexakt; denn *das Gefühl kann viel feinfühliger sein als der Verstand scharfsinnig.*

Immer und überall wurden und werden Witze gemacht und wurde und wird über Witze gelacht; aber bis heute ist eine volle wissenschaftliche Erklärung des Phänomens Witz bzw. des Phänomens Lachen noch ausständig: so wenig ist der Vollzug von Akten abhängig von einem reflexiven Wissen um sie und von ihrem verstandesmäßigen Erfaßtwerden. Um die besprochenen Parallelen nochmals herauszustellen, läßt sich füglich folgendes sagen: Wo das – geistige – Ich eintaucht in eine unbewußte Sphäre als in seinen Grund, dort können wir je nachdem von Gewissen, von Liebe oder von Kunst sprechen. Wo nun umgekehrt das – psychophysische – Es einbricht ins Bewußtsein, dort sprechen wir von Neurose oder von Psychose – je nachdem nämlich, was innerhalb solcher Pathogenese vorliegt: je nachdem, ob Psychogenese (wie bei der Neurose) oder Physiogenese (wie bei der Psychose).

Scham ist eine durchaus natürliche Haltung und stellt keineswegs in jedem Falle eine neurotische Hemmung dar. Seit der diesbezüglichen Arbeit Max Schelers wissen wir ja, daß der Scham auch in der Liebe eine ausgesprochene Schutzfunktion zukommt. Ihre Aufgabe besteht darin zu verhüten, daß etwas schlechterdings Objekt werde – Objekt von Zuschauern. Wir können demnach sagen: Die Liebe scheut das Geschautwerden. So flieht sie auch vor aller Öffentlichkeit; denn in der Öffentlichkeit, von der Öffentlichkeit fürchtet der Mensch, daß ein ihm Heiliges entweiht werde. Diese Entweihung könnte nämlich dadurch geschehen, daß die Unmittelbarkeit der Hingabe verlorengeht, indem diese Hingabe irgendwie zum Gegenstand gemacht wird; aber nicht etwa bloß zum Gegenstand fremden Zusehens, sondern auch zum Gegenstand eigener Selbstbeobachtung. In beiden Fällen droht der unmittelbare, ursprüngliche, der Echtheitscharakter – droht somit die Existentialität zu entschwinden, bzw. sich in die Faktizität eines von den andern oder von sich selbst beobachteten Zustands umzuwandeln. Mit andern Worten: durch die Fremd- oder Selbstbeobachtung würde die Liebe ent»ich«t und ver»es«t.

Ganz das gleiche nun scheint auch mit etwas anderem, dem Menschen nicht weniger Heiligem, ja dem ihm Heiligsten zu geschehen: der Religiosität. Vergessen wir doch nicht: Die Religiosität stellt mindestens so sehr wie die Liebe eine wahre Intimität dar; sie ist dem Menschen »intim« im doppelten Wortsinn: sie ist ihm zu»innerst« – und sie steht, gleich der Liebe, unter dem Schutze der Scham. Auch echte Religiosität verbirgt sich, um ihrer Echtheit willen, vor aller Öffentlichkeit; sie verbirgt sich, um sich nicht zu verraten. Ihr »intimes« religiöses Erleben jedoch zu »verraten« – dies fürchten unsere Patienten in einem zweifachen Sinne: sowohl im Sinne von »ausplaudern« als auch im Sinne von »Verrat begehen«.

Wir denken hierbei nämlich an Beobachtungen, die wir in unserem psychotherapeutischen Vorlesungsbetrieb machen konnten:

In unseren Vorlesungen werden die Patienten nicht im Hörsaal vorgeführt, vielmehr findet das Gespräch in einem Nebenraum unter vier Augen vor einem Mikrophon statt, das es mittels einer Lautsprecheranlage in den Hörsaal überträgt; die Kranken werden also dem Publikum nicht vor Augen, sondern gleichsam vor Ohren geführt – das Publikum ist also ein wahres »Auditorium«. Auf diese Weise wird also eigentlich nichts »zur Schau gestellt«, sondern den in diesem Falle wirklich bloßen »Hörern« nur zu Gehör gebracht. Trotzdem ist und bleibt die Aussage der Patienten irgendwie doch eine Aussage coram publico; denn die Übertragung des Gesprächs in den Hörsaal erfolgt natürlich mit ihrem Wissen und Einverständnis. Es erscheint uns nun höchst bemerkenswert, *daß dieselben Kranken,* die angesichts der von uns hergestellten optimalen Bedingungen einer Wahrung ihres Inkognitos und dementsprechend einer maximalen Herabsetzung ihrer Befangenheit *ohne weiteres bereit sind, etwa ihr Sexualleben bis in die intimsten, ja bis in perverse Details zu besprechen, – daß dieselben Patienten »Hemmungen« zeigen, sobald ihr intimes religiöses Erleben zur Sprache kommt.*

Auch der irreligiöse Mensch »hat« Gewissen, auch der Irreligiöse hat Verantwortung; er fragt bloß nicht weiter – weder nach dem Wovor der Verantwortung noch nach dem Woher des Gewissens. Das soll uns aber nicht wundern:

Im I. Buch Samuel (3, 2–9) wird geschildert, wie Samuel als Knabe eines Nachts gemeinsam mit dem Hohepriester Eli im Tempel schläft. Da weckt ihn eine Stimme, die ihn mit Namen ruft. Er erhebt sich und wendet sich an Eli, um ihn zu fragen, was er, Eli, von ihm wünsche; der Hohepriester aber hat ihn gar nicht gerufen und befiehlt ihm, sich wieder schlafenzulegen. Dasselbe wiederholt sich ein zweites Mal, und erst beim dritten Mal weist der Hohepriester den Knaben an, das nächste Mal, wenn er seinen Namen rufen hört, aufzustehen und zu sagen: »Sprich, Herr, denn dein Knecht hört!«

Sogar der Prophet hat also, da er noch ein Knabe war, den Anruf, der von der Transzendenz an ihn erging, als solchen verkannt. Wie sollte da ein gewöhnlicher Mensch imstande sein, den transzendenten Charakter jener Stimme, die er aus seinem Gewissen heraushört, ohne weiteres zu erkennen? Und wie sollte es uns da wundern, wenn er die Stimme, die im Gewissen zu ihm spricht, gewöhnlich für etwas hält, das lediglich in ihm selbst begründet ist?

# Psychotherapie und Religion

Religion ist ein Phänomen am Menschen, am Patienten, ein Phänomen unter anderen Phänomenen, denen die Logotherapie begegnet; im Prinzip aber sind für die Logotherapie die religiöse und die irreligiöse Existenz ko-existente Phänomene, und die Logotherapie ist ihnen gegenüber zu einer neutralen Einstellung verpflichtet. Die Logotherapie ist ja eine Richtung der Psychotherapie, und diese darf – zumindest nach dem österreichischen Ärztegesetz – nun einmal nur von Ärzten ausgeübt werden. Wenn also schon aus keinem anderen Grunde, so würde der Logotherapeut, weil er als Arzt den hippokratischen Eid geleistet hat, dafür Sorge tragen müssen, daß seine logotherapeutische Methodik und Technik anwendbar ist auf jeden Kranken, mag er nun gläubig oder ungläubig sein, und anwendbar bleibt durch jeden Arzt, ungeachtet dessen persönlicher Weltanschauung. Mit anderen Worten: Für die Logotherapie kann Religion nur ein Gegenstand sein – nicht aber ein Standort. Nach dieser Bestimmung des Standortes der Logotherapie innerhalb der Medizin wenden wir uns nunmehr ihrer Abgrenzung gegenüber der Theologie zu, die sich unseres Erachtens folgendermaßen umreißen läßt:

Das Ziel der Psychotherapie ist seelische Heilung – das Ziel der Religion jedoch ist das Seelenheil. Aber mag die Religion ihrer primären Intention nach auch noch so wenig um so etwas wie seelische Gesundung oder Krankheitsverhütung bemüht und bekümmert sein, so ist es doch so, daß sie in ihren Resultaten – und nicht ihrer Intention nach – psychohygienisch, ja psychotherapeutisch wirksam wird, indem sie dem Menschen eine Geborgenheit und eine Verankerung sondergleichen ermöglicht, die er nirgendwo anders fände, die Geborgenheit und die Verankerung in der Transzendenz, im Absoluten. Einen analogen unbeabsichtigten Nebeneffekt können wir auch auf seiten der Psychotherapie verzeichnen, insofern nämlich, als wir in

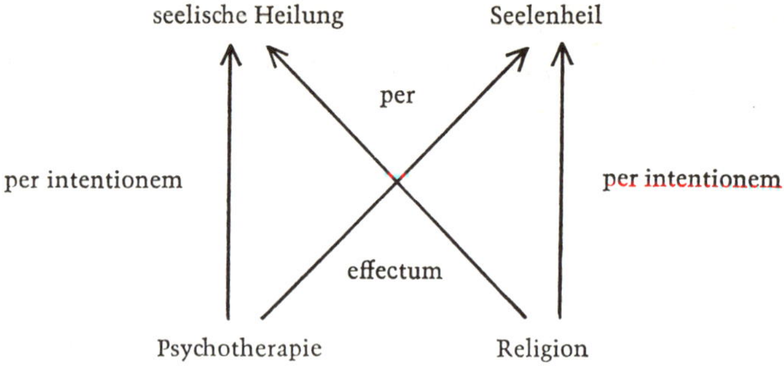


Aus: Viktor E. Frankl: Der Mensch auf der Suche nach Sinn. Freiburg im Breisgau 1972, S. 73.

vereinzelten Fällen sehen, wie der Patient im Laufe der Psychotherapie zurückfindet zu längst verschütteten Quellen einer ursprünglichen, unbewußten, verdrängten Gläubigkeit. Aber wann immer solches zustande kommt, hätte es niemals in der legitimen Absicht des Arztes gelegen sein können, es sei denn, daß sich der Arzt mit seinem Patienten auf demselben konfessionellen Boden trifft und dann aus einer Art Personalunion heraus handelt – aber dann hat er ja von vornherein seinen Patienten gar nicht als Arzt behandelt.

Wollen wir das Verhältnis der humanen zur divinen, das heißt ultra-humanen Dimension bestimmen, so bietet sich uns als ein Gleichnis der Goldene Schnitt an. Ihm zufolge verhält sich bekanntlich der kleinere Teil zum größeren so wie der größere zum Ganzen. Ist es nicht etwas Analoges mit dem Verhältnis des Tieres zum Menschen und des Menschen zu Gott? Bekanntlich eignet dem Tier bloße Umwelt, während der Mensch »Welt hat« (Max Scheler); aber die menschliche Welt verhält sich zu einer Überwelt nicht anders als die tierische Umwelt zur menschlichen Welt. Und das heißt: Ebensowenig wie das Tier imstande wäre, aus seiner Umwelt heraus den Menschen und dessen Welt zu verstehen, ebensowenig ist es möglich, daß der Mensch Einblick habe in die Überwelt.

Nehmen wir das Beispiel eines Affen, dem schmerzhafte Injektionen gegeben werden, um ein Serum zu gewinnen. Vermag der Affe jemals zu begreifen, warum er leiden muß? Aus seiner Umwelt heraus ist er außerstande, den Überlegungen des Menschen zu folgen, der ihn in seine Experimente einspannt; denn die menschliche Welt, eine

Welt des Sinnes, ist ihm nicht zugänglich, an sie reicht er nicht heran, in ihre Dimension langt er nicht hinein. Aber müssen wir nicht annehmen, daß die menschliche Welt selber und ihrerseits überhöht wird von einer nun wieder dem Menschen nicht zugänglichen Welt, deren Sinn, deren Übersinn allein seinem Leiden erst den Sinn zu geben imstande wäre?

Die Psychotherapie muß sich also diesseits des Offenbarungsglaubens bewegen; denn daß jemand die Offenbarung als solche überhaupt anerkennt, setzt eine Glaubensentscheidung immer schon voraus. Es verfängt also nicht im geringsten, wenn man, einem Ungläubigen gegenüber, darauf verweist, daß es eine Offenbarung gibt; wäre sie für ihn eine solche, so wäre er ja auch schon gläubig.

Mag nun die Religion für die Logotherapie auch noch so sehr »nur« ein Gegenstand sein, wie eingangs gesagt wurde, so liegt sie ihr doch zumindest sehr am Herzen, und zwar aus einem einfachen Grund: im Zusammenhang mit Logotherapie meint Logos Sinn. Tatsächlich geht menschliches Dasein immer schon über sich hinaus, weist es immer schon auf einen Sinn hin. In diesem Sinne geht es dem Menschen in seinem Dasein nicht um Lust oder um Macht, aber auch nicht um Selbstverwirklichung, vielmehr um Sinnerfüllung. In der Logotherapie sprechen wir da von einem »Willen zum Sinn«.

Wenn die Psychotherapie das Phänomen der Gläubigkeit nicht als ein Glauben an Gott, sondern als den umfassenderen Sinnglauben auffaßt, dann ist es durchaus legitim, wenn sie sich mit dem Phänomen des Glaubens befaßt und beschäftigt. Sie hält es dann eben mit Albert Einstein, für den die Frage nach dem Sinn des Lebens stellen religiös sein heißt.

Jedenfalls ließe sich sagen, daß die Logotherapie – immerhin primär eine Psychotherapie und als solche der Psychiatrie, der Medizin zugehörig – dazu legitimiert ist, sich nicht nur mit dem Willen zum Sinn zu befassen, sondern auch mit dem Willen zu einem *letzten* Sinn, einem Über-Sinn, wie ich ihn zu nennen pflege, und der religiöse Glaube ist letztlich ein Glauben an den Übersinn – ein Vertrauen auf den Übersinn.

Gewiß, diese unsere Auffassung von Religion hat nur noch herzlich wenig zu tun mit konfessioneller Engstirnigkeit und deren Folge, mit religiöser Kurzsichtigkeit, die in Gott anscheinend ein Wesen sieht, das im Grunde nur auf eines aus ist: daß eine möglichst große Zahl von Menschen an ihn glaubt, und überdies noch genau so, wie eine ganz bestimmte Konfession es vorschreibt. Ich kann mir einfach nicht vorstellen, daß Gott so kleinlich ist. Ich kann mir aber auch nicht vorstellen, daß es sinnvoll ist, wenn eine Kirche von mir *verlangt,* daß ich glaube. Ich kann doch nicht glauben *wollen* – ebensowenig wie ich lieben wollen, also zur Liebe mich zwingen kann, und ebensowenig wie ich mich zur Hoffnung zwingen kann, nämlich gegen besseres Wissen. Es gibt nun einmal Dinge, die sich nicht wollen lassen – und die sich daher auch nicht auf Verlangen, auf Befehl herstellen lassen. Um ein einfaches Beispiel zu bringen: Ich kann nicht auf Befehl lachen. Wenn jemand will, daß ich lache, dann muß er sich schon bemühen und mir einen Witz erzählen.

Analog verhält es sich auch mit der Liebe und dem Glauben: sie lassen sich nicht manipulieren. Als intentionale Phänomene stellen sie sich vielmehr erst dann ein, wenn ein adäquater Inhalt und Gegenstand aufleuchtet.

Eines Tages wurde ich von einer Reporterin des amerikanischen Time-Magazins interviewt. Ihre Frage war, ob der Trend von der Religion wegführt. Ich sagte, der Trend führe nicht von der Religion weg, sehr wohl aber von jenen Konfessionen, die anscheinend nichts anderes zu tun haben, als gegeneinander zu kämpfen und sich gegenseitig die Gläubigen abspenstig zu machen. Nun fragte mich die Reporterin, ob dies heißt, daß es früher oder später zu einer *universalen* Religion kommen wird, was ich aber verneinte: im Gegenteil, sagte ich, wir gehen nicht auf eine universale, vielmehr auf eine personale – eine zutiefst personalisierte Religiosität zu, eine Religiosität, aus der heraus jeder zu seiner persönlichen, seiner eigenen, seiner ureigensten Sprache finden wird, wenn er sich an Gott wendet.

Dies bedeutet selbstverständlich noch lange nicht, daß es keine gemeinsamen Rituale und Symbole geben wird. Gibt es doch auch eine Vielzahl von Sprachen – und doch: Gibt es nicht für viele unter ihnen ein gemeinsames Alphabet? So oder so, in ihrer Verschiedenheit gleichen die verschiedenen Religionen verschiedenen Sprachen: Niemand kann sagen, daß seine Sprache den anderen Sprachen überlegen ist – in jeder Sprache kann der Mensch an die Wahrheit herankommen – an die eine Wahrheit, und in jeder Sprache kann er irren, ja lügen. So kann er denn auch durch das Medium jeder Religion hindurch zu Gott finden – zu dem einen Gott.

# Potentialismus und Kaleidoskopismus

Halten wir fest: Nur Existenz, die sich selbst transzendiert, nur menschliches Dasein, das sich selbst auf die »Welt« hin, »in der« es »ist«, transzendiert, kann sich selbst verwirklichen, während es, sich selbst bzw. Selbstverwirklichung intendierend, sich nur verfehlen würde.

Tatsächlich läuft alles Sich-selbst-verwirklichen letzten Endes hinaus auf die Verwirklichung eigener Möglichkeiten. Sollte es nun etwa so sein, daß der Mensch dazu da ist? Geht es in seinem Dasein wirklich darum, die im Menschen selbst liegenden Möglichkeiten zu verwirklichen, also nicht darum, wovon wir vorhin sprachen: nämlich die in der Welt liegenden, in der Welt harrenden, dort auf den Menschen, auf ihr Erfülltwerden durch ihn wartenden Sinn-Möglichkeiten zu verwirklichen?

Nun, machen wir es uns einfach: fragen wir uns anhand eines Präzedenzfalls, der expressis verbis zu eben dieser Frage Stellung genommen hat und dessen diesbezügliche Stellungnahme auch überliefert wurde, fragen wir uns anhand des historischen Präzedenzfalls Sokrates: Was wäre aus ihm geworden, wenn er alle in ihm schlummernden Möglichkeiten wirklich verwirklicht hätte? Nun, er hat es uns verraten: er selbst hat darum gewußt, daß – unter anderen Möglichkeiten – auch die zum Verbrecher in ihm gelegen war.

Was heißt das? Es heißt so viel wie, daß es nicht darauf ankommen kann, irgendwelche Möglichkeiten zu verwirklichen; vielmehr kann es jeweils nur darauf ankommen, die eine Notwendigkeit zu verwirklichen – das Eine, das not tut. Worauf es ankommt, kann also nicht sein, das jeweils Gekonnte zu leisten, sondern das jeweils Gesollte.

Hiermit stünden wir aber auch schon vor dem springenden Punkt: Das eigentliche Problem wird seitens derjenigen, die immer wieder nur vom Verwirklichen eigener Möglichkeiten sprechen, mit einem

Wort: von den *Potentialisten,* wie ich sie nennen möchte – nur verschoben, ja, was mehr wiegt, noch verschleiert; denn das eigentliche Problem ist und bleibt ein Wertproblem, und um die Konfrontation mit der Wertproblematik, die der Entscheidung anhaftet darüber, welche der jeweiligen Möglichkeiten verwirklichungs*würdig* ist, welche der jeweiligen Möglichkeiten die jeweilige Notwendigkeit ist – um die Konfrontation mit dieser Wertproblematik, und das heißt: um die Konfrontation mit unserer Verantwortung – kommen wir nicht herum.

Welches Interesse mag nun dem Versuch zugrunde liegen, vor der Wertproblematik, von der oben die Rede war, auszuweichen, auszukneifen, eben in den Potentialismus? Nun, solcher Eskapismus trägt Krankheitsgewinn; denn bereits Charlotte Bühler vermerkt: »Es klingt so einfach, als wäre es selbstverständlich, wenn davon gesprochen wird, ›Jeder von uns werde nur, was er eigentlich ist‹ (Rollo May)« – wir jedoch meinen, es klinge dies nicht nur einfach, sondern auch angenehm; denn wenn man mich glauben macht, daß ich, was ich doch erst werden soll, ohnehin (und immer schon gewesen) bin, dann entgehe ich ja der Qual der Wahl, dann bleibt mir ja erspart, jeweils erst noch entscheiden zu müssen, welche der Möglichkeiten ich verwerfen soll, indem ich sie einfach unverwirklicht lasse, und welche unter ihnen ich verewigen soll, indem ich sie eben verwirkliche.

Es sind nämlich jeweils nur die Möglichkeiten, die da vergänglich sind – sobald sie jedoch einmal verwirklicht wurden, sind sie ein für alle Mal verwirklicht worden, und wenn sie auch vergangen sein mögen: eben in ihrem Vergangensein sind sie vor der Vergänglichkeit gerade bewahrt, sind sie vor der Vergänglichkeit gerettet – hineingerettet worden in die Vergangenheit: in ihr sind sie nicht unwiederbringlich verloren, sondern, im Gegenteil, unverlierbar geborgen; denn was einmal geschehen, läßt sich nicht mehr wieder ungeschehen machen, läßt sich nimmer herausschaffen aus der Vergangenheit –

kommt aber alles nicht nur um so mehr darauf an, daß es jeweils in die Vergangenheit hineingeschafft werde? Das ist es aber auch, was alles Menschsein zutiefst und zuletzt zu einem Verantwortlichsein stempelt. So sehen wir denn, wie zur Qual der Wahl, vor die jede Entscheidung über Möglichkeiten und, unter ihnen, »die eine« Notwendigkeit gestellt ist – wie zu dieser Qual der Wahl etwas noch hinzutritt, nämlich der Druck der Zeit.

Die Qual der Wahl – noch dazu unter dem Druck der Zeit – ist es nun, was den Menschen dazu bewegt, nach Art des Potentialismus das jeweils erst Gesollte ins immer schon Gekonnte hineinzunehmen, in ihm einzuebnen und solcherart letzten Endes die Spannung zwischen Sein und Sein-sollen auszuschalten. Eigentlich aber unterstellt sich der Mensch damit auch schon dem, wie wir gehört haben, die Neurose (aber eben auch *nur* sie!) so sehr charakterisierenden Prinzip des Spannungsausgleichs.

Genauso nun, wie sich der Potentialismus die – im Menschen als solchem fundierte und so denn auch unaufhebbare und unabdingbare – Spannung zwischen Sein und Sein-sollen auszuschalten bemüht, so versucht der Existentialismus, die Spaltung zwischen Subjekt und Objekt zu überwinden – ja, mehr als dies: er gibt vor, sie bereits überwunden zu haben. Wie steht es um diese Prätention? Besteht dieser Anspruch zu Recht – ist er überhaupt als sinnvoll zu bezeichnen? Wir halten dafür, daß die Subjekt-Objekt-Spaltung gar nicht überwunden werden, vielmehr jeweils nur etwas unterschlagen werden kann, und zwar je nachdem das Objekt oder das Subjekt. Aber auch M. Thiel spricht diesbezüglich von »Selbstbetrug« und meint: »Tatsächlich verbleibt auch der Existentialist im Rahmen der Subjekt-Objekt-Spaltung, solange er jedenfalls überhaupt denkt.« Wer also das Kind des Objekts mit dem Bad des Cartesianismus ausschüttet und sich im Gerede von einer Überwindung der Subjekt-Objekt-Spaltung gefällt, der sei darauf verwiesen, daß dergleichen nicht möglich ist –

aber nicht nur nicht möglich: es ist weder möglich noch auch nötig; denn genauso, wie menschliches Dasein in seinen Entscheidungsbezügen, also in dezisiver Hinsicht, durchaus angewiesen ist darauf, daß die Forderung der Situation – soll sie die Person »an-gehen« – an die Person auch herangetragen wird, nicht aber aus der Person selbst, im Sinne bloßen Selbstausdrucks, bloßer Expression ihrer selbst, bzw. Projektion ihrer selbst in die Welt, hervorgeht – so ist menschliches Dasein in seinen Erkenntnisbezügen, also auch in kognitiver Hinsicht, notwendigerweise immer schon über sich selbst hinaus, so zwar, daß es sich gar nicht um Erkenntnis handeln würde, wäre nicht etwas intendiert, das es selbst, menschliches Dasein, auch schon transzendiert, und zwar insofern transzendiert, als es wesentlich *mehr* ist, als bloßer Ausdruck seiner selbst. Einzig und allein durch Über-sich-selbst-Hinausgehen menschlichen Daseins, eben durch sein Hinauslangen nach dem Objekt, und nur um den Preis, daß es dadurch sich selbst als ein Subjekt konstituiert, ist Erkenntnis allererst möglich; sie ist fundiert in einem polaren Spannungsfeld, in dem sie ausgespannt ist zwischen dem Objekt- und Subjektpol, als einer Bedingung der Möglichkeit ihrer selbst. In diesem Spannungsfeld gründet, mit einem Wort, alle *Noodynamik.*

Das Verkennen solcher Noodynamik, das Verleugnen im besonderen des Objektpols, des objektiven Korrelats jeder Erkenntnis, entspricht nun nicht dem vagen, sondern entspringt einem spezifischen Subjektivismus, den wir als *Kaleidoskopismus* bezeichnen möchten, wobei wir von folgenden Erwägungen ausgehen: Worin besteht das Wesen der Kaleidoskopie? *Durch ein Kaleidoskop hindurch wird wieder nur es selbst sichtbar* – im Gegensatz zu einem Fernglas, durch das hindurch ja je nachdem Theaterstücke oder Sterne betrachtet werden können. Nach dem Modell des Kaleidoskops nun versteht und deutet der Kaleidoskopismus menschliches Erkennen insofern, als der Mensch im Rahmen des Bildes, das sich der Kaleidoskopismus von seiner Erkenntnis macht, dasteht als einer, der jeweils eine, jeweils seine »Welt« nur »entwirft«, d. h. als einer, der in all seinen »Weltentwürfen« wieder nur sich selbst ausdrückt, so daß ihm durch die jeweils entworfene »Welt« hindurch wieder nur er selbst, der Entwerfende, sichtbar wird.

Unserer Meinung nach ist jedoch der Weltentwurf in Wirklichkeit nicht der subjektive Entwurf einer subjektiven Welt, sondern zwar ein subjektiver Ausschnitt, aber der Ausschnitt einer objektiven Welt. Mit anderen Worten: diese Welt ist wesentlich mehr als bloßer Ausdruck meines Seins.

Wir kommen zurück auf das Gleichnis vom Kaleidoskop – darauf, daß durchs Kaleidoskop hindurch wieder nur es selbst sichtbar wird: ist es nicht so, daß überhaupt nur etwas selber und seinerseits Durchsichtigem *mehr* sichtbar wird als wieder nur es selbst? *Nur in dem Maße, in dem ich zurücktrete, in dem ich mein Sosein verleugne, wird mir etwas sichtbar, das mehr ist als wieder nur ich selbst. Solche Selbstverleugnung ist allemal der Preis, den ich für Welterkenntnis bezahlen muß, der Preis, um den ich Seinserkenntnis erkaufen muß, die mehr sein soll als bloßer Ausdruck wieder nur meines eigenen Seins. Mit einem Wort: Ich muß mich selbst übersehen.* Kann ich es nicht, so ist mein Vermögen, zu erkennen, auch schon beeinträchtigt; denn ich stehe dann mir selbst, meinem eigenen Erkennen, im Wege. Mit anderen Worten: Reflexion ist ein defizienter und sekundärer Modus der Seinsintention – nicht anders, als wie Selbsterfüllung ein abkünftiger Modus der Sinnintention, der Intention von Sinnerfüllung.

*Zusammenfassung*

Der normale und primär auch der neurotische Mensch ist nicht darauf aus, Triebe oder Bedürfnisse zu befriedigen, um sein seelisches Gleichgewicht aufrechtzuerhalten, bzw. wiederherzustellen, sondern eigentlich oder zumindest ursprünglich geht es ihm um die Erfüllung eines Sinns und die Verwirklichung von Werten, und nur im Maße solcher Sinnerfüllung und Wertverwirklichung erfüllt und verwirklicht der Mensch auch sich selbst, und zwar im Sinne eines Effekts, dessen Intention als eines Ziels sein Zustandekommen auch schon verunmöglichen würde. Die Welt ist weder ein bloßes Mittel zum Zweck der Trieb- und Bedürfnisbefriedigung, noch ein bloßer Selbstausdruck des eigenen Seins im Sinne eines »Weltentwurfs«. Vielmehr steht alles Menschsein unaufhebbar und unabdingbar im doppelten polaren Feld der Spannung zwischen Sein und Seinsollen, sowie der Spaltung zwischen Subjektivem und Objektivem; während ersteres polares Spannungsfeld vom Potentialismus verkannt wird, verleugnet der Kaleidoskopismus das letztere. An die Stelle eines »In-der-Welt-Seins« tritt solcherart jene Weltlosigkeit, durch die der Monadologismus das Menschenbild so sehr verzerrt und verzeichnet.

# Aus dem Grenzgebiet zwischen Psychotherapie und Philosophie

Eine der am häufigsten zitierten Behauptungen von Freud ist jene, derzufolge der »Narzißmus« der Menschheit dreimal einen schweren Schock erlitten habe: das erste Mal durch die Lehre des Kopernikus, das zweite Mal durch die von Darwin und das dritte Mal durch die von Freud selbst. Den dritten Schock würden wir noch am ehesten gelten lassen; was jedoch die beiden ersten anlangt, ist nicht einzusehen, wieso eine Aufklärung über das Wo, beziehungsweise das Woher der Menschheit diese schockiert haben soll: die Würde der Menschheit leidet nicht im geringsten darunter, daß die letztere den Sonnenplaneten Erde bewohnt und der nicht der Mittelpunkt des Weltalls ist – dies tut der Würde der Menschheit ebensowenig Abbruch, wie etwa die Leistung von Freud dadurch geschmälert wird, daß er den Großteil seines Lebens nicht im Zentrum der Stadt Wien, sondern im 9. Wiener Gemeindebezirk verbrachte; ist es doch evident, daß sich so etwas wie die Würde eines Menschen, beziehungsweise der Menschheit auf einer anderen Ebene befindet als die Lokalisation dessen, dem diese Würde zukommt, in der materiellen Welt. Mit einem Wort, es handelt sich um eine Kontamination verschiedener Dimensionen des Seins, um eine Vernachlässigung ontologischer Differenzen. Ist solcherart im Sinne einer Quaestio iuris das Recht zu bestreiten, Wert und Würde von räumlichen Kategorien abhängig zu machen, so ist im Sinne einer Quaestio facti überhaupt fraglich, ob der Darwinismus das Selbstbewußtsein der Menschheit erniedrigte und nicht erhöhte. Will uns doch scheinen, als ob sich die fortschrittsgläubige, fortschrittstrunkene Generation der darwinistischen Epoche nichts weniger denn gedemütigt vorgekommen, vielmehr darauf stolz gewesen wäre, »wie herrlich weit« es ihre Affenahnen »gebracht« hatten, so weit nämlich, daß einem weiteren Entwicklungsfortschritt, etwa zum »Übermenschen«, nichts mehr im Wege stand. Der Evolutionismus hatte die Menschen dermaßen in einen Taumel versetzt, daß sie sich wirklich wie »nichts anderes als« eine Herde von Säugetieren benahmen, denen ihr aufrechter Gang zu Kopfe gestiegen war.

Die Frage, ob der Mensch ein Affe sei, ist unter dem Eindruck, daß damit der biblische Schöpfungsbericht desavouiert würde, emotional aufgeladen worden. Mich erinnert das aber an einen alten Witz: Ein Talmudist fragt den anderen: »Warum soll man Moses mit l schreiben?« Daraufhin fragt der andere zurück: »Schreibt man denn Moses mit l?« Daraufhin fragt wieder der erste: »Warum soll man Moses nicht mit l schreiben?« Woraufhin der zweite zornig und ungeduldig antwortet: »Aber warum soll man Moses mit l schreiben?« »Das hab' ich ja dich gefragt«, sagt dann der erste. Auf die Frage, ist der Mensch ein Affe, ließe sich nämlich analog zurückfragen: Warum soll er kein Affe sein? Und die Antwort auf diese Frage lautet eben: weil dies dem biblischen Schöpfungsbericht widerspräche. Denn nur daher kommt ja die ganze emotionale Aufgeladenheit der Frage.

Demgegenüber hätten wir gar nichts dagegen, wenn sich wirklich herausstellte, daß der Mensch ein Affe ist. Ebensowenig wäre etwas aber auch dagegen einzuwenden, wenn sich an einem Affen menschliche Züge entdecken ließen, und ich würde nicht anstehen, zumindest so lange, wie dies tatsächlich der Fall ist, den Affen einen Menschen zu nennen. Worauf es uns ankommt, ist nämlich weniger der Unterschied zwischen Mensch und Tier als vielmehr *die Anerkennung des spezifisch Humanen als eines irreduziblen Phänomens.* Denn es stimmt einfach nicht, daß die Natur keine Sprünge macht. Sie macht Quantensprünge, und sie macht qualitative Sprünge, oder – wie die Marxisten sagen – die Quantität schlägt in die Qualität um. Und so mag es denn auch einen qualitativen Unterschied zwischen Mensch und Tier geben.

Nun wird dies nicht einmal von Konrad Lorenz geleugnet. Spricht er doch von einer Fulguration. Ihm zufolge gibt es also sehr wohl ein spezifisch Humanes, womit der Frage, die uns einzig und allein interessiert, nämlich der Frage nach einer qualitativen Differenz zwischen dem Humanen und dem Subhumanen, eine empirische Beantwortung zuteil geworden ist. Nur daß ich es vorziehe, nicht von einer qualitativen, sondern von einer dimensionalen Differenz zu sprechen. Der Vorteil ist, daß die in verschiedenen Dimensionen erhobenen *und einander widersprechenden* Befunde *trotz* solcher Widersprüche in keinem Ausschließlichkeitsverhältnis stehen; vielmehr *schließt* unter den verschiedenen Dimensionen die jeweils höhere Dimension die jeweils niedrigere *ein.*

Auch gegenüber dem ontologischen Schichtenmodell von Nicolai Hartmann – nach dem die jeweils höhere Seinsschicht die jeweils niedrigere Seinsschicht »überhöht« – ist der Vorteil, der unserer dimensionalontologischen Betrachtung eignet, der, daß *trotz* der *Spezifität* des jeweils höherdimensionalen Phänomens die *Kontinuität* des einen Phänomens mit den anderen Phänomenen gewahrt wird. Um auf das Thema Mensch zurückzukommen: trotz des spezifisch Menschlichen am Menschen bleibt der Mensch ein Tier. Menschsein und Tiersein stehen nicht mehr in Widerspruch miteinander. Zwischen beiden besteht eben kein Ausschließlichkeits-, sondern ein Einschließlichkeitsverhältnis.

Schließlich gibt es, wo es Dimensionen gibt, auch Projektionen. Ich kann ja ein Phänomen aus seiner eigenen Dimension in eine niedrigere Dimension hineinprojizieren. So kann ich etwa ein humanes Phänomen in eine subhumane Ebene hineinprojizieren. Solches Vorgehen ist auch durchaus legitim, und es gehört sogar zum Wesen der Wissenschaft, daß sie heuristisch von der Volldimensionalität eines Phänomens absieht und von der Fiktion einer unidimensionalen Realität ausgeht. Bedenklich wird dieses Vorgehen erst, sobald es ideologisiert wird. Dann wird nicht nur behauptet, auch im Menschen ließen sich angeborene Auslösemechanismen feststellen, sondern dann wird auch behauptet, der Mensch sei eben nichts als ein »nackter Affe«. Der Reduktionismus projiziert eben nicht nur heuristisch die humanen Phänomene in die subhumane Ebene hinein, sondern er verleugnet überhaupt die Existenz einer humanen Dimension, und – was schwerer wiegt – er tut es a priori.

Das Gesagte gilt aber nicht nur vom Verhältnis zwischen Mensch und Tier, sondern auch von dem, was über den Menschen hinausgeht. Und wenn davon die Rede ist, daß sich im Bereich der Natur keinerlei Teleologie nachweisen lasse, so sollte diese Leermeldung vorsichtiger formuliert werden: innerhalb der Projektionsebene von Biologie und/oder Ethologie läßt sich so etwas wie Teleologie nicht nachweisen. Daraus aber zu schließen, daß es Teleologie überhaupt nicht gebe, wäre kein empirischer Befund, sondern Philosophie, und apriorische Philosophie noch dazu. Legitimerweise kann ich nur sagen: innerhalb der Projektionsebene von Konrad Lorenz kommt es einfach nicht zur Abbildung von Teleologie – Teleologie wird von seiner Schnittebene nun einmal nicht getroffen. Man könnte also von einer *negativen Teleologie* sprechen – analog zur sogenannten negativen Theologie, die darauf verzichtet, zu sagen, was Gott sei, sich vielmehr darauf beschränkt, zu sagen, was Gott *nicht* ist. Und wenn Konrad Lorenz einmal verzichtet haben wird darauf, die Möglichkeit von Teleologie von vornherein zu bestreiten, und sich dazu bekennen – sich dazu durchgerungen haben wird, ihre grundsätzliche Möglichkeit – wenn auch in einer über seine Wissenschaft hinausliegenden Dimension – zuzugeben, dann wird er nicht nur den Nobelpreis für seine Wissenschaft verdient haben, sondern auch Anwärter sein auf einen Nobelpreis, den es vorläufig noch gar nicht gibt, nämlich den Nobelpreis für Weisheit. Denn *Weisheit* ließe sich definieren als *Wissen – und das gleichzeitige Bewußtsein von den Grenzen solchen Wissens.*

# Zur Anthropologie des Sports*

Es wurde mir zugesichert, daß ich vom Sport im weitesten Sinne sprechen kann, also vom Sport als einem humanen Phänomen, *diesseits* von Entartung und Mißbrauch. Der Zugang zu diesem Phänomen ist nun von vornherein verstellt, solange unsere Analyse dem veralteten anthropologischen Modell verhaftet bleibt, demzufolge der Mensch ein Wesen ist, das Bedürfnisse hat und darauf aus ist, diese Bedürfnisse zu befriedigen, und zwar letzten Endes nur zu dem Zwecke, Spannungen zu vermeiden, also das innere Gleichgewicht aufrechtzuerhalten, beziehungsweise wiederherzustellen[1]. Mit anderen Worten: Diese veraltete Motivationstheorie klebt noch immer an dem Konzept der sogenannten Homöostase, das der Biologie entlehnt wurde, in der Biologie selbst aber nicht mehr gilt. Längst hat Ludwig von Bertalanffy nachweisen können, daß sich so wichtige biologische Phänomene wie Wachstum und Fortpflanzung keineswegs homöostatisch erklären lassen. Kurt Goldstein, der bedeutende Hirnpathologe, konnte sogar zeigen, daß erst das *geschädigte* Gehirn so sehr darauf aus ist, um jeden Preis Spannungen zu vermeiden. Ich selbst bin der Ansicht, daß es primär dem Menschen überhaupt nicht um irgendeinen Zustand innerhalb seiner selbst zu tun ist, sei es Homöostase oder was immer, vielmehr ist es dem Menschen – zumindest dem nicht neurotischen – um die Sachen und die Partner

* Korreferat auf einem Internationalen wissenschaftlichen Symposion, veranstaltet vom Olympischen Organisationskomitee im Rahmen der Olympischen Spiele, München 1972.

1 Claparède betrachtete das Bedürfnis als Ausdruck einer Störung des Gleichgewichts und die Befriedigung als Anzeichen der Rückgewinnung des Gleichgewichts (zitiert nach Jean Piaget: Theorie und Methoden der modernen Erziehung, Wien 1972, S. 281).

draußen in der Welt zu tun, und zwar nicht etwa als mehr oder weniger taugliche Mittel zum Zweck der Bedürfnisbefriedigung, sondern eben um ihrer selbst willen. Mit anderen Worten: Menschliche Existenz ist zutiefst gekennzeichnet durch ihre »Selbst-Transzendenz«[2], und auch Selbst*verwirklichung* ist nur erreichbar auf dem Wege über Selbst-Transzendenz.

Was ich unter *Selbst-Transzendenz* verstehe, hat nichts mit Jenseits zu tun, *sondern bedeutet, daß der Mensch um so menschlicher ist – daß er um so mehr er selbst ist, als er sich selbst übersieht und vergißt,* sei es in der Hingabe an eine Aufgabe, an eine Sache oder an einen Partner.

Um aber auf die überholte Hypothese zurückzukommen, nach der alle menschliche Motivation vom Homöostaseprinzip her bestimmt ist, möchte ich ihr die folgenden 4 Thesen entgegensetzen:

1. Nicht nur, daß der Mensch in Wirklichkeit gar nicht darauf aus ist, um jeden Preis Spannungen zu vermeiden: der Mensch *braucht* Spannung.
2. Der Mensch sucht auch Spannung.
3. Gegenwärtig findet er aber zu wenig Spannung.
4. Darum schafft sich der Mensch Spannung.

Nun im einzelnen:

1. Es versteht sich von selbst, daß der Mensch nicht einer übergroßen Spannung ausgesetzt und ausgeliefert werden darf. Wessen er bedarf, ist vielmehr eine gewisse, eine gesunde, eine dosierte Spannung. Jedenfalls ist nicht nur eine zu große Belastung[3] und Beanspruchung pathogen, das heißt krankheitserzeugend, sondern ebenso kann auch ein Mangel an Beanspruchung, kann die Entlastung pathogen werden. Werner Schulte sprach in diesem Zusammenhang einmal von der Entlastung als einem »Wetterwinkel« vegetativer Erkrankungen. Heute gibt sogar Selye, der bekanntlich den Streß-Begriff geprägt hat, zu: »Stress is the salt of life«. Ich meine aber, wessen der Mensch als

---

2 Viktor E. Frankl: Grundriss der Existenzanalyse und Logotherapie. In: Handbuch der Neurosenlehre und Psychotherapie, hrsg. von Viktor E. Frankl, Victor E. von Gebsattel und J. H. Schultz, Band III, München/Berlin 1959, S. 690.

3 Ich habe mir einmal sagen lassen, daß ein Gewölbe, das baufällig geworden ist, dadurch gestützt und gefestigt werden kann – paradoxerweise dadurch –, daß man es belastet. Nicht unähnlich ergeht es dem Menschen: mit den äußeren Schwierigkeiten wächst anscheinend seine innere Widerstandskraft. (PL 42)

solcher, als Mensch, bedarf, ist eine *spezifische* Spannung, wie sie sich nämlich in einem polaren Spannungsfeld etabliert zwischen ihm, dem Menschen, und einem Sinn, der gleichsam darauf wartet, von ihm, und ausschließlich von ihm, erfüllt zu werden. Die Probe aufs Exempel? Erlebt sich der Mensch *nicht* von einer ihn persönlich ansprechenden Aufgabe her als angefordert und solcherart in adäquater Spannung gehalten, dann entwickelt sich nicht selten eine bestimmte, die sogenannte »noogene Neurose«[4].

2. Der Mensch sucht auch Spannung, sagte ich. Im besonderen aber ist er eben auf der Suche nach sinnvollen Aufgaben, die ihn in »gesunde Spannung« zu setzen vermöchten. Mit einem Wort: Es gibt so etwas wie einen »Willen zum Sinn«, wie ich ihn zu nennen pflege. Dieses Konzept eines Willens zum Sinn ist längst auch schon empirisch validiert worden.

Die neueste einschlägige Statistik ist wohl die vom American Council on Education besorgte, in deren Rahmen sich ergab, daß unter 171 509 Studenten nicht weniger als 68% als ihr Lebensziel definierten: »developing a meaningful philosophy of life«, was soviel heißt wie die Überzeugung gewinnen, daß das Leben einen Sinn hat.

3. Heute aber ist es so, daß der Mensch vielfach seinem Leben eben keinen Sinn mehr abzugewinnen vermag. Er ist also nicht nur – wie zu den Zeiten von Sigmund Freud – sexuell frustriert, sondern in erster Linie existentiell frustriert. Und er leidet weniger – wie zur Zeit von Alfred Adler – an Minderwertigkeitsgefühlen, als vielmehr an einem Sinnlosigkeitsgefühl – an dem, was ich als das »existentielle Vakuum«[5] bezeichne. Dies manifestiert sich nun hauptsächlich in Langeweile, und wenn im vorigen Jahrhundert Schopenhauer einmal gemeint hat, der Menschheit sei es anscheinend bestimmt, ewiglich zwischen den Extremen von Not und Langeweile hin und her zu pendeln, dann sind wir jetzt so weit, daß das Pendel nach dem letzteren Extrem ausschlägt: in der affluent society haben weite Bevölkerungsschichten zwar Geldmittel, aber keinen Lebenszweck. Sie haben genug, *wovon* sie leben können, aber ihr Leben hat kein Wozu, eben keinen Sinn. Unsere Gesellschaft ist aber auch eine Freizeitgesellschaft, und immer weitere Kreise haben immer mehr Zeit – aber nichts, wofür sie die Zeit sinnvoll aufwenden könnten. So kommt es

---

4 Viktor E. Frankl: Logos und Existenz, Wien 1951, S. 88.

5 Viktor E. Frankl: Pathologie des Zeitgeistes, Wien 1955, S. 84.

denn, daß dem Menschen von heute im Verhältnis zu früheren Zeiten viel Not und Spannung erspart geblieben sind – so daß er es schließlich verlernt hat, beides zu ertragen: seine Frustrationstoleranz ist herabgesetzt, er hat verlernt zu verzichten. In eben dieser Situation aber erweist sich, wie recht Hölderlin hatte, wenn er sagte: Wo die Gefahr, dort wächst auch das Rettende. In der auffluent society kommt zuwenig Spannung auf. Aber nunmehr – und damit halten wir bei meiner

4. These – geht der Mensch daran, die Spannung, die ihm diese Gesellschaft schuldig geblieben ist, künstlich zu erzeugen: er *verschafft* sich die Spannung, die er braucht. Und er tut es, indem er nunmehr von sich selbst etwas verlangt: er fordert sich eine Leistung ab – und zwar nicht zuletzt das »Leisten« von Verzicht. Und so kommt es denn, daß er inmitten des Wohlstands beginnt, sich freiwillig etwas zu versagen – künstlich und absichtlich erzeugt er Situationen des Notstands. Und mitten in der Überflußgesellschaft beginnt er, sozusagen »Inseln der Askese« aufzuschütten – und eben darin sehe ich nun die Funktion des Sports: er ist die moderne, die säkulare Askese. Auch noch dort, wo der Mensch nur mehr ein Zuschauer ist und *passiv* Sport treibt, sucht er Spannung. Aber er erzeugt nicht nur künstliche Not, sondern auch künstliche Notwendigkeiten: In einer Zeit, in der er kaum mehr gehen muß – er fährt doch mit dem Wagen – und kaum noch Stiegen steigt – er nimmt den Lift –, setzt er sich in den Kopf, auf Berge zu steigen. Für ihn, »den nackten Affen«, wie ihn ein Bestsellertitel nennt, besteht nicht mehr die Notwendigkeit, auf Bäume zu klettern; da setzt er sich in den Kopf, auf Felswände zu klettern. Es mag mir gestattet sein, den Klettersport in die Debatte zu ziehen, obgleich man zwar auf den Olymp klettern kann, aber nicht auf der Olympiade. Nun muß ich aber meine Deutung des Klettersports als einer künstlich geschaffenen Notwendigkeit gleich wieder einschränken: sie gilt nämlich nur bis zum dritten Schwierigkeitsgrad. Darüber hinaus hat wohl noch kein Affe jemals kletterische Leistungen vollbracht. Und ich bin überzeugt, die berühmten Affen, die auf den Felsen von Gibraltar herumklettern, wären nicht imstande, den Zuckerhut von Rio de Janeiro zu meistern, wie es in der Vorwoche ein paar Tirolern und Bayern gelang. Aber erinnern wir uns doch einmal an die zünftige Definition des sechsten Schwierigkeitsgrades, die da lautet: »Hart an der Grenze des Menschenmöglichen«. Das ist es nämlich: Dem sogenannten extremen Kletterer ist es nicht nur

darum zu tun, Notwendigkeiten zu erzeugen, sondern es geht ihm auch darum, Möglichkeiten zu erkunden. Er möchte herausbekommen, wo eben die »Grenze« des Menschenmöglichen liegt. Und siehe da: so wie den Horizont schiebt er auch sie mit jedem Schritt, den er auf sie zugeht, vor sich hin – er schiebt sie immer weiter hinaus.

Indem er die Grenzen seiner Möglichkeiten aber immer mehr hinausschiebt, geht er auch über sich selbst hinaus. Für den Wettkampf ergibt sich aus alledem, daß im wohlverstandenen Sport der Mensch letztlich und eigentlich mit sich selbst rivalisiert – sein eigener Konkurrent ist[6]. Und wenn es nicht faktisch der Fall ist, dann sollte es zumindest der Fall sein, und zwar im Interesse einer Optimierung seiner Leistungen. Ich spreche also nicht als Moralist, sondern als Psychiater. Als solcher weiß ich nämlich darum, wie sehr ein Zuviel an Absicht, aber auch ein Zuviel an Aufmerksamkeit oder die »Hyperintention«, beziehungsweise die »Hyperreflexion«, wie sie in der Logotherapie genannt werden, ein Handikap bedeuten können. Sie können beispielsweise zu einer Herabsetzung nicht nur der sexuellen Leistungsfähigkeit, sondern auch der sexuellen Erlebnisfähigkeit führen. In dem Maße, in dem es unseren männlichen Patienten darum geht, ihre Potenz zu beweisen, sind sie auch schon impotent, und in dem Maße, in dem es unseren weiblichen Patienten darum zu tun ist, sich selbst zu beweisen, daß sie eines vollen Orgasmus fähig sind, sind sie auch schon frigid. Oder, wie ich es meinen Studenten zu sagen pflege, je mehr es einem um die Lust geht, um so mehr vergeht sie einem auch schon. Anscheinend verhält es sich nun im Sport analog: Je mehr es einem um den Sieg geht, um so mehr hat man den Sieg auch schon vergeben. Selbst im Wettkampf, im Kampfsport, dürfte die optimale Motivation dort liegen, wo sich der eine an den andern messen will, aber nicht direkt darauf ausgeht, sie zu besiegen. Je mehr er darauf aus ist, über die andern zu siegen, um so mehr ist er verkrampft, statt entspannt zu sein.

Die Logotherapie hat eine Technik entwickelt, um der *Verkrampftheit* als einer Folge von Hyperintention und der *Gehemmtheit* als einer Folge von Hyperreflexion entgegenzuwirken: die »Derefle-

---

6 Mit anderen Worten: Er sollte sich nicht bemühen, mit Cassius Clay sagen zu können »I am the greatest«, sondern versuchen, es mit Johann Nestroy zu halten, der in »Judith und Holofernes« den letzteren sagen läßt: Jetzt bin i' neugierig, wer stärker is': ich oder ich.

xion«, beziehungsweise die »paradoxe Intention«. Die logotherapeutische Behandlungsmethode hat sich nicht nur bei Sexualstörungen, sondern auch bei Berufsneurosen – wie dem Lampenfieber bei Schauspielern – bewährt, scheint aber auch im Sport anwendbar zu sein. So hat Robert L. Korzep, der Trainer einer amerikanischen Baseballmannschaft, im Rahmen des Logotherapie-Institutes an der United States International University (San Diego, Kalifornien) das Ergebnis seiner Erfahrungen und Forschungen folgendermaßen zusammengefaßt: »It is my contention that logotherapy may be utilized or be applicable to situations that arise in athletics, i. e., pressure situation, pre-game anxiety, fighting slumps, lack of confidence, sacrifice and dedication, and problem athletes. In my coaching experiences, I can now look back and see related incidents in sports that involved both individual and group behavior that might have been remedied with positive results occuring because of logotherapeutic technique. I am particularly enthused by the possibilities the logotherapeutic concept of paradoxical intention presents in athletics. It also seems that this technique may be used in fighting a batting slump in baseball.« Die Logotherapie scheint also nicht nur auf dem Gebiete der Berufsneurose von Schauspielern anwendbar zu sein – auf den »Brettern, die die Welt bedeuten« – und auf dem Gebiete der Sexualstörungen – also in den Betten, die für so viele die Welt bedeuten –, sondern auch auf den Sportplätzen.

# Liebe und Sex

Ehe und Liebe scheinen in einem engen Zusammenhang zu stehen. Dies ist jedoch erst der Fall, seitdem es sogenannte Liebesehen gibt, also Ehen, deren Zustandekommen (wenn schon nicht Bestehenbleiben) auf Liebe beruht. In diesem Sinne sind jedoch Liebesehen erst eine verhältnismäßig junge Gegebenheit, wie der Soziologe Helmut Schelsky in seiner »Soziologie der Sexualität« hervorhebt. Dennoch läßt sich mit Recht sagen, daß Liebe im allgemeinen die Bedingung und Voraussetzung einer sogenannten glücklichen Ehe ist. Die Frage ist nur, ob ein auf Liebe gebautes Glück auch von Dauer ist. Liebe mag nämlich eine notwendige Bedingung von ehelichem Glück sein; damit ist aber noch lange nicht gesagt, daß sie auch eine hinreichende Bedingung ist.

Wollen wir aber ein Phänomen wie die Liebe nicht auf das Prokrustesbett irgendwelcher Interpretationen spannen, sondern unverkürzt erfassen, dann genügt nicht eine psychoanalytische Deutung, vielmehr bedürfen wir dann einer phänomenologischen Analyse. In ihrem Rahmen aber erweist sich Liebe als ein anthropologisches Phänomen ersten Ranges. Es stellt sich nämlich heraus, daß Liebe einer der beiden Aspekte dessen ist, was ich als *die Selbsttranszendenz menschlicher Existenz* bezeichne. Darunter verstehe ich den grundlegenden anthropologischen Tatbestand, daß Menschsein immer über sich selbst hinaus auf etwas verweist, das nicht wieder es selbst ist – auf etwas oder auf jemanden: auf einen Sinn, den da ein Mensch erfüllt, oder auf mitmenschliches Sein, dem er da begegnet. Und nur in dem Maße, in dem der Mensch solcherart sich selbst transzendiert, verwirklicht er auch sich selbst: im Dienst an einer Sache – oder in der Liebe zu einer anderen Person. Mit anderen Worten: Ganz Mensch ist der Mensch eigentlich nur dort, wo er ganz aufgeht in einer Sache, ganz hingegeben ist an eine andere Person. Und ganz er selbst wird er, wo er sich selbst – übersieht und vergißt. Wie schön ist doch etwa ein Kind gerade dann, wenn es fotografiert wird und nicht weiß, daß es fotografiert wird, sondern ganz hingegeben ist an sein Spiel!

Vorhin war von Begegnung die Rede – sollte es nun so sein, daß Liebe als Begegnung zu definieren ist? Begegnung ist eine Beziehung zu einem Partner, in der der Partner als Mensch anerkannt wird. Daraus ergibt sich bereits, daß er nicht etwa als bloßes Mittel zum Zweck benützt wird – und nach der zweiten Version des kategorischen Imperativs von Immanuel Kant gehört es ja zum Wesen menschlicher Haltung und Einstellung, daß der Mitmensch unter keinen Umständen zu einem bloßen Mittel zum Zweck degradiert werde.

Gegenüber der Begegnung scheint mir nun die Liebe einen Schritt weiter zu gehen, und zwar insofern, als sie den Partner nicht nur in seiner ganzen Menschlichkeit erfaßt, sondern darüber hinaus auch in all seiner Einmaligkeit und Einzigartigkeit, und das heißt: als Person. Denn Person ist der Mensch eben kraft der Tatsache, daß er nicht nur ein Mensch unter anderen, sondern auch anders als alle anderen ist – und daß er in diesem seinem Anderssein gegenüber allen anderen etwas Einmaliges und Einzigartiges ist. Und erst dadurch, daß der Liebende den Geliebten in dessen Einmaligkeit und Einzigartigkeit erfaßt, wird der Geliebte für den Liebenden zu einem Du.

*Es wäre* also durchaus *im Interesse einer Optimierung des sexuellen Genusses gelegen, wenn die Sexualität nicht isoliert und desintegriert würde,* indem sie aus der Liebe herausgebrochen und eben dadurch dehumanisiert wird. Nur daß wir nicht vergessen dürfen, daß die Sexualität, die solcherart entmenschlicht wird, nicht von vornherein menschlich sein kann, sondern jeweils erst vermenschlicht werden muß. Um dies zu erläutern, gehen wir von einem Begriffspaar aus, das wir Sigmund Freud verdanken: der Unterscheidung zwischen »Triebziel« und »Triebobjekt«. Wenn in der Pubertät die Entwicklung und Reifung der Sexualität im engeren Wortsinn einsetzt, wird – im Sinne eines »Triebziels« – die Entladung aufgestauter sexueller Spannungen angepeilt, eine Entladung, die keineswegs in Form des Sexualaktes herbeigeführt werden muß: *Masturbation tut's auch*. Erst auf einer späteren Stufe sexueller Entwicklung und Reifung tritt ein »Triebobjekt« hinzu – wird ein Partner anvisiert, der sich zum Sexualakt eignen und hergeben würde, irgendein Partner: *eine Prostituierte tut's auch*.

Damit wird klar, daß auf dieser Stufe die Sexualität noch nicht auf die eigentlich menschliche Ebene angehoben, noch nicht total vermenschlicht wurde; denn auf menschlicher Ebene wird der Partner nicht zum Objekt, sondern bleibt Subjekt, und vor allem kann er auf menschlicher Ebene nicht mehr als bloßes Mittel zum Zweck gebraucht, beziehungsweise mißbraucht werden – zum Zwecke der Triebbefriedigung ebensowenig wie zum Zwecke des Lustgewinns! Was selbstverständlich nicht ausschließt, daß sich Lust nur um so mehr einstellt, als sich der Mensch *nicht* um sie kümmert.

Was geschieht nun, wenn der Mensch in seiner sexuellen Entwicklung und Reifung auf der ersten oder auf der zweiten Stufe stehen bleibt, beziehungsweise wenn es zu einer »Regression« auf eine der zwei Stufen kommt? Solange er sich noch auf der ersten Stufe befindet und ohne das Triebziel »Sexualakt« auszukommen vermeint, behilft er sich mit Onanie – und bedarf er der Pornographie. Ist er jedoch über die zweite Stufe nicht hinausgekommen, dann äußert sich diese »Fixierung« in Promiskuität, und allenfalls ist ihm dann mit Prostitution gedient.

Es zeigt sich also, daß sowohl der Bedarf an *Pornographie,* als auch das Bedürfnis nach Prostitution, ja bereits das Bedürfnis nach *Promiskuität* als *Symptome psychosexueller Retardierung* diagnostiziert werden müssen. Die sexuelle Vergnügungsindustrie sorgt aber dafür, daß sie glorifiziert werden, indem sie sie als »progressiv« einstuft. Die Aufklärungsindustrie trägt dazu bei, indem sie gegen die Heuchelei zu Felde zieht, selber und ihrerseits aber insofern heuchelt, als sie *»Freiheit von der Zensur«* schreit und *Freiheit zum Geschäftemachen und Geldverdienen* meint.

Es wurde gesagt, die menschliche Sexualität werde entmenschlicht, wenn sie als bloßes Mittel zum Zweck des Lustgewinns mißbraucht werde. Nicht weniger liegt aber Mißbrauch vor, wenn sie als bloßes Mittel zum Zweck der Fortpflanzung[1] betrachtet wird – anstatt zu bleiben, was sie ist: Ausdruck der Liebe. Und gerade eine Religion, die Gott nachgerade als Liebe definiert, hätte sich davor hüten müssen ex cathedra zu stipulieren, die eheliche Gemeinschaft und Liebe habe nur dann einen Sinn, wenn sie der Fortpflanzung diene. Allerdings wurde dies zu einer Zeit verkündigt, zu der nicht nur, wie wir

---

1 Die Amerikaner unterscheiden da neuerdings zwischen recreational sex und procreational sex.

eingangs ausgeführt haben, Heirat aus Liebe eine Ausnahme, sondern auch eine exzessive Säuglingssterblichkeit die Regel war. Heute haben wir es eher mit dem Gegenteil, nämlich mit einer Bevölkerungsexplosion zu tun. Und heute steht uns die »Pille« zur Verfügung. Sie aber kann dazu beitragen, die Sexualität insofern zu vermenschlichen, als die Sexualität emanzipiert wird: nur freiwillig und auch dann nur zeitweilig in den Dienst an der Fortpflanzung gestellt, dem zwangsweisen Dienst an der Fortpflanzung aber enthoben, wird sie freigestellt zur Krönung der Liebe.

# Was ist der Mensch?*

In memoriam ... Zum Gedenken ... »*Was ist der Mensch,* daß Du seiner gedenkst?« So lautete eine Frage, die der Psalmist an Gott richtet. Lassen Sie uns diese Frage hier und heute an uns selber richten und fragen: Was waren die toten Kollegen, daß wir an diesem Tage ihrer gedenken? Nun, wie sie von 1938 bis 1945 in Ihrer Mitte, wie sie im Kerker und wie sie in der Verbannung gelebt und gestorben, das wissen Sie oder hat man Ihnen aus früheren Anlässen bereits berichtet. Meine Aufgabe ist es, vor Ihnen Zeugnis abzulegen, wie Wiener Ärzte in den Konzentrationslagern geschmachtet und geendet haben; Zeugnis abzulegen von wahren Ärzten – die als Ärzte gelebt haben und als Ärzte gestorben sind; von wahren Ärzten, die andere nicht leiden sehen, nicht leiden lassen konnten, selber aber zu leiden verstanden, selber das rechte Leiden zu leisten wußten – das aufrechte Leiden.

Es war im Sommer 1942. Allenthalben wurden Menschen, wurden unter ihnen Ärzte deportiert. Da traf ich eines Abends am Praterstern eine junge Dermatologin. Wir sprachen vom Arztsein in dieser Zeit, vom Auftrag des Arztes in dieser Zeit. Und wir kamen auf Albert Schweitzer zu sprechen, den Urwalddoktor von Lambarene, und auf unsere Bewunderung für ihn. Und dann sprachen wir davon, daß wir uns wohl nicht zu beklagen hätten über einen Mangel an Gelegenheit, diesem vorbildlichen Arzt und Menschen nachzueifern: Wir hatten wahrlich Chancen genug, gleich ihm unter denkbar ungünstigen Umständen ärztliche Hilfe zu leisten. Wir hätten wahrlich nicht erst in den afrikanischen Urwald zu reisen gebraucht. Von alledem sprachen wir damals, und wir versprachen einander an diesem Abend, eine

* Gedenkrede, gehalten im Auftrag der Gesellschaft der Ärzte in Wien am 25. März 1949 für die in den Jahren 1938–1945 verstorbenen Mitglieder.

solche Chance darin zu sehen, wenn der Tag kommen sollte, da auch wir deportiert würden. Um weniges später war dieser Tag gekommen. Allein, der jungen Kollegin war nicht viel Zeit gelassen, die Chance zu nützen, die sie aus ihrem ärztlichen Ethos heraus in der Deportierung gesehen hatte: Kurze Zeit nach ihrer Ankunft im Lager zog sie sich eine Typhusinfektion zu. Wenige Wochen später war sie tot. Ihr Name ist Dr. Gisa Gerbel. Wir gedenken ihrer.

Dann war da ein Armenarzt aus dem sechzehnten Bezirk – nicht anders bekannt in Wien als unter dem Namen »der Engel von Ottakring«; eine Urwiener Type – ein Mann, der noch im Lager von nichts anderem schwärmte als von Wiedersehensfeiern bei einem Wiener Heurigen, und dann mit seligen Blicken und Tränen in den Augen das Heurigenlied anstimmen konnte: »Erst wenn's aus wird sein . . .« Das war der Engel von Ottakring; aber wer hat ihn selbst beschützt, gleich einem Schutzengel – damals, als er in Auschwitz vor meinen Augen vom Bahnhof weg auf die linke Seite dirigiert wurde – und das hieß: direkt in die Gaskammer? Das war der Engel von Ottakring. Sein Name ist Dr. Plautus. Wir gedenken seiner.

Dann war da Dr. Lamberg – der Sohn des ersten Chefarztes der weltberühmten Wiener freiwilligen Rettungsgesellschaft, allen Erste-Hilfe-Schülern wohlbekannt von seinem Lehrbuch her; Dr. Lamberg war ein Weltmann im Aussehen wie im Auftreten. Das weiß jeder, der diesen prächtigen Menschen jemals gesehen hat. Nun, ich habe ihn auch gesehen, als er in einer halb unterirdischen Baracke im Sterben lag, inmitten Dutzender, eng nebeneinanderliegender, halbverhungerter Gestalten; und seine letzte Bitte an mich war: die Leiche, die neben und halb auf ihm lag, doch ein wenig beiseite zu rücken. Das war der einstige Weltmann Dr. Lamberg – einer der wenigen Lagerkameraden, mit denen man selbst noch bei der schwersten Arbeit an Bahngeleisen im Schneesturm philosophische Gespräche führen konnte. Wir gedenken seiner.

Dann waren da Frau Dr. Martha Rappaport, meine einstige Assistentin am Wiener Rothschild-Spital, aber auch schon Assistenzärztin einstmals unter Wagner-Jauregg. Eine Frau mit einem Herzen, das niemanden weinen sehen konnte, ohne selber zu Tränen gerührt zu sein. Wer hat um sie geweint, als sie deportiert wurde? – Das war Frau Dr. Rappaport. Wir gedenken ihrer.

Dann waren da, vom gleichen Spital, ein junger Chirurg, Dr. Paul Fürst, und ein weiterer Arzt, Dr. Ernst Rosenberg. Beide konnte ich im Lager sprechen, kurz bevor sie dort starben. Und es war in ihren letzten Worten *kein einziges Wort des Hasses – nur Worte der Sehnsucht* kamen über ihre Lippen – *und Worte des Verzeihens;* denn was sie haßten und was wir hassen, sind niemals Menschen – Menschen muß man verzeihen können; was sie haßten, war nur das System – das die einen in Schuld brachte – und den andern den Tod brachte.

Ich habe wenige Namen genannt, und die nicht dem wissenschaftlichen Rang nach; ich spreche von einzelnen, aber ich meine alle mitsammen. Die Wenigen müssen für die Vielen stehen: denn die Vielen könnte keine Chronik fassen, die von Menschenhand aufgezeichnet würde. Aber sie bedürfen auch gar nicht einer Chronik, sie bedürfen auch nicht eines Gedenksteins, denn jede Tat ist ihr eigenes Denkmal – unvergänglicher als eines, das bloß unserer Hände Werk ist. Denn die Tat eines Menschen läßt sich nicht ungeschehen machen; was getan, läßt sich nicht aus der Welt schaffen. Und es ist nicht wahr, daß es in der Vergangenheit unwiederbringlich verloren sei, sondern in der Vergangenheit ist es untilgbar geborgen.

Es ist richtig: In jenen Jahren wurde das Arzttum geschändet. Aber ebenso wahr ist, daß es in jenen Jahren auch hochgehalten wurde. Die einen Ärzte haben in den Lagern an Todgeweihten experimentiert; aber andere gab es, die hier an sich selbst experimentiert haben, und ich erinnere mich eines Berliner Nervenarztes namens Dr. Wolf, mit dem ich in der finsteren Baracke so manche nächtliche Zwiesprache gehalten hatte, etwa über aktuelle Probleme der modernen Psychotherapie; als er im Lager starb, hielt er das Erlebnis der letzten Stunden in Form einer Selbstschilderung schriftlich fest.

Überhaupt war das Erlebnis des Konzentrationslagers ein einziges großes Experiment – ein wahres experimentum crucis. Unsere toten Kollegen haben es ehrenvoll bestanden. Sie haben uns bewiesen, daß der Mensch es in der Hand hat, auch unter den ungünstigsten, den unwürdigsten Bedingungen noch Mensch zu bleiben – wahrer Mensch und wahrer Arzt. Was denen, die diesen Beweis erbrachten, zur Ehre gereicht, soll aber uns eine Lehre sein, soll uns lehren, was der Mensch ist und was er sein kann.

*Was also ist der Mensch?* Wir haben ihn kennengelernt, wie vielleicht noch keine Generation vor uns; wir haben ihn kennengelernt im Lager – im Lager, wo alles Unwesentliche vom Menschen weggeschmolzen war; wo alles fortfiel, was einer besessen hatte: Geld – Macht – Ruhm – Glück – wo nur mehr das übrigblieb, was ein

Mensch nicht »haben« kann, sondern was er »sein« muß: Was übrigblieb, war der Mensch selbst – verbrannt vom Schmerz und durchglüht vom Leid, wurde er eingeschmolzen auf das Wesentliche in ihm, auf das Menschliche.

*Was also ist der Mensch?* So fragen wir nochmals. – Er ist ein Wesen, das immer entscheidet, was es ist. Ein Wesen, das in sich gleichermaßen die Möglichkeit birgt, auf das Niveau eines Tieres herabzusinken oder sich zu einem heiligmäßigen Leben aufzuschwingen. Der Mensch ist jenes Wesen, das immerhin die Gaskammern erfunden hat; aber er ist zugleich auch jenes Wesen, das in eben diese Gaskammern hineingeschritten ist in aufrechter Haltung und das Vaterunser oder das jüdische Sterbegebet auf den Lippen.

*Das also ist der Mensch.* Und nun wissen wir auch die Antwort auf die Frage, die wir uns im Anfang gestellt: Was ist der Mensch, daß wir seiner gedenken? »Er ist ein Schilfrohr«, hat Pascal gesagt, »– aber ein Schilfrohr, das denkt!« Und dieses Denken, dieses Bewußtsein, dieses Verantwortlichsein –, es macht die Würde des Menschen aus, die Würde jedes einzelnen Menschen. Und es liegt ganz und gar immer nur am einzelnen Menschen, ob er sie mit Füßen tritt – oder ob er sie wahrt. So wie das eine das persönliche Verdienst eines Menschen ausmacht – so das andere seine persönliche Schuld. Und es gibt nur persönliche Schuld. *Niemals aber dürfte die Rede sein von Kollektivschuld.* Freilich, es gibt auch die persönliche Schuld eines Menschen, der zwar »nichts getan« hat – aber so manches unterlassen; unterlassen aus Angst um sich selbst oder aus dem Zittern um seine Angehörigen. *Wer aber einem solchen Menschen zum Vorwurf machen will, daß er ein »Feigling« war, der müßte zuvor für seine eigene Person unter Beweis gestellt haben, daß er selber in der gleichen Situation ein Held gewesen.*

Und so wollen wir denn nicht nur gedenken, der Toten, sondern auch verzeihen, den Lebenden. Und wenn wir sprechen: Ehre sei den Toten – so wollen wir auch hinzusetzen: – und Friede allen Lebenden, die guten Willens sind.

# Der Mensch auf der Suche nach Sinn*

Der Titel umreißt mehr als ein Thema: er umfaßt eine Definition, zumindest eine Interpretation des Menschen. Eben als eines Wesens, das letztlich und eigentlich auf der Suche nach Sinn ist. Der Mensch ist immer schon ausgerichtet und hingeordnet auf etwas, das nicht wieder er selbst ist, sei es eben ein Sinn, den er erfüllt, oder anderes menschliches Sein, dem er begegnet. So oder so: Menschsein weist immer schon über sich selbst hinaus, und die Transzendenz ihrer selbst ist die Essenz menschlicher Existenz.

Ist es also *nicht* so, daß der Mensch eigentlich und ursprünglich darnach strebt, glücklich zu sein? Hat denn nicht selbst Kant zugegeben, daß dies der Fall sei, und nur hinzugesetzt, der Mensch solle auch danach streben, des Glücklichseins *würdig* zu sein? Ich würde sagen, was der Mensch wirklich will, ist letzten Endes nicht das Glücklichsein an sich, sondern ein *Grund* zum Glücklichsein. Sobald nämlich ein Grund zum Glücklichsein gegeben ist, stellt sich das Glück, stellt sich die Lust von selber ein. So schreibt Kant in seiner »Metaphysik der Sitten« beziehungsweise deren »Zweytem Theil«, den »Metaphysischen Anfangsgründen der Tugendlehre« (Königsberg, bey Friedrich Nicolovius, 1797, Seite VIII f.), »daß Glückseligkeit die *Folge* der Pflichtbeobachtung« sei und »das Gesetz *vor* der Lust hergehen muß, damit sie empfunden werde«. Was aber da in bezug auf die Pflichtbeobachtung beziehungsweise das Gesetz gesagt wird, gilt meines Erachtens viel allgemeiner und läßt sich sogar vom Bereich der Sittlichkeit auf den der Sinnlichkeit übertragen. Und davon wissen wir Neurologen ein Lied zu singen. Denn im klinischen Alltag zeigt sich immer wieder, daß es gerade die Abwendung vom

* Einleitung zu einem öffentlichen Vortrag im Rahmen des XIV. Internationalen Kongresses für Philosophie, Wien 1968.

»Grund zum Glücklichsein« ist, die den sexualneurotischen Menschen – den potenzgestörten Mann beziehungsweise die frigide Frau – nicht glücklich werden läßt. Wodurch aber kommt diese pathogene Abwendung vom »Grund zum Glücklichsein« zustande? Durch eine forcierte Zuwendung zum Glück selbst, zur Lust selbst. Wie recht hatte doch Kierkegaard, als er einmal meinte, die Tür zum Glück gehe nach außen auf – wer sie »einzurennen« versucht, dem verschließt sie sich nur.

Wie können wir uns das erklären? Nun, wovon der Mensch zutiefst und zuletzt durchdrungen ist, ist weder der Wille zur Macht, noch ein Wille zur Lust, sondern ein Wille zum Sinn. Und auf Grund eben dieses seines Willens zum Sinn ist der Mensch darauf aus, Sinn zu finden und zu erfüllen, aber auch anderem menschlichen Sein in Form eines Du zu begegnen, es zu lieben. Beides, Erfüllung und Begegnung, gibt dem Menschen einen *Grund* zum Glück und zur Lust. Beim Neurotiker aber wird dieses primäre Streben gleichsam abgebogen in ein *direktes* Streben nach Glück, in den Willen zur Lust. Anstatt daß die Lust das bleibt, was sie sein muß, wenn sie überhaupt zustande kommen soll, nämlich eine Wirkung (die Nebenwirkung erfüllten Sinns und begegnenden Seins), wird sie nunmehr zum Ziel einer forcierten Intention, einer Hyperintention. Mit der Hyperintention einher geht aber auch eine Hyperreflexion. Die Lust wird zum alleinigen Inhalt und Gegenstand der Aufmerksamkeit. In dem Maße aber, in dem sich der neurotische Mensch um die Lust kümmert, verliert er den *Grund* zur Lust aus den Augen – und die Wirkung »Lust« kann nicht mehr zustande kommen. Je mehr es einem um die Lust geht, um so mehr vergeht sie einem auch schon.

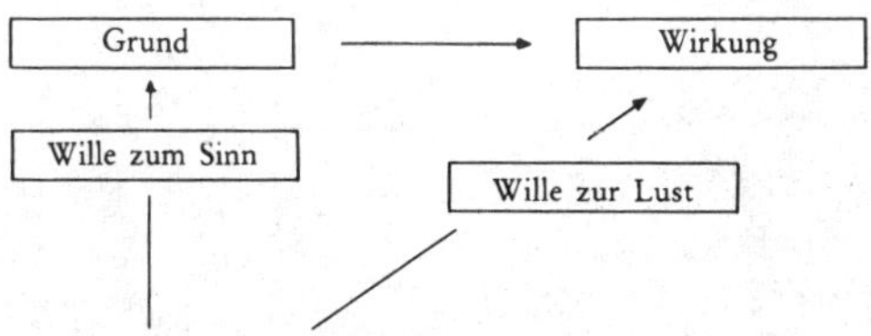


Während aber die Lust eine Nebenwirkung der Sinnerfüllung ist, ist die Macht insofern ein Mittel zum Zweck, als die Sinnerfüllung an gewisse gesellschaftliche und wirtschaftliche Bedingungen und Voraussetzungen gebunden ist. Wann aber *ist* der Mensch auf die bloße Nebenwirkung »Lust« bedacht, und wann *beschränkt* er sich auf das bloße Mittel zum Zweck, Macht genannt? Nun, zur Ausbildung des Willens zur Lust beziehungsweise des Willens zur Macht kommt es jeweils erst dann, wenn der Wille zum Sinn frustriert wird, mit anderen Worten, das Lustprinzip ist nicht weniger als das Geltungsstreben eine neurotische Motivation. Und so läßt es sich denn auch verstehen, daß Freud und Adler, die ihre Befunde doch an Neurotikern erhoben hatten, die primäre Sinnorientierung des Menschen verkennen mußten.

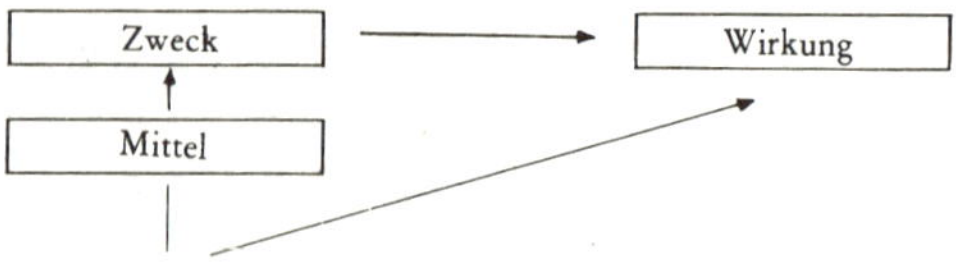

# Psychische Hygiene des Reifens

Die Psychologin Charlotte Bühler hat zum Beispiel zu zeigen vermocht, daß wir, was unseren leiblichen Organismus anlangt, längst schon im Abstieg begriffen sind, wenn sich unser Leben, was unsere geistige Person betrifft, seinem Gipfel- und Höhepunkt erst zu nähern beginnt. Mit anderen Worten: Biologisch geht es mit uns bergab, während es sozusagen mit unserer Biographie bergauf geht. Wer sich also der Torschlußpanik hingibt, der vergißt, daß sich neue Tore öffnen, während sich die alten schließen – neue Tore und neue Möglichkeiten.

Nun, von der Torschlußpanik gilt ähnliches wie von der Angst im allgemeinen. Von ihr aber wurde einmal behauptet, alle Angst sei letztlich Todesangst. Ich möchte diesen Satz ergänzen, indem ich fortsetze: – und jede Todesangst ist eigentlich Gewissensangst. Und ich möchte noch weitergehen, darüber hinausgehen, und behaupten, es gebe auch so etwas wie eine negative Gewissensangst – die sich weniger auf irgendwelche Taten und Handlungen bezieht als vielmehr auf all die verpaßten Chancen und die Gelegenheiten, die da einer versäumt haben mag im Leben.

Erinnern wir uns nun daran, was wir vom Willen zum Sinn gesagt haben; von diesem Willen zum Sinn, den wir dem Willen zur Lust, das heißt dem Lustprinzip der Psychoanalyse, ebenso gegenübergestellt haben wie dem Willen zur Macht, dem Geltungsstreben der Individualpsychologie. Und wir werden es nunmehr verstehen, daß es unter anderem auch, ja wohl in erster Linie dieser Sinnwille sein wird, der den versäumten Gelegenheiten gleichsam nachtrauert, die sich zu seiner Erfüllung geboten haben mögen.

Unter den Möglichkeiten, die sich einer Frau eröffnen, wenn sie ihr Dasein sinnvoll gestalten will, stehen zwei Möglichkeiten im Vordergrund: Gattin sein und Mutter werden. Es kann gar kein Zweifel darüber bestehen, daß es sich hierbei um zwei Werte handelt. Wehe aber, wenn diese beiden Möglichkeiten, dem Dasein einer Frau Sinn zu geben, wenn diese zwei relativen Werte nicht in ihrer Relativität belassen, sondern verabsolutiert – mit einem Wort: wenn sie vergötzt werden. Wenn eine Frau also so tut, als ob im Gattin-Sein und Mutter-Werden nicht eine, sondern die einzige Wertmöglichkeit bestünde. Denn wir haben schon einmal gehört, und wir sehen es jetzt nur bestätigt: daß sich jede Vergötzung rächt, indem sie geradewegs in die Verzweiflung hineinführt, oder umgekehrt: daß jeder Verzweiflung letzten Endes nichts anderes zugrunde liegt als Vergötzung. Man verhehle sich nicht, welche Bedeutung diese Dinge haben. Soundso viele Frauen müssen unverheiratet und kinderlos bleiben. Nun, viele unter diesen »überschüssigen« Frauen werden sich alsbald auch für überflüssig, ihr Leben für nutzlos und ihr Dasein für sinnlos halten; denn sie werden der Ansicht sein, daß ein Dasein ohne Mann und Kind eben keinen Sinn hat. Und es ist dann bloß eine Frage der persönlichen Konsequenz, ob eine Frau, die so denkt, sich das Leben nimmt oder nicht. Es wäre denn, sie sieht endlich die Vergötzung ein, der sie anheimgefallen ist. Denn nur dann, wenn sie diese Vergötzung rückgängig macht, ist sie auch der Verzweiflung nicht mehr ausgeliefert.

Zum Glück sind nur die wenigsten so konsequent, daß sie aus ihrer Verzweiflung die Konsequenz des Selbstmordes ziehen; sondern die meisten weichen diesem letzten Schritt glücklicherweise aus und gehen andere Wege – freilich durchwegs Wege der Flucht. Der erste Weg, der sich da bietet, um der Verzweiflung nicht ins Gesicht sehen zu müssen, ist der Weg der Entwertung, des Ressentiments. Nicht anders als beim Urbild allen Ressentiments, nämlich dem Fuchs, dem die Trauben zu sauer sind, werden Dinge wie Liebe, Ehe und Kinder mit scheelen Augen angesehen. Man hat das Wort Ressentiment mit Lebensneid übersetzt; hier könnte man auch von Liebesneid sprechen. Ich denke hierbei an den Typus der hysterischen alten Jungfer sowie an das eigenartige Gemisch von Prüderie und Lüsternheit, das solchen unerfüllt gebliebenen Menschentypen anhaftet.

Der Verzweiflung entgeht die unverheiratet und kinderlos bleibende Frau nur, indem sie bewußt Verzicht leistet. Aber wie weise sagt uns schon die Sprache, daß jeder Verzicht »geleistet« werden muß, daß es sich also um eine echte Leistung handelt, die einem da abverlangt ist. Nun, diese Verzichtleistung ist auch das einzige, was einen vor der Vergötzung und damit vor der Verzweiflung bewahrt. Verzichten aber heißt einsehen, daß ein relativer Wert eben relativ ist.

Dies klingt abstrakt, und daher möchte ich konkreter werden, und ich zitiere ein altes chinesisches Sprichwort: es sagt, jeder Mann solle in seinem Leben einen Baum gepflanzt, ein Buch geschrieben und einen Sohn gezeugt haben. Nun, wenn sie sich daran halten wollten – die meisten Männer müßten verzweifeln und sich konsequenterweise das Leben nehmen; denn die wenigsten waren dann wohl imstande, ihrem Leben den rechten Sinn zu geben: Selbst wenn sie Bäume gepflanzt hätten, haben sie wohl kein Buch geschrieben oder nur eine Tochter gezeugt oder umgekehrt usw. Aber auch wenn man nicht das Bäumepflanzen, Bücherschreiben und Söhnezeugen, überhaupt nicht die Vaterschaft vergötzt, sondern die Mutterschaft – wir müßten sagen: Wie arm wäre doch das Leben, würde es nicht auch andere Möglichkeiten bieten, um es sinnvoll zu gestalten, es mit Sinn zu erfüllen. Und ich muß sagen: Was wäre das auch schon für ein Leben, dessen Sinn damit steht und fällt, daß man heiratet und Kinder kriegt, Bäume pflanzt und Bücher schreibt?

Gewiß: das alles sind Werte, wirkliche Werte; aber sie sind relativ – absolut hingegen kann nur eines sein, und das ist *das Gebot unseres Gewissens.* Und dieses Gewissen gebietet uns, daß wir uns unter allen Bedingungen und Umständen unserem Schicksal stellen – wie immer es auch sein mag; und unser Gewissen fordert von uns, daß wir dieses Schicksal gestalten, daß wir handeln, daß wir das Schicksal in die Hand nehmen, wo dies möglich ist; daß wir aber auch bereit sind, das Schicksal auf uns zu nehmen – wenn dies nötig ist –, und daß wir dann das rechte, aufrechte Leiden echten Schicksals leisten.

Haben wir uns dem Schicksal aber einmal gestellt, sei es in einer Handlung, sei es – wo ein Handeln nicht möglich war – in der rechten Haltung, so oder so haben wir das Unsere getan[1]. Dann gibt es auch kein schlechtes Gewissen mehr – weder ein positives noch ein negatives, weder eines, das sich auf unsere Handlungen bezieht, noch eines, das die Unterlassungen betrifft. Und dann hört mit einemmal auch alle Torschlußpanik auf. Denn letztlich beruht sie auf jener optischen

1 Auch wenn wir eine falsche Handlung gesetzt haben, läßt sich durch die rechte Haltung noch alles sinnvoll gestalten – allerdings geht es dann um die Haltung, die wir gegenüber uns selbst einnehmen, das heißt zum Beispiel, daß wir von uns selbst abrücken und damit über uns selbst auch schon hinauswachsen.

Täuschung, von der ich bereits einmal sprach, als ich sagte: Der Mensch sieht meistens nur das Stoppelfeld der Vergänglichkeit, aber er übersieht die vollen Scheunen der Vergangenheit – er übersieht, was er alles ins Vergangensein hineingerettet hat, wo es nicht unwiederbringlich verloren ist, sondern unverlierbar geborgen bleibt.

Nun: Wer da beherrscht ist vom Lebensgefühl des ständigen Abschied-nehmen-Müssens und ergriffen von der Torschlußpanik, der hat vergessen, daß das Tor, das sich zu schließen droht, eben das Tor einer vollen Scheune ist ...

Und er überhört den Trost und die Weisheit, die uns entgegenklingen aus den Worten der Bibel: »Du gehst im Alter zu Grabe, wie der Garbenhaufen eingefahren wird zur Zeit.«

# Hypnose

Für gewöhnlich setzt man die Geburt der modernen Psychotherapie, der zeitgenössischen wissenschaftlichen Seelenheilkunde, mit dem Erscheinen der so betitelten Studien über die Hysterie von Breuer und Freud fest. Darin mag aber eine gewisse Willkür liegen, denn mit ebenso gutem Recht könnte man auch behaupten, daß der Ursprung der Psychotherapie mit der Entwicklung des sogenannten Mesmerismus zusammenfällt, also der Lehre und dem Wirken von Mesmer. Gewirkt nun hat dieser Mann nicht anders als Breuer und Freud zum größten Teil in Wien. Und was seine Lehre anbelangt, so handelt es sich hierbei um den von Mesmer selbst so benannten tierischen Magnetismus. In Wirklichkeit hat aber dieser vermeintliche Magnetismus mit jener Naturerscheinung, die von der Physik zur Zeit von Mesmer ebenso wie heutzutage unter dem Namen Magnetismus abgehandelt wird, wie wir heute wissen, überhaupt nichts zu tun. Was Mesmer vielmehr wirklich erkannt und erforscht hatte, ist nichts anderes als eben das, was wir heutigentags als Hypnotismus bezeichnen.

Es ist diesem Mann in seiner Forschung ähnlich ergangen wie so manchem anderen Wissenschaftler, auch Männern der heutigen Wissenschaft und schließlich auch solchen der heutigen Seelenheilkunde. In diesem Zusammenhang möchte ich mich darauf beschränken, daran zu erinnern, daß auch die diversen Schockbehandlungen, welche der Psychiatrie von heute eine Ära eröffnet und vor allem mit dem therapeutischen Nihilismus der Psychiatrie von gestern aufgeräumt haben – daß auch diese Schockbehandlungen ebenfalls von im großen und ganzen falschen theoretischen Überlegungen ausgegangen sind, und trotzdem sind die praktischen Ergebnisse erstaunlich. Halten wir also fest: Die Hypnose hat mit Magnetismus nicht das geringste zu tun. Was ist die Hypnose denn?

Sie ist ein seelischer Ausnahmezustand, und zwar handelt es sich bei ihr um einen schlafähnlichen Zustand, in den der betreffende Mensch verfällt bzw. vom Hypnotiseur versetzt wird. Auf welchem besonderen Wege geschieht dies nun, da es sich ja sichtlich um kein Versinken in einen gewöhnlichen Schlaf handelt, sondern eben einen bloß schlafähnlichen Zustand? Nun, in Hypnose versetzt man den betreffenden Menschen dadurch, daß man ihm entsprechende Suggestionen erteilt. Mit anderen Worten, die Hypnose – so können wir unseren definitorischen Versuch von vorhin fortsetzen – ist ein schlafähnlicher seelischer Ausnahmezustand, der das Resultat suggestiver Maßnahmen darstellt, wobei es für das Wesen der Sache unerheblich ist, ob die jeweils vorgenommenen Suggestionen etwa wörtlicher oder anderweitiger Natur sind, das heißt, ob ich die Hypnose dadurch einleite, daß ich die Versuchsperson auffordere, sich bequem hinzulegen, die Augen zu schließen und an nichts anderes zu denken als an das, wovon ich spreche – ob ich die Hypnose so einleite oder anderswie, sagen wir die zunehmende Ermüdung statt durch wörtliche Suggestionen dadurch herbeizuführen versuche, daß ich der Versuchsperson einen glänzenden und glitzernden Gegenstand vor die Augen halte und ihn von ihr fixieren lasse: all dies ist wie gesagt irrelevant.

Aber noch bedarf die Kennzeichnung des Wesens dessen, was wir Hypnose nennen, einer Ergänzung. Die Hypnose stellt nämlich nicht nur das Resultat von Suggestionen dar, sondern sie ist auch ihrerseits der denkbar günstigste Boden zur Aufnahme weiterer Suggestionen, und zwar, wenn ich so sagen darf, gewagterer Suggestionen. Lassen Sie mich ein Beispiel anführen: Wenn ich einem Herrn oder einer Dame ein soeben geöffnetes Fläschchen mit Benzin unter die Nase halte, dann werde ich im allgemeinen wohl kaum der betreffenden Versuchsperson suggerieren, also - plump gesprochen – einreden können, daß es sich um ein Parfüm, sagen wir um Rosenduft, handelt. Aber es wird mir gewiß nicht allzu schwerfallen, dem betreffenden Menschen – vorausgesetzt, daß er von durchschnittlicher Intelligenz ist und darüber hinaus Interesse an solchen Experimenten zeigt – zu suggerieren, daß er sich müde fühlt – daß die Müdigkeit zunimmt – daß seine Glieder immer schwerer und schwerer werden – daß ihm die Augen zufallen und daß er schließlich in einen eigenartigen Zustand gerät, der dem des Schlafens nicht unähnlich ist. Habe ich ihn aber so weit gebracht, dann kann ich wagen, ihm ein wenig Benzin unter die Nase zu reiben, und nunmehr darf ich sehr wohl damit rechnen, daß er mich quasi nicht enttäuscht oder – wenn man so will:

»blamiert«, sondern auf meine eindringliche Frage: Ich habe da ein Parfüm; merken Sie? Rosenduft – spüren Sie ihn? Daß er auf diese meine Frage zugibt: Jawohl, stimmt – jetzt merk' ich es: es riecht nach Rosen.

Worauf es mir nun ankommt, das ist: klarzumachen, daß derartiges Geschehen nichts zu tun hat mit Dingen wie Spiritismus, Okkultismus oder dgl. Bei der Hypnose – allgemeiner: beim Suggerieren, geht es durchaus mit rechten Dingen zu. Nichts Übernatürliches schaltet sich in diesen Vorgang ein – mögen Varietékünstler und psychologische Scharlatane auch noch so sehr bemüht sein, den in Frage stehenden natürlichen Erscheinungen ein übernatürliches Mäntelchen umzuhängen bzw. sich selbst mit dem Nimbus höheren Wissens und Könnens zu versehen. Worauf es mir ankommt, ist – mit einem Wort –, die Hypnose zu entmythologisieren.

Bliebe noch, daß ich auf ein paar Fragen eingehe, die seitens des Laien so oft an den Nervenarzt adressiert werden. Hierzu gehören folgende Fragen: Wer kann hypnotisieren? Wer kann hypnotisiert werden? Wer darf hypnotisieren? Schließlich: Gibt es Verbrechen in Hypnose? Zur ersten Frage: Hypnotisieren kann grundsätzlich jeder, der über die nötigen technischen Kenntnisse verfügt und im übrigen das besitzt, was ich als psychologisches Fingerspitzengefühl bezeichnen möchte. Der Unterricht in den verschiedenen technischen Verfahren ist selbstverständlich Angelegenheit ärztlicher Ausbildung. Mir wird es jedenfalls nicht einfallen, von dieser Stelle aus diesbezügliche Anweisungen zu geben; niemand unter meinen Hörern würde auf diesem Wege zum Hypnotiseur ausgebildet, hingegen könnte es sehr wohl geschehen, daß der eine oder andere dabei einschläft, und zwar nicht vielleicht nur aus Langeweile. Auch solch ein Einschlafen wäre ja schließlich kein Malheur: es geht immerhin auf 11 Uhr nachts, und ich garantiere im übrigen, daß er morgen früh zur rechten Zeit aufwachen wird, auch ohne daß ich ihm eigens zu diesem Zweck irgendwelche posthypnotischen Aufträge erteilen müßte.

Und dies ist wichtig; denn es gelingt nicht immer und ohne weiteres. So erinnere ich mich daran, wie ich als junger Arzt auf der chirurgischen Abteilung eines Wiener Spitals tätig war und mein dortiger und damaliger Chef mir eines Tages den zwar ehrenvollen, aber nichts weniger als aussichtsreichen Auftrag gab, ein altes Weiblein zu hypnotisieren. Er wollte sie operieren, sie aber hätte eine regelrechte Narkose nicht vertragen, und die Lokalanästhesie kam aus irgendeinem Grund anscheinend ebenfalls nicht in Frage. So versuchte ich denn tatsächlich, die arme Frau auf hypnotischem Wege völlig schmerzfrei zu bekommen, und dieser Versuch glückte mir vollends. Nur daß ich die Rechnung ohne den Wirt gemacht habe. Denn in die Lobeshymnen der Ärzte und in die Dankesworte der Patientin mengten sich alsbald die bittersten und heftigsten Vorwürfe jener Krankenschwester, die bei der Operation hatte instrumentieren müssen, aber nicht nur das, sondern sie hatte, wie sie mir nachher vorhielt, die ganze Zeit über unter Aufgebot der letzten Willenskraft gegen die Schläfrigkeit ankämpfen müssen, die durch meine monotonen Suggestionen nicht nur bei der Kranken, sondern auch bei ihr, bei der Schwester, hervorgerufen wurde.

Oder – ein andermal, auf einer anderen, einer Nervenabteilung, passierte mir als jungem Arzt folgendes: Mein Chef hatte mich gebeten, bei einem Patienten, der in einem Zweibettzimmer untergebracht war, den so ersehnten Schlaf durch eine Hypnose zu erzwingen. Spät am Abend schlich ich mich ins Zimmer, setzte mich ans Bett des betreffenden Kranken und wiederholte mindestens eine halbe Stunde hindurch die entsprechenden Suggestionen: Sie sind ganz ruhig, Sie sind angenehm müde, Sie werden immer schläfriger, Sie atmen ganz ruhig, die Augenlider werden schwer, alle Sorgen sind wie fern – bald werden Sie schlafen. So ging es weiter eine halbe Stunde lang. Aber als ich mich davonschleichen wollte, mußte ich enttäuscht feststellen, daß ich dem Manne nicht geholfen hatte. Wie erstaunt war ich aber, als ich am nächsten Morgen, beim Betreten seines Zimmers, begeistert empfangen wurde mit dem Ausruf: Wunderbar habe ich diese Nacht geschlafen. Wenige Minuten, nachdem Sie zu sprechen begonnen hatten, war ich in tiefen Schlaf versunken – mit diesen Worten empfing mich an jenem Morgen der andere Patient, der Nachbar jenes Kranken, den ich hätte hypnotisieren sollen.

Nun kurz zur zweiten Frage: Wer kann hypnotisiert werden? Grundsätzlich jeder mit Ausnahme von Kindern und Geisteskranken; allerdings gelingt die Hypnose im allgemeinen nur dann, wenn der zu Hypnotisierende an ihr interessiert ist, und zwar nicht theoretisch, sondern im Gegenteil praktisch, will heißen, daß er beispielsweise ein Interesse daran hat, durch die Hypnose von einem Krankheitssymptom befreit zu werden. Der Wille zur Gesundung ist also Voraussetzung – keinesfalls ist aber die weitverbreitete Ansicht richtig, nur willensschwache Menschen ließen sich hypnotisieren.

Und wer darf hypnotisieren? Da wir es im Falle der Hypnose mit einer psychotherapeutischen Behandlungsmaßnahme zu tun haben und die Psychotherapie nach dem österreichischen Ärztegesetz ausnahmslos dem Arzt vorbehalten ist, darf selbstverständlich nur der Arzt und auch er nur zu therapeutischen Zwecken eine Hypnose vornehmen. Mag auch der Effekt nicht immer ein therapeutischer sein – das Motiv einer Hypnose muß ein therapeutisches sein. Wie ist es aber, wenn das Motiv kein therapeutisches sein sollte, sondern im Gegenteil ein kriminelles? Oder gar, wenn auch der Effekt der Hypnose im Sinne eines kriminellen Effektes geplant wäre? Wie ist es also – mit anderen Worten – dann, wenn der Hypnotiseur in böser Absicht hypnotisiert oder gar seinem sogenannten Medium (welch lächerlicher Ausdruck – wieder: als ob Hypnose mit Geistern was zu tun hätte) den Auftrag aufzwingt, selbst etwas Böses zu unternehmen? Machen wir es kurz: Auch in der Hypnose bzw. aus der Hypnose heraus wird niemals etwas in die Tat umgesetzt, das nicht irgendwie dem eigenen Wollen des betreffenden Menschen entspräche oder entgegenkäme. Letztlich und eigentlich geschieht in der Hypnose und auch nach der Hypnose nur das, womit die Versuchsperson irgendwie einverstanden ist.

Diese Meinung vertrat auch ein berühmter Wiener Psychiater. Aber gegen sie zog zu Felde ein seinerzeit nicht weniger berühmter, um nicht zu sagen berüchtigter Varietéstar. Um nun den Gelehrten zu widerlegen, hypnotisierte der Varietéhypnotiseur eines Tages sein weibliches »Medium«, drückte ihr eine Pistole in die Hand und erteilte ihr den posthypnotischen Auftrag, in die Ordination des Psychiaters zu gehen und ihn an Ort und Stelle niederzuknallen. Was geschah – was tat die Dame? Sie tat, wie ihr geheißen; als sie aber angesichts des Arztes die Pistole angelegt hatte, ließ sie die, ohne zu schießen, wieder sinken. So wurde der Initiator dieses Experimentes, das beweisen sollte, daß Verbrechen in Hypnose im Bereich der Möglichkeit liegen, widerlegt: Das Attentat kam nicht zustande. Aber selbst wenn es zustande gekommen wäre – das »Opfer« dieses Attentates hätte dennoch recht behalten; denn ich darf Ihnen verraten, das Opfer wäre gar kein Opfer geworden, sondern heil und am Leben geblieben, denn bei der Pistole hatte es sich um eine Kinderpistole gehandelt, und selbstverständlich hatte die Verbrecherin, die keine war, genau gewußt, daß auch die Pistole keine war.

# Gnadentod oder Massenmord?

Immer wieder hört man sagen, und auch heute noch bekommt man vielfach zu hören, daß die Tötung unheilbar Kranker, im besonderen unheilbar geisteskranker Menschen etwas darstellt, was man an einem ansonsten unbedingt abzulehnenden politisch-ideologischen Programm als das einzig Berechtigte »noch am ehesten verstehen kann«; bekanntlich hat man die Kranken allein aus dem Grunde ihres Krankseins als »lebensunwertes Leben« hingestellt und als solches mit Vernichtung bedroht oder auch tatsächlich vernichtet. Ich will es jetzt unternehmen, all jene Gründe, die zumeist die nur stillschweigende Voraussetzung einer positiven, bejahenden Einstellung zum Problem der Euthanasie, also des sogenannten Gnadentodes, sind, zu perlustrieren und ihnen eine möglichst hieb- und stichfeste Gegenargumentation entgegenzuhalten.

Da es in erster Linie um unheilbare Geisteskranke geht, zu deren Vernichtung als sinnlosen, wertlosen, »lebensunwerten« Lebens das Recht in Frage steht, hätten wir uns fürs erste zu fragen: Was heißt »unheilbar«? Statt vieler für Sie als Nicht-Fachmänner unvollkommen verständlicher und vor allem unkontrollierbarer Darlegungen möchte ich mich darauf beschränken, Ihnen einen selbsterlebten, konkreten Einzelfall vorzustellen: In einer Anstalt lag ein jüngerer Mann, der sich in einem sogenannten Hemmungszustand befand: Durch volle fünf Jahre sprach er kein Wort, aß nicht von selbst, so daß er künstlich mittels eines Schlauches durch die Nase genährt werden mußte, und hielt sich tagein, taugaus im Bette auf, so daß die Muskulatur seiner Beine schließlich verkümmerte. Wenn ich anläßlich einer der so häufigen Führungen von Medizinern durch die Anstalt diesen Fall gezeigt hätte, dann hätte gewiß einer der Studenten – wie so häufig – die Frage an mich gerichtet: »Sagen Sie nun ernstlich, Herr Doktor, wäre es nicht besser, man würde so einen Menschen vernichten?« Nun, die Zukunft hätte ihm die Antwort gegeben. Denn eines Tages, ohne jeden ersichtlichen Grund, erhob sich unser Kranker im Bett, verlangte vom Pfleger, seine Mahlzeit auf gewöhnliche Weise einnehmen zu dürfen und verlangte auch, aus dem Bett herausgenommen zu werden, um mit Gehübungen zu beginnen. Auch sonst verhielt er sich völlig normal, das heißt seiner Situation gemäß. Allmählich begannen die Muskeln an seinen Beinen wieder kräftiger zu werden, und es dauerte nur wenige Wochen, bis der Patient »geheilt entlassen« werden konnte. Kurz darauf arbeitete er nicht nur wieder in seinem früheren Beruf, sondern hielt er auch wieder Vorträge an einer der Wiener Volkshochschulen, und zwar über Auslandsreisen und Hochtouren, die er einmal gemacht und von denen er wunderschöne Fotos mitgebracht hatte. Einmal aber sprach er auch vor einem kleinen Kreis psychiatrischer Fachkollegen, nachdem ich ihn dorthin zu einem Vortrag über sein Innenleben während der kritischen fünf Jahre seines Anstaltsaufenthaltes eingeladen hatte. In diesem Vortrag schilderte er nun alle möglichen interessanten Erlebnisse aus jener Zeit und gewährte uns einen Einblick nicht nur in den seelischen Reichtum, der sich seinerzeit hinter der äußeren »Bewegungsarmut« (wie sich die Psychiatrie auszudrücken pflegt) verborgen hatte, sondern auch in so manches bemerkenswerte Detail des Geschehens »hinter den Kulissen« – jenes Geschehens, von dem ein Arzt, der nur Visiten macht und außerhalb dieser Visiten nicht viel zu Gesicht bekommt, nichts ahnt. Der Kranke erinnerte sich noch nach Jahren an dieses oder jenes Ereignis – sehr zum Leidwesen einiger Wärter, die ihn nicht sonderlich gut behandelt, aber damit nie gerechnet hatten, daß der Kranke gesunden und seine Erinnerungen preisgeben werde.

Aber selbst angenommen, es handle sich in einem bestimmten Fall tatsächlich um einen nach allgemeiner und übereinstimmender Ansicht unheilbaren Fall; wer sagt uns, wie lange dieser Fall, nämlich die betreffende Krankheit, werde als unheilbar gelten müssen? Haben wir nicht in der Psychiatrie gerade in den letzten Jahrzehnten erlebt, daß bis dahin als unheilbar geltende Geistesstörungen schließlich *doch* durch irgendeine Behandlungsmethode zumindest gemildert, wenn nicht wirklich ausgeheilt werden konnten? Wer sagt uns also jeweils, ob nicht auch der bestimmte Fall von Geistesstörung, mit dem wir es gerade zu tun bekommen, durch eine derartige Behandlungsmaßnahme noch beeinflußt würde – durch eine Heilmethode, an der gerade jetzt irgendwo in der Welt, in irgendeiner Klinik, gearbeitet wird, ohne daß wir davon eine Ahnung haben?

Ich weiß genau, welche weiteren Einwände Sie sich nun denken werden. Darum gehe ich gleich über zu den allgemeinen, zu den grundsätzlichen Bedenken gegen jedwede Vernichtung geisteskranker Menschen. Denn wir müssen uns nun weiter fragen: Angenommen, wir wären tatsächlich so allwissend, wie es not täte, um mit absoluter Sicherheit von nicht nur momentaner, sondern dauernder Unheilbarkeit zu sprechen; wer gibt auch dann dem Arzt das Recht zu töten? Ist der Arzt als solcher von der menschlichen Gesellschaft je dazu eingesetzt? Ist er nicht vielmehr dazu bestellt: zu retten, wo er kann, zu helfen, wo er kann, und – zu pflegen, sobald er nicht mehr heilen kann? Der Arzt als Arzt ist also gewiß nicht Richter über Sein und Nichtsein der ihm anvertrauten oder gar sich selbst ihm anvertrauenden kranken Menschen. Es steht ihm daher von vornherein nicht das Recht zu – und er dürfte es sich auch niemals anmaßen –, ein Urteil über den angeblichen Lebenswert oder -unwert angeblich oder tatsächlich unheilbarer Kranker zu fällen.

Malen Sie sich aber jetzt einmal aus, wohin es führen würde, wenn dieses »Recht« (das er somit gar nicht hat) zu einem Gesetz erhoben würde (und sei es auch nur einem ungeschriebenen): Ich bin überzeugt, mit dem Vertrauen der Kranken und der Angehörigen zum ärztlichen Stande wäre es für allemal dahin! Denn nie wüßte einer, ob ihm der Arzt noch als Helfer und Heiler naht – oder bereits als Richter und Henker.

Nun werden Sie weitere Einwände erheben: Vielleicht werden Sie sich auf den Standpunkt stellen, die angeführten Gegengründe seien insofern nicht stichhaltig, als wir uns doch ehrlich zu fragen hätten, ob der Staat nicht eben die Pflicht hat, dem Arzt jenes Recht zur Vernichtung überflüssiger, unnützer Individuen einzuräumen. Es wäre immerhin denkbar, daß der Staat als Wahrer der allgemeinen Interessen die Gemeinschaft von der Last dieser höchst »unproduktiven« Individuen zu befreien hätte, die doch den gesunden, lebenstüchtigen Menschen nur das Brot wegessen. Nun, sofern es sich um ein »Konsumieren« von Gütern wie Nahrungsmittel, Spitalsbetten, die Arbeitsleistung von Ärzten oder Pflegepersonal usw. handelt, erübrigt sich jedes Eingehen auf eine Diskussion dieses Arguments, wenn wir uns nur eines vor Augen halten: Ein Staat, dem es wirtschaftlich so dreckig geht, daß er darauf angewiesen ist, den relativ doch so geringfügigen Prozentsatz seiner Unheilbaren zu vernichten, um damit an den genannten Gütern einzusparen – ein solcher Staat hat wirtschaftlich ohnehin schon längst ausgespielt!

Was aber die andere Seite der Frage anlangt, die Tatsache nämlich, daß die unheilbaren Kranken für die menschliche Gemeinschaft nicht mehr nützlich seien, daß eine Fürsorge für sie somit eine »unproduktive« Fürsorge darstelle, wäre daran zu erinnern, daß die Nützlichkeit für die Gemeinschaft nie und nimmermehr der einzige Maßstab ist, den an ein menschliches Wesen anzulegen wir berechtigt sind. Wie unproduktiv ist doch die Existenz irgendeines armen Mutterls, das da zu Hause halb gelähmt im Lehnstuhl beim Fenster sitzt und vor sich hindöst – und doch: wie wird sie umhegt und umgeben von der Liebe ihrer Kinder oder Enkelkinder! Innerhalb dieser Liebe ist sie eben diese eine Großmutter – nicht mehr und nicht weniger; als solche ist sie aber innerhalb dieser Liebe unvertretbar und unersetzlich – ganz genauso unvertretbar und unersetzlich wie ein anderer, ein noch in seiner Berufsarbeit stehender Mensch unvertretbar und unersetzlich sein mag in seiner gemeinschaftsbezogenen Leistung.

Jetzt bin ich auf folgendes Argument gefaßt: Alles, was ich sage, treffe im allgemeinen wohl zu, gelte jedoch wohl kaum von jenen armen Lebewesen, die irgendwie zu Unrecht den Titel Mensch führen – etwa für idiotische, geistig völlig zurückgebliebene Kinder. Sie werden aber erstaunt sein – der erfahrene Psychiater ist es keineswegs –, wenn ich Ihnen erkläre, daß man immer wieder sieht, wie gerade derartige Kinder in besonderem Maße mit zärtlicher Liebe von seiten der Eltern gehegt und gepflegt werden. Erlauben Sie mir nur, Ihnen eine Stelle aus dem Brief einer Mutter vorzulesen, die ihr Kind im Zuge der bekannten Euthanasiemaßnahmen verloren hat (der Brief erschien in einer Wiener Tageszeitung): »Durch eine frühzeitige Verwachsung der Schädelknochen im Mutterleib wurde mein Kind am 6. Juni 1929 als unheilbar krank geboren. Ich selbst war damals 18 Jahre alt. Ich vergötterte mein Kind und liebte es unendlich. Meine Mutter und ich taten alles, um dem armen kleinen Wurm zu helfen, jedoch vergebens. Das Kind konnte nicht gehen, nicht sprechen, aber ich war jung und gab die Hoffnung nicht auf. Ich arbeitete Tag und Nacht, nur um meinem geliebten Mäderl Nährpräparate sowie Medikamente kaufen zu können, und wenn ich ihre kleinen mageren Händchen um meinen Hals legte und zu ihr sagte: ›Hast du mich lieb, Mädi?‹, da drückte sie sich ganz fest an mich, lachte und fuhr mir unbeholfen mit den kleinen Händchen ins Gesicht. Dann war ich glücklich, trotz allem, unendlich glücklich.« Ich denke, jeder Kommentar ist überflüssig.

Aber glauben Sie mir: Noch immer bleiben Ihnen Argumente, wenigstens scheinbare. Sie könnten nämlich schließlich behaupten, der Arzt, der einen unheilbaren Kranken töte, handle in den angeführten Fällen von Geistesstörung letztlich gleichsam in Vertretung des wohlverstandenen eigenen Willens der betreffenden Patienten, weil eben dieser Wille »umnachtet« sei; eben weil diese Kranken ihren eigenen Willen und ihr wahres Interesse vermöge der geistigen Störung nicht selbst wahrnehmen können, eben darum sei der Arzt, sozusagen als der Anwalt dieses Willens, nicht nur berechtigt, sondern nachgerade verpflichtet, die Tötung vorzunehmen. Diese Tötung sei ja, richtig verstanden, eine Ersatzhandlung für eine Selbsttötung, die der Kranke ausführen würde, wenn er nur wüßte, wie es um ihn steht. Was ich Ihnen hierzu, das heißt gegen dieses Argument, zu sagen habe, will ich wiederum an Hand eines selbsterlebten Falles entwickeln: Als junger Arzt war ich in einer internistischen Klinik tätig, in die sich eines Tages ein junger Kollege aufnehmen ließ. Die Diagnose hatte er bereits mitgebracht – die Diagnose eines höchst gefährlichen, nicht mehr operierbaren und besonders heimtückisch verlaufenden eigenartigen Krebsleidens –, und seine Diagnose stimmte! Nun handelte es sich um eine krebsartige Sonderform – die Medizin nennt sie Melanosarkom –, die durch eine bestimmte Harnreaktion nachweisbar ist. Natürlich versuchten wir, den Patienten zu täuschen: Wir vertauschten seinen Harn mit dem eines andern Kranken und zeigten ihm den negativen Ausfall der Reaktion. Was aber tat er? Um Mitternacht schlich er sich eines Tages ins Laboratorium ein und stellte dort die Reaktion an seinem eigenen Harn an – um uns am nächsten Tag bei der Visite mit ihrem positiven Ergebnis zu überraschen. Nichts half uns mehr aus unserer Verlegenheit, und es blieb uns nichts anderes übrig, als einen Selbstmord des Kollegen zu erwarten. Jedesmal, wenn er – und wir hätten es ihm kaum verbieten können – Ausgang hatte, um, wie gewöhnlich, in ein nahe gelegenes kleines Kaffeehaus zu gehen, zitterten wir davor, daß wir nun verständigt würden, er habe sich dort auf der Toilette vergiftet. Was aber geschah wirklich? Je mehr die Krankheit sichtlich fortschritt – um so mehr begann der Kranke, an seiner Diagnose zu zweifeln; als er schon Tochtergeschwülste in der Leber hatte, begann er sogar, harmlose

Leberkrankheiten zu diagnostizieren. Denn – was war eingetreten? Je näher das Ende seines Lebens heranrückte, um so mehr bäumte sich der Lebenswille dieses Menschen auf, um so weniger wollte er das nahe Ende wahrhaben. Man mag darüber denken, wie man will; Tatsache und als solche auch indiskutabel ist und bleibt es, daß sich hier ein Lebenswille regte – und diese Tatsache muß uns eindeutig und ein für allemal in bezug auf alle analogen Fälle daran gemahnen: daß wir diesen Lebenswillen keinem einzigen Kranken abzusprechen das Recht haben.

Dies geht so weit, daß wir diese These auch dort zu verfechten haben, wo wir als Ärzte vor vollzogene Tatsachen gestellt werden, wo nämlich ein Mensch durch die Tat bewiesen hat, daß er keinen Lebenswillen mehr hatte. Ich meine die Selbstmörder. Und ich stehe auf dem Standpunkt, daß auch im Falle eines vorliegenden Selbstmordversuchs der Arzt nicht nur das Recht, sondern die Pflicht hat, ärztlich zu intervenieren, und das heißt: zu retten und zu helfen, sofern und soviel er kann. Heißt dies Schicksal spielen? Nein, sondern *der* Arzt versucht Schicksal zu spielen, der einen Selbstmörder seinem Schicksal überläßt. Denn wenn es dem »Schicksal« gefallen hätte, den betreffenden Selbstmörder wirklich zugrunde gehen zu lassen, dann hätte dieses Schicksal sicher auch Mittel und Wege gefunden, um den Sterbenden nicht rechtzeitig in die Hände eines Arztes fallen zu lassen.

# Theorie und Therapie der Neurosen

Bevor wir darangehen zu sagen, was Logotherapie nun eigentlich ist, empfiehlt es sich, zunächst einmal zu sagen, was sie *nicht* ist: *sie ist keine Panazee*! Die Bestimmung der »Methode der Wahl« in einem gegebenen Falle läuft auf eine Gleichung mit zwei Unbekannten hinaus:

$$\Psi = x + y$$

– wobei x für die Einmaligkeit und Einzigartigkeit der Patientenpersönlichkeit steht, und y für die nicht weniger einmalige und einzigartige Persönlichkeit des Therapeuten. Mit anderen Worten, *weder läßt sich jede Methode in jedem Falle mit den gleichen Erfolgsaussichten anwenden, noch kann jeder Therapeut jede Methode mit der gleichen Wirksamkeit handhaben.* Und was für die Psychotherapie im allgemeinen gilt, gilt im besonderen eben auch für die Logotherapie. Mit einem Wort, unsere Gleichung ließe sich ergänzen, indem wir nunmehr formulieren:

$$\Psi = x + y = \lambda.$$

Und doch konnte es Paul E. Johnson einmal wagen zu behaupten: »Logotherapy is not a rival therapy against others, but it may well be a challenge to them in its plus factor.« Was diesen Plusfaktor aber ausmachen mag, verrät uns N. Petrilowitsch, wenn er meint, die Logotherapie verbleibe im Gegensatz zu allen anderen Psychotherapien nicht in der Ebene der Neurose, sondern gehe über sie hinaus und stoße in die Dimension der spezifisch humanen Phänomene vor (Über die Stellung der Logotherapie in der klinischen Psychotherapie, Die medizinische Welt, 2790, 1964). Tatsächlich sieht zum Beispiel die *Psychoanalyse* in der Neurose das Resultat psychodynamischer Prozesse und versucht demgemäß, die Neurose dadurch zu behandeln, daß sie neue psychodynamische Prozesse ins Spiel bringt, etwa die Übertragung; die lerntheoretisch engagierte *Verhaltenstherapie* sieht in der Neurose wieder das Produkt von Lernprozessen oder conditioning processes und bemüht sich dementsprechend, die Neurose dadurch zu beeinflussen, daß sie eine Art Umlernen beziehungsweise reconditioning processes in die Wege leitet. Demgegenüber steigt die Logotherapie in die menschliche Dimension ein und wird solcherart instand gesetzt, die spezifisch humanen Phänomene, auf die sie dort stößt, in ihr Instrumentarium aufzunehmen. Und zwar handelt es sich um nicht mehr und nicht weniger als die zwei fundamental-anthropologischen Charakteristika menschlicher Existenz, die da sind: ihre *»Selbst-Transzendenz«* (Viktor E. Frankl, in: Handbuch der Neurosenlehre und Psychotherapie, Urban und Schwarzenberg, München 1959), erstens, und, zweitens, die – menschliches Dasein als solches, als menschliches, nicht weniger auszeichnende – Fähigkeit zur *»Selbst-Distanzierung«* (Viktor E. Frankl, Der unbedingte Mensch, Franz Deuticke, Wien 1949, Seite 88).

Inzwischen dürfte klar geworden sein, daß nur eine Psychotherapie, die es wagt, über Psychodynamik und Verhaltensforschung hinauszugehen und in die Dimension der spezifisch humanen Phänomene einzusteigen, mit einem Wort, daß nur eine *rehumanisierte Psychotherapie* imstande sein wird, die Zeichen der Zeit zu verstehen und den Nöten der Zeit sich zu stellen. Mit anderen Worten, es dürfte inzwischen klargeworden sein, daß wir, um die existentielle Frustration oder gar eine noogene Neurose auch nur zu diagnostizieren, im Menschen ein Wesen sehen müssen, das – kraft seiner Selbst-Transzendenz – ständig auf der Suche nach Sinn ist. Was aber nicht die Diagnose, sondern die Therapie anlangt, und zwar nicht die Therapie der noogenen, sondern die Therapie der psychogenen Neurose, müssen wir, um alle Möglichkeiten auszuschöpfen, auf die den Menschen nicht weniger auszeichnende Fähigkeit zur Selbst-Distanzierung zurückgreifen, und ihr begegnen wir nicht zuletzt in Form seiner Fähigkeit zum Humor. Eine humane, eine humanisierte, eine rehumanisierte Psychotherapie setzt also voraus, daß wir die Selbst-Transzendenz in den Blick bekommen und die Selbst-Distanzierung in den Griff bekommen. Beides ist aber nicht möglich, wenn wir im Menschen ein Tier sehen. Kein Tier schert sich um den Sinn des Lebens, und kein Tier kann lachen. Damit ist nicht gesagt, daß der Mensch nur Mensch und nicht auch Tier ist. Die Dimension des Menschen ist ja gegenüber der Dimension des Tieres die höhere, und das heißt, daß sie die niedrigere Dimension einschließt. Die Feststellung spezifisch humaner Phänomene im Menschen und die gleichzeitige Anerkennung subhumaner Phänomene an ihm widersprechen einander also gar nicht, denn zwischen dem Humanen und dem Subhumanen besteht ja kein Ausschließlichkeits-, sondern – wenn ich so sagen darf – ein Einschließlichkeitsverhältnis.

Es ist nun genau das Anliegen der logotherapeutischen Technik der *paradoxen Intention,* die Fähigkeit zur Selbst-Distanzierung im Rahmen der Behandlung der psychogenen Neurose zu mobilisieren, während einer weiteren logotherapeutischen Technik, der Dereflexion, das andere fundamental-anthropologische Faktum, nämlich die Selbst-Transzendenz, zugrunde liegt. Um diese beiden Behandlungsmethoden zu verstehen, müssen wir aber von der Neurosentheorie der Logotherapie ausgehen.

Wir unterscheiden da drei pathogene Reaktionsmuster. Das erste läßt sich folgendermaßen beschreiben: Der Patient reagiert auf ein gegebenes Symptom (Abbildung 1) mit der Befürchtung, es könnte

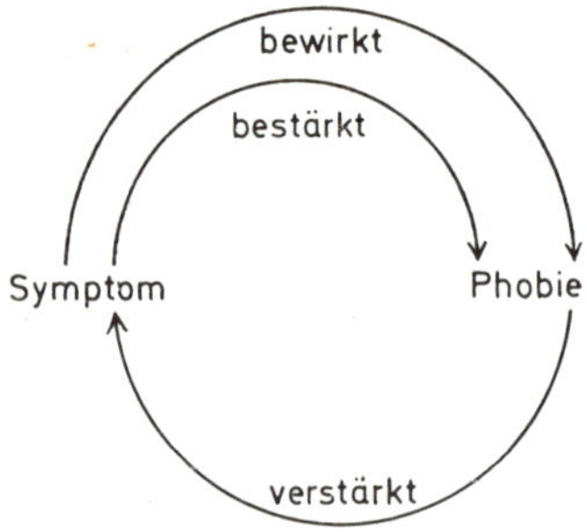


Abb. 1

wieder auftreten, also mit Erwartungsangst, und diese Erwartungsangst bringt es mit sich, daß das Symptom dann auch wirklich wieder auftritt – ein Ereignis, das den Patienten in seiner ursprünglichen Befürchtung nur bestärkt.

Nun kann das, vor dessen Wiederauftreten der Patient solche Angst hat, unter Umständen auch die Angst sein. Unsere Patienten sprechen da von einer »Angst vor der Angst«, und zwar ganz spontan. Und wie wird diese Angst von ihnen motiviert? Nun, für gewöhnlich fürchten sie sich vor dem Ohnmächtigwerden, vor einem

Herzinfarkt oder davor, daß sie der Schlag treffen könnte. Wie reagieren sie aber auf ihre Angst vor der Angst? Mit Flucht. Sie vermeiden es etwa, das Haus zu verlassen. Tatsächlich ist die Agoraphobie das Paradigma dieses ersten, des angstneurotischen Reaktionsmusters.

Warum soll dieses Reaktionsmuster aber »pathogen« sein? Auf einem auf Einladung der American Association for the Advancement of Psychotherapy gehaltenen Vortrag (New York, 26. 2. 1960) haben wir es folgendermaßen formuliert: »Phobias and obsessive-compulsive neuroses are partially due to the endeavor to avoid the situation in which anxiety arises.« (Viktor E. Frankl, Paradoxical Intention: A Logotherapeutic Technique. In: American Journal of Psychotherapy, 14, 1960, S. 520). Diese unsere Auffassung jedoch, daß die Flucht vor der Angst durch das Vermeiden der die Angst auslösenden Situation für die Perpetuierung des angstneurotischen Reaktionsmusters so entscheidend ist – diese unsere Auffassung ist inzwischen auch von verhaltenstherapeutischer Seite wiederholt bestätigt worden. Wie denn überhaupt nicht zu verkennen ist, daß die Logotherapie vieles vorweggenommen hat, das später von der Verhaltenstherapie auf eine solide experimentelle Grundlage gestellt wurde. War es doch bereits 1947, daß wir folgende Ansicht vertraten: »Bekanntlich kann man die Neurose in einem gewissen Sinne und mit einem gewissen Recht auch als bedingten Reflex-Mechanismus auffassen. Allen vornehmlich analytisch orientierten seelenärztlichen Behandlungsmethoden geht es dann vorwiegend darum, die primären Bedingungen des bedingten Reflexes, nämlich die äußere und innere Situation des erstmaligen Auftretens eines neurotischen Symptoms, bewußtseinsmäßig zu erhellen. Wir aber sind der Ansicht, daß die eigentliche Neurose – die manifeste, die bereits fixierte – nicht nur durch ihre primäre Bedingung verursacht ist, sondern durch ihre (sekundäre) Bahnung. Gebahnt jedoch wird der bedingte Reflex, als welchen wir das neurotische Symptom jetzt aufzufassen versuchen, durch den circulus vitiosus der Erwartungsangst! Wollen wir demnach einen eingeschliffenen Reflex sozusagen entbahnen, dann gilt es allemal, die Erwartungsangst zu beseitigen, und zwar in jener angegebenen Art und Weise, als deren Prinzip wir die paradoxe Intention hingestellt haben.« (Viktor E. Frankl, Die Psychotherapie in der Praxis, Wien 1947)

Das zweite pathogene Reaktionsmuster ist nun nicht in angstneurotischen, sondern in zwangsneurotischen Fällen zu beobachten. Der

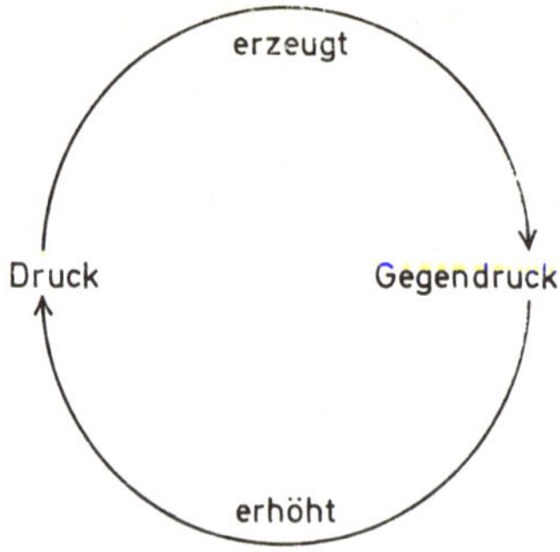


Abb. 2

Patient steht unter dem Druck (Abbildung 2) der auf ihn einstürmenden Zwangsvorstellungen und reagiert auf sie, indem er sie zu unterdrücken versucht. Er sucht also, einen Gegendruck auszuüben. Dieser Gegendruck aber ist es, was den ursprünglichen Druck nur erhöht. Wieder schließt sich der Kreis, und wieder schließt sich der Patient in diesen Teufelskreis ein. Was die Zwangsneurose charakterisiert, ist aber nicht, wie im Falle der Angstneurose, eine Flucht, sondern der Kampf, das Ankämpfen gegen die Zwangsvorstellungen. Wieder hätten wir uns zu fragen, was ihn dazu bewegt und veranlaßt. Und es stellt sich heraus, daß sich der Patient entweder davor fürchtet, die Zwangsvorstellungen könnten mehr als eine Neurose sein, indem sie eine Psychose signalisieren. Oder der Patient fürchtet sich davor, er könnte Zwangsvorstellungen kriminellen Inhalts in die Tat umsetzen, indem er jemandem etwas antut – jemandem oder sich selbst. So oder so: Der an einer Zwangsneurose leidende Patient hat nicht Angst vor der Angst selbst, sondern Angst vor sich selbst.

Es ist nun die Aufgabe der paradoxen Intention, die beiden Zirkelmechanismen zu sprengen, aufzubrechen, aus den Angeln zu heben. Und zwar geschieht das, indem den Befürchtungen des Patienten der Wind aus den Segeln genommen wird. Wobei darauf Rücksicht zu nehmen ist, daß sich der Angstneurotiker vor etwas fürchtet, das ihm widerfahren könnte, während sich der Zwangsneurotiker auch vor etwas fürchtet, das er anstellen könnte. Beides wird nun berücksichtigt, wenn wir die paradoxe Intention folgendermaßen definieren: Der Patient wird angewiesen, genau das, wovor er sich immer so sehr gefürchtet hatte, nunmehr sich zu wünschen (Angstneurose) beziehungsweise sich vorzunehmen (Zwangsneurose).

Wie wir sehen, handelt es sich bei der paradoxen Intention um eine Inversion jener Intention, die die beiden pathogenen Reaktionsmuster charakterisiert, nämlich das Vermeiden von Angst und Zwang durch Flucht vor der ersteren beziehungsweise Kampf gegen den letzteren.

Die paradoxe Intention wurde von mir bereits 1929 praktiziert (Ludwig J. Pongratz, Psychotherapie in Selbstdarstellungen, Bern 1973), aber erst 1939 beschrieben (Viktor E. Frankl, Zur medikamentösen Unterstützung der Psychotherapie bei Neurosen. In: Schweizer Archiv für Neurologie und Psychiatrie 43, 1939, S. 26) und erst 1947 unter ihrem Namen publiziert (Viktor E. Frankl, Die Psychotherapie in der Praxis, Franz Deuticke, Wien 1947). Die Ähnlichkeit mit später auf den Markt gekommenen verhaltenstherapeutischen Behandlungsmethoden wie anxiety provoking, exposure in vivo, flooding, implosive therapy, induced anxiety, modeling, modification of expectations, negative practice und prolonged exposure ist unverkennbar und ist auch einzelnen Verhaltenstherapeuten nicht verborgen geblieben.

Über der Ähnlichkeit dürfen aber auch die Verschiedenheiten zwischen Logotherapie und Verhaltenstherapie nicht vergessen werden. Eine Illustration dafür, wie sehr sich etwa die paradoxe Intentionsmethode von der »Token«-Technik unterscheidet, verdanke ich Elizabeth Bedoya: »Herr und Frau ... waren sehr besorgt um ihren 9 Jahre alten Sohn, der noch immer ins Bett näßte, und zwar Nacht für Nacht. Sie baten meinen Vater um Rat und sagten ihm auch, daß sie den Sohn geprügelt, aber auch beschämt hätten, ihm zugeredet, aber auch ihn ignoriert, alles ohne Erfolg. Der Zustand wurde immer ärger. Mein Vater sagte dem Jungen nun, für jede Nacht, in der er ins Bett nässen würde, werde er ihm 5 Cent schenken. Der Junge versprach mir prompt, mich ins Kino und auf eine Tafel Schokolade auszuführen, so sicher war er, daß er bald zu Geld kommen werde. Als ich ihn wiedersah, hatte er nur 10 Cent verdient. Und meinem Vater sagte er, daß er sein Möglichstes getan hätte, um jede Nacht ins Bett zu nässen und auf diese Art und Weise möglichst viel Geld zu verdienen, aber zu seinem Leidwesen wäre es einfach nicht gegangen. Und er könne das einfach nicht verstehen, denn bis dahin hätte es mit dem Bettnässen ja noch immer geklappt.«

Es ist auch nicht anzunehmen, daß die paradoxe Intention, wenn sie wirklich wirksam sein soll, nicht ihre Vorgänger und Vorläufer gehabt haben sollte. Was man der Logotherapie daher als Verdienst anrechnen kann, ist nur, daß sie das Prinzip zu einer Methode ausgebaut und in ein System eingebaut hat.

Nur um so bemerkenswerter ist es, daß der erste Versuch, die Wirksamkeit der paradoxen Intention experimentell zu beweisen, von Verhaltenstherapeuten unternommen wurde. Waren es doch die Professoren L. Solyom, J. Garza-Perez, B. L. Ledwidge und C. Solyom von der Psychiatrischen Klinik der McGill University, die in Fällen von chronischer Zwangsneurose jeweils zwei gleich intensiv ausgeprägte Symptome auswählten und dann das eine, das Zielsymptom, mit paradoxer Intention behandelten, während das andere, das »Kontroll«-Symptom, unbehandelt blieb. Tatsächlich ergab sich, daß einzig und allein die jeweils behandelten Symptome dahinschwanden, und zwar innerhalb weniger Wochen. Und zu Ersatzsymptomen kam es in keinem einzigen Falle! (Paradoxical Intention in the Treatment of Obsessive Thoughts: A Pilot Study. In: Comprehensive Psychiatry 13, 1972 S. 201.)

Schließlich sollte die paradoxe Intention jeweils so humoristisch wie möglich formuliert werden. Tatsächlich ist der Humor ein wesentlich menschliches Phänomen und ermöglicht als solches dem Menschen, sich von allem und jedem und so denn auch von sich selbst zu distanzieren, um sich vollends in die Hand zu bekommen. Dieses wesentlich menschliche Vermögen der Distanzierung zu mobilisieren, ist unser eigentliches Anliegen, wann immer wir die paradoxe Intention anwenden. Sofern dies mit Humor geschieht, ist Konrad Lorenz' Warnung, »daß wir den Humor noch nicht ernst genug nehmen«, überholt.

Da der Humor thematisch aufscheint, mag er methodisch am Platze sein, und darum ist es wohl statthaft, im folgenden eine Anekdote zu zitieren, die wenn auch drastisch, so doch plastisch die Inversion der Intention charakterisiert, die ja für die paradoxe Intention so typisch ist: Ein Schuljunge kommt zu spät zur Schule und entschuldigt sich wie folgt: »Auf der Straße gibt es ein so arges Glatteis – wann immer ich einen Schritt vorwärts gemacht hab', bin ich zwei Schritte rückwärts gerutscht.« Woraufhin der Lehrer triumphierte: »Wenn dem wirklich so gewesen wäre – wie hättest du dann überhaupt zur Schule kommen können?« Allein, unser junger Lügner war nur verlogen, aber nicht verlegen: »Ganz einfach: Ich hab' mich umgedreht und bin nach Haus' gegangen ...«

Mit welchem Recht wir aber immer schon und immer wieder auf die Bedeutung des Humors für den Erfolg der paradoxen Intention hingewiesen haben, wurde jüngst ebenfalls von einem Verhaltenstherapeuten bewiesen, und zwar war es Iver Hand vom Londoner Maudsley Hospital, der beobachten konnte, daß an Platzangst leidende Patienten, die – in Gruppen zusammengefaßt – mit den bis dahin von ihnen vermiedenen, weil ihre Angst auslösenden Situationen konfrontiert worden waren, ganz spontan sich selbst und einander mit Humor zur Übertreibung ihrer Angst antrieben: »They used humor spontaneously as one of their main coping mechanisms.« (Vortrag auf dem Montrealer Logotherapie-Symposium, veranstaltet von der American Psychological Association auf ihrer Jahrestagung 1973.) Kurz, die Patienten »erfanden« die paradoxe Intention – und so wurde ihr Reaktions-»Mechanismus« von dem Londoner Forscher-Team auch interpretiert!

Nun wollen wir uns aber der paradoxen Intention zuwenden, wie sie lege artis, nach den Regeln der Logotherapie durchgeführt wird, und zwar soll dies an Hand von Kasuistik erläutert werden. In diesem Zusammenhang darf zunächst einmal auf die Fälle verwiesen werden, die in meinen Büchern »Theorie und Therapie der Neurosen«, »Die Psychotherapie in der Praxis«, »Der Wille zum Sinn« und »Ärztliche Seelsorge« besprochen werden. Im folgenden konzentrieren wir uns aber auf unpubliziertes Material.

Spencer Adolph M. aus San Diego, California, schreibt mir: »Zwei Tage, nachdem ich Ihr Buch ›Man's Search for Meaning‹ gelesen hatte, befand ich mich in einer Situation, die mir Gelegenheit gab, die Logotherapie einmal auf die Probe zu stellen. An der Universität nehme ich nämlich an einem Seminar über Martin Buber teil, und während der ersten Zusammenkunft nahm ich mir kein Blatt vor den Mund, als ich glaubte, genau das Gegenteil von dem sagen zu müssen, was die anderen gesagt hatten. Da begann ich auf einmal, mächtig zu schwitzen. Und sobald ich das bemerkt hatte, bekam ich es mit der Angst zu tun, die anderen könnten es merken, woraufhin ich erst recht zu schwitzen begann. Plötzlich fiel mir der Fall eines Arztes ein, der Sie wegen seiner Angst vor Schweißausbrüchen konsultiert hatte, und ich dachte mir, meine Situation sei doch ähnlich. Aber ich halte nicht viel von der Psychotherapie, und von der Logotherapie am allerwenigsten. Aber nur um so mehr schien mir meine Situation eine einmalige Gelegenheit zu sein, um die paradoxe Intention einmal auszuprobieren. Was war es doch, was Sie Ihrem Kollegen geraten hatten? Er möge sich doch zur Abwechslung einmal wünschen und vornehmen, den Leuten zu zeigen, wie tüchtig er schwitzen kann – ›bisher hab' ich nur 1 Liter zusammengeschwitzt, jetzt aber will ich 10 Liter herausschwitzen‹, heißt es in Ihrem Buch. Und während ich im Seminar weitersprach, sagte ich mir: Tu doch auch du einmal deinen Kollegen was vorschwitzen, Spencer! Aber so richtig – das ist noch gar nichts – noch viel mehr sollst du schwitzen! Und es vergingen nicht mehr als ein paar Sekunden, und ich konnte beobachten, wie meine Haut trocken wurde. Innerlich mußte ich lachen. War ich doch nicht darauf gefaßt, daß die paradoxe Intention wirken wird, und noch dazu sofort. Zum Teufel noch einmal, sagte ich mir, da muß was dran sein, an dieser paradoxen Intention – das hat hingehaut, und dabei bin ich doch so skeptisch gegenüber der Logotherapie.«

Einem Bericht von Mohammed Sadiq entnehmen wir folgenden Fall: »Frau N., eine 48 Jahre alte Patientin, litt an Zittern, und zwar in dem Maße, daß sie außerstande war, eine Schale Kaffee oder ein Glas Wasser zu halten, ohne etwas zu verschütten. Auch konnte sie weder schreiben noch ein Buch ruhig genug halten, um lesen zu können. Eines Morgens ergab es sich, daß wir einander allein gegenübersaßen und sie wieder einmal begann zu zittern. Daraufhin beschloß ich, einmal die paradoxe Intention zu versuchen, und zwar richtig mit Humor. So begann ich denn: Wie wär's, Frau N., wenn wir einmal ein Wettzittern veranstalteten? – Sie: Was soll das heißen? – Ich: Wir wollen einmal sehen, wer schneller und wer länger zittern kann. – Sie: Ich hab' nicht gewußt, daß Sie ebenfalls an Zittern leiden. – Ich: Nein, nein – keineswegs; wenn ich aber will, dann kann ich zittern. (Und ich begann – und wie.) Sie: Jö – Sie können's ja schneller als ich. (Und lächelnd begann sie, ihr Zittern zu beschleunigen.) Ich: Schneller – los, Frau N., Sie müssen viel schneller zittern. – Sie: Aber ich kann ja nicht – hören Sie auf, ich kann nicht mehr weiter. – Und sie war wirklich müde geworden. Sie stand auf, ging in die Küche und kam zurück – mit einer Schale Kaffee. Und sie trank sie aus, ohne auch nur einen Tropfen zu verschütten. Wann immer ich sie seither beim Zittern ertappe, brauche ich bloß zu sagen: Nun, Frau N., wie wär's mit einem Wettzittern? Woraufhin sie zu sagen pflegt: Schon recht, schon recht. – Und das hat noch jedesmal geholfen.«

Ein Universitätsassistent schreibt uns: »Ich hatte mich irgendwo vorzustellen, nachdem ich mich um einen Posten beworben hatte, an dem mir sehr gelegen war, da ich dann in der Lage gewesen wäre, Frau und Kinder nachkommen zu lassen nach Kalifornien. Ich war aber sehr nervös und bemühte mich riesig, einen guten Eindruck zu hinterlassen. Wann immer ich aber nervös werde, fangen meine Beine zu zucken an, und zwar in einem Ausmaß, daß es die Anwesenden merken müssen. Und so geschah's auch diesmal. Diesmal aber sagte ich mir: Jetzt werd' ich einmal diese Saumuskeln da so zwingen zu zucken, daß ich nicht mehr sitzen bleiben kann, sondern aufspringen muß und im Zimmer so lange herumtanzen, bis die Leute glauben, daß ich überg'schnappt bin. Diese Saumuskeln werden heute zucken wie noch nie – heut' gibt's einen Zuckrekord. – Nun, die Muskeln haben während der ganzen Besprechung kein einziges Mal gezuckt, ich hab' den Posten bekommen, und meine Familie wird bald hier in Kalifornien sein.«

Die Anwendung der paradoxen Intentionen in Fällen von Stottern ist in der Literatur viel diskutiert worden. Manfred Eisenmann widmete dem Thema seine Dissertation an der Universität von Freiburg im Breisgau (1960). J. Lehembre publizierte seine Erfahrungen mit Kindern und hebt hervor, daß es nur ein einziges Mal zu Ersatzsymptomen gekommen wäre (L'intention paradoxale, procédé de psychothérapie, Acta neurol. belg. 64,1964, S. 725), was ja mit den Beobachtungen von L. Solyom, Garza-Perez, Ledwidge und C. Solyom übereinstimmt, die – nach paradoxer Intention – sogar in keinem einzigen Falle Ersatzsymptome feststellen konnten (l. c.).

Sadiq, den wir bereits zitiert haben, behandelte einmal eine 54 Jahre alte Patientin, die von Schlafmitteln abhängig geworden und dann in ein Spital eingeliefert worden war: »Um 10 Uhr abends kam sie aus ihrem Zimmer heraus und bat um ein Schlafmittel. Sie: Darf ich um meine Pillen bitten? Ich: Tut mir leid – die sind heute ausgegangen, und die Schwester hat vergessen, rechtzeitig neue zu bestellen. Sie: Wie soll ich jetzt schlafen können? Ich: Heute wird's eben ohne Schlafmittel gehen müssen. – 2 Stunden später erscheint sie wieder. Sie: Es geht einfach nicht. Ich: Und wie wär's, wenn Sie sich wieder hinlegten und zur Abwechslung einmal versuchten, nicht zu schlafen, sondern – im Gegenteil – die ganze Nacht aufzubleiben? Sie: Ich hab' immer geglaubt, ich bin verrückt, aber mir scheint, Sie sind's auch. Ich: Wissen Sie, manchmal macht mir's Spaß, verrückt zu sein, oder können Sie das nicht verstehen? Sie: War das Ihr Ernst? Ich: Was denn? Sie: Daß ich versuchen soll, nicht zu schlafen. Ich: Natürlich war das mein Ernst. Versuchen Sie's doch einmal! Wir wollen einmal sehen, ob Sie die ganze Nacht wach bleiben können. Nun? Sie: O. k. – Und als die Schwester morgens ihr Zimmer betrat, um ihr das Frühstück zu bringen, war die Patientin noch immer nicht erwacht.«

R. W. Medlicott, dem Psychiater von der Universität Neuseeland, ist es vorbehalten geblieben, erstmalig die paradoxe Intention nicht nur aufs Schlafen, sondern auch aufs Träumen angewendet zu haben. Er hatte mit ihr schon viel Erfolg gehabt – auch, wie er hervorhebt, im Falle eines Patienten, der von Beruf Psychoanalytiker war. Da war aber eine Patientin, die an regelmäßigen Alpträumen litt, und zwar träumte sie jeweils, daß sie verfolgt und schließlich niedergestochen werde. Dann schrie sie auf, und ihr Mann wachte ebenfalls auf. Medlicott trug ihr nun auf, alles daranzusetzen, um diese schrecklichen Träume zu Ende zu träumen, bis auch die Messerstecherei ein Ende habe. Und was geschah? Es gab keine Alpträume mehr, aber der Schlaf des Mannes war nach wie vor gestört: die Patientin schrie zwar nicht mehr auf, während sie schlief, aber dafür mußte sie nunmehr so laut lachen, daß der Mann auch jetzt nicht ruhig schlafen konnte. (The Management of Anxiety, New Zealand Medical Journal 70, 1969, S. 155.)

Immer wieder konnte beobachtet werden, daß die paradoxe Intention auch in schweren und chronischen, lang anhaltenden Fällen wirkt, und sie tut es auch dann, wenn die Behandlung kurz dauert. So wurden Fälle von Zwangsneurose beschrieben, die 60 Jahre lang bestanden hatten, bis mit der paradoxen Intention eine entscheidende Besserung herbeigeführt wurde (K. Kocourek, Eva Niebauer und Paul Polak, in: Ergebnisse der klinischen Anwendung der Logotherapie, Handbuch der Neurosenlehre und Psychotherapie, herausgegeben von Viktor E. Frankl, Victor E. v. Gebsattel und J. H. Schultz, München-Berlin 1959). Aber auch D. Henkel, C. Schmook und R. Bastine (Praxis der Psychotherapie 17, 1972, S. 236) weisen unter Berufung auf erfahrene Psychoanalytiker darauf hin, »daß sich besonders schwere Zwangsneurosen trotz intensiver therapeutischer Bemühungen als unbehandelbar erweisen«, während die paradoxe Intention, die im Gegensatz zur Psychoanalyse stehe, »deutlich Möglichkeiten zu einer wesentlich kurzfristigeren Beeinflussung zwangsneurotischer Störungen erkennen läßt«.

In dem von Arnold A. Lazarus herausgegebenen Buch »Clinical Behavior Therapy« (Brunner-Mazel, New York 1972) bespricht Max

Jacobs folgenden Fall: Mrs. K. hatte mindestens 15 Jahre lang an einer schweren Klaustrophobie gelitten, als sie ihn in Südafrika aufsuchte, und zwar eine Woche, bevor sie von dort nach England fliegen mußte, das ihre Heimat ist. Sie ist Opernsängerin und muß viel in der Welt herumfliegen, um ihren Engagementverpflichtungen nachzukommen. Dabei konzentrierte sich die Klaustrophobie ausgerechnet auf Flugzeuge, Aufzüge, Restaurants und – Theater.

»Frankl's technique of paradoxical intention was then brought in«, heißt es weiter, und tatsächlich wies Jacobs die Patientin an, die ihre Phobie auslösenden Situationen aufzusuchen und sich zu wünschen, was sie immer so gefürchtet hatte, nämlich zu ersticken – auf der Stelle will ich ersticken, mußte sie sich sagen, los – »let it do its damndest«. Dazu kam noch, daß die Patientin in »progressive relaxation« und »desensitization« instruiert wurde. 2 Tage später stellte sich heraus, daß sie bereits imstande war, ohne weiteres ein Restaurant aufzusuchen, im Aufzug und sogar in einem Autobus zu fahren. 4 Tage später konnte sie ohne Angst ein Kino besuchen und sah ihrem Rückflug nach England ohne Erwartungsangst entgegen. Aus London berichtete sie dann, daß sie sogar imstande war, erstmalig nach vielen Jahren wieder in der Untergrundbahn zu fahren. 15 Monate nach der so kurz dauernden Behandlung ergab sich, daß die Patientin beschwerdefrei geblieben war.

Jacobs beschreibt anschließend einen Fall, in dem es sich nicht um eine Angst-, sondern um eine Zwangsneurose handelte. Mr. T. hatte 12 Jahre lang an seiner Neurose gelitten und ohne Erfolg sowohl eine Psychoanalyse als auch eine Elektroschockbehandlung über sich ergehen lassen. Hauptsächlich fürchtete er zu ersticken, und zwar beim Essen, beim Trinken oder beim Überqueren einer Straße. Jacobs wies ihn nun an, genau das zu tun, was er immer so gefürchtet hatte: »Using the technique of paradoxical intention, he was given a glass of water to drink and told to try as hard as possible to make himself choke« – im Sinne der paradoxen Intention reichte Jacobs dem Patienten ein Glas Wasser und forderte ihn auf, alles daranzusetzen, um zu ersticken. »He was instructed to try to choke at least 3 times a day« – er sollte sich vornehmen, mindestens dreimal täglich zu erstikken. Daneben wurde Entspannung geübt, und während der 12. Sitzung konnte der Patient berichten, daß er komplett beschwerdefrei geworden war.

Es ist erstaunlich, wie häufig auch Laien die paradoxe Intention mit

Erfolg auf sich selbst anwenden. Vor uns liegt der Brief einer 14 Jahre lang an Platzangst Leidenden, die 3 Jahre lang ohne Erfolg in orthodox-psychoanalytischer Behandlung gestanden war. 2 Jahre lang wurde sie von einem Hypnotiseur behandelt, woraufhin sich ihre Platzangst ein wenig verbesserte. Für die Dauer von 6 Wochen mußte sie sogar interniert werden. Nichts half wirklich. Immerhin schreibt die Kranke: »Nothing has really changed in 14 years. Every day of those years was hell.« Dann war es wieder einmal so weit, daß sie auf der Straße umkehren wollte. So arg überkam sie die Platzangst. Da fiel ihr ein, was sie in meinem Buch »Man's Search for Meaning« gelesen hatte, und sie sagte sich: »Jetzt werd' ich einmal all den Leuten rings um mich hier auf der Straße zeigen, wie ausgezeichnet ich das alles kann: in Panik geraten und kollabieren.« Und auf einmal war sie ruhig. Sie setzte ihren Weg zum Supermarkt fort und besorgte ihre Einkäufe. Als es aber dann zum Zahlen kam, geriet sie in Schweiß und begann zu zittern. Da sagte sie sich: »Dem Kassier da werd' ich jetzt einmal wirklich zeigen, was ich zusammenschwitzen kann. Der wird Augen machen.« Erst auf dem Rückweg bemerkte sie, wie ruhig sie geworden war. Und so ging es weiter. Nach wenigen Wochen war sie imstande, mit Hilfe der paradoxen Intention die Platzangst so weit zu beherrschen, daß sie manchmal nicht glauben konnte, daß sie jemals krank gewesen war.

Bliebe noch, das dritte pathogene Reaktionsmuster zu besprechen. Während das erste für angstneurotische und das zweite für zwangsneurotische Fälle charakteristisch ist, handelt es sich beim dritten pathogenen Reaktionsmuster um einen Mechanismus, dem wir bei Sexualneurosen begegnen, also in Fällen, in denen Potenz und Orgasmus gestört sind. Und zwar beobachten wir in diesen Fällen wieder, wie bei den Zwangsneurosen, daß der Patient kämpft, aber bei den Sexualneurosen kämpft er nicht gegen etwas – wir sagten doch, der Zwangsneurotiker kämpfe gegen den Zwang –, sondern der Sexualneurotiker kämpft um etwas, und er tut es insofern, als er, eben in Form von Potenz und Orgasmus, um sexuelle Lust kämpft. Aber leider: je mehr es einem um Lust geht, um so mehr vergeht sie einem auch schon. Der Weg zu Lustgewinn und Selbstverwirklichung führt nun einmal über Selbst-Hingabe und Selbst-Vergessenheit. Wer diesen Weg für einen Umweg hält, ist versucht, eine Abkürzung zu wählen und auf die Lust wie auf ein Ziel loszusteuern. Allein, die Abkürzung erweist sich als eine Sackgasse.

Und wieder können wir beobachten, wie sich der Patient in einem Teufelskreis verfängt. Der Kampf um die Lust, der Kampf um Potenz und Orgasmus, der Wille zur Lust, die forcierte, eine Hyper-Intention (Abbildung 3) der Lust bringt einen nicht nur um die Lust, sondern

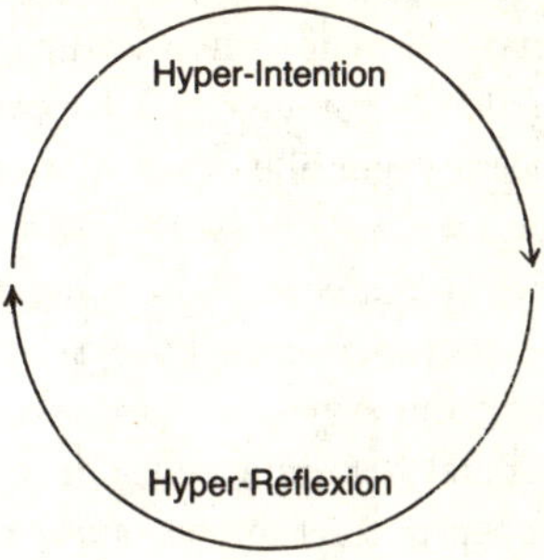


Abb. 3

bringt auch eine ebenso forcierte, eine Hyper-Reflexion mit sich: man beginnt, während des Aktes sich selbst zu beobachten und womöglich auch den Partner zu belauern. Um die Spontaneität ist es dann geschehen.

Fragen wir uns, was in Fällen von Potenzstörung die Hyperintention ausgelöst haben mag, so läßt sich immer wieder feststellen, daß der Patient im Sexualakt eine Leistung sieht, die von ihm verlangt wird. Mit einem Wort, für ihn hat der Sexualakt einen Forderungscharakter. Bereits 1946 (Viktor E. Frankl, Ärztliche Seelsorge, Franz Deuticke, Wien) haben wir darauf hingewiesen, daß der Patient »sich zum Vollzug des Sexualakts gleichsam verpflichtet fühlt«, und zwar könne dieser »Zwang zur Sexualität ein Zwang seitens des eigenen Ich oder der Zwang seitens einer Situation sein«. Der Zwang könne aber auch von der Partnerin ausgehen (»temperamentvolle«, sexuell anspruchsvolle Partnerin). Die Bedeutung dieses dritten Moments wurde inzwischen sogar an Tieren experimentell bestätigt. So konnte Konrad Lorenz ein Kampffisch-Weibchen dazu bringen, dem Männchen bei der Paarung nicht kokett davon-, sondern energisch entgegenzuschwimmen, woraufhin der Kampffisch-Mann, wie es heißt, menschlich reagierte: es verschloß sich ihm auf reflektorischem Weg der Paarungsapparat.

Der Hyperreflexion treten wir logotherapeutisch mit einer *Dereflexion* entgegen, während zur Bekämpfung der in Fällen von Impotenz so pathogenen Hyperintention eine logotherapeutische Technik zur Verfügung steht, die auf das Jahr 1947 (Viktor E. Frankl, Die Psychotherapie in der Praxis, Franz Deuticke, Wien) zurückgeht. Und zwar empfehlen wir, den Patienten dazu zu bewegen, daß er den Sexualakt »nicht programmatisch sich vornimmt, sondern es bewenden läßt bei fragmentarisch bleibenden Zärtlichkeiten, etwa im Sinne eines mutuellen sexuellen Vorspiels«. Auch veranlassen wir »den Patienten, seiner Partnerin gegenüber zu erklären, wir hätten vorderhand ein strenges Koitusverbot erlassen – in Wirklichkeit soll sich der Patient über kurz oder lang nicht mehr daran halten, sondern – nunmehr entlastet vom Druck sexueller Forderungen, wie sie bis dahin seitens der Partnerin an ihn ergangen waren – in einer zunehmenden Annäherung aus Triebziel heranmachen, auf die Gefahr hin, daß er von der Partnerin – eben unter Hinweis auf das vorgebliche Koitusverbot – abgewiesen würde. Je mehr er refüsiert wird, desto mehr reüssiert er auch schon«.

William S. Sahakian und Barbara Jacquelyn Sahakian (Logotherapy as a Personality Theory. In: Israel Annals of Psychiatry 10, 1972, S. 230) sind der Ansicht, daß die Forschungsergebnisse von W. Masters und V. Johnson unsere eigenen durchaus bestätigt haben. Tatsächlich ist ja auch die 1970 von Masters und Johnson entwickelte Behandlungsmethode der 1947 von uns publizierten und soeben skizzierten Behandlungstechnik in vielen Punkten sehr ähnlich. Im folgenden sollen aber unsere Ausführungen wieder einmal kasuistisch belegt werden.

Ein konkreter Fall: Fräulein S. (Neurologische Poliklinik) wendet sich wegen ihrer Frigidität an uns. In der Kindheit wurde die Patientin vom eigenen Vater geschlechtlich mißbraucht. Heuristisch tun wir jedoch so, als ob so etwas wie ein psychosexuelles Trauma nicht existierte; vielmehr fragen wir die Patientin, ob sie etwa erwartet habe, durch den Inzest geschädigt worden zu sein, und die Patientin bestätigt unsere Vermutung, und zwar sei sie hierbei unter dem Einfluß einer populär gehaltenen Lektüre gestanden, die eine vulgär interpretierte Psychoanalyse zum Inhalt hatte. »Dies muß sich rächen« – so lautete die Überzeugung der Patientin. Mit einem Wort, es etablierte sich eine bibliogene Erwartungsangst. Im Banne dieser Erwartungsangst aber war die Patientin, wann immer es zu einem intimen Beisammensein mit ihrem Partner kam, »auf der Lauer«; eben damit war jedoch ihre Aufmerksamkeit aufgeteilt zwischen dem Partner und ihr selbst. All dies mußte aber auch schon den Orgasmus vereiteln; denn in dem Maße, in dem man auf den Sexualakt achtgibt, in ebendemselben Maße ist man auch schon unfähig, sich hinzugeben. Ich redete dann meiner Patientin ein, ich hätte im Augenblick keine Zeit, die Behandlung zu übernehmen, und bestellte sie in 2 Monaten wieder. Bis dahin aber möge sie sich nicht weiter um ihre Fähigkeit beziehungsweise Unfähigkeit zum Orgasmus kümmern – die würde dann im Rahmen der Behandlung ausgiebig zur Sprache kommen –, sondern nur um so mehr während des Geschlechtsverkehrs ihre Aufmerksamkeit dem Partner zuwenden. Und der weitere Verlauf gab mir recht. Was ich erwartet hatte, trat ein. Die Patientin kam nicht erst nach 2 Monaten wieder, sondern bereits nach 2 Tagen – geheilt. Die bloße Ablösung der Aufmerksamkeit von sich selbst, von ihrer eigenen Fähigkeit beziehungsweise Unfähigkeit zum Orgasmus – kurz: eine *Dereflexion* – und die nur um so unbefangenere Hingabe an den Partner hatten genügt, um erstmalig den Orgasmus herbeizuführen.

Mitunter kann unser »Trick« nur ausgespielt werden, wenn weder der eine noch der andere Partner eingeweiht ist. Wie erfinderisch man in einer solchen Situation sein muß, erhellt aus folgendem Bericht, den ich Myron J. Horn – einem ehemaligen Studenten von mir – verdanke: »Ein junges Paar suchte mich wegen der Impotenz des Mannes auf. Seine Frau hatte ihm wiederholt gesagt, daß er ein miserabler Liebhaber (»a lousy lover«) sei und sie nunmehr gedenke, sich mit anderen Männern einzulassen, um endlich einmal wirklich befriedigt zu werden. Ich forderte die beiden nun auf, eine Woche hindurch jeden Abend mindestens eine Stunde lang nackt miteinander im Bett zu verbringen und zu tun, was ihnen behagt, das Einzige, das aber unter keinen Umständen zulässig ist, sei der Koitus. Eine Woche später sah ich sie wieder. Sie hätten versucht, meinten sie, meine Anweisungen zu befolgen, aber »leider« sei es dreimal zum Koitus gekommen. Ich gab mich erzürnt und bestand darauf, daß sie sich wenigstens in der kommenden Woche an meine Instruktionen halten. Es vergingen nur wenige Tage, und sie riefen mich an, um abermals zu berichten, daß sie außerstande gewesen waren, mir zu folgen, vielmehr war es jetzt sogar mehrmals täglich zum Koitus gekommen. Ein Jahr später erfuhr ich dann, daß es bei diesem Erfolg auch geblieben war.«

Es ist aber auch möglich, daß wir nicht den Patienten, sondern seine Partnerin in unseren »Trick« einweihen müssen. So geschah es im folgenden Falle. Die Teilnehmerin an einem Logotherapie-Seminar, das Joseph B. Fabry an der Universität von Berkeley hielt, wandte unsere Technik unter seiner Führung auf ihren eigenen Partner an, der von Beruf Psychologe war und als solcher eine Sexualberatungsstelle leitete. (Ausgebildet war er von Masters und Johnson worden.) Dieser Sexualberater erwies sich nun selber und seinerseits als potenzgestört. »Using a Frankl technique« – so wird uns berichtet –, »we decided that Susan should tell her friend that she was under doctor's care who had given her some medication and told her not to have intercourse for a month. They were allowed to be physically close and do everything up to actual intercourse. Next week Susan reported that it had worked.« Dann gab's aber einen Rückfall. Fabrys Studentin Susan war aber erfinderisch genug, um diesmal allein mit der Potenzstörung ihres Partners fertig zu werden: »Since she could not have repeated the story about doctor's orders she had told her friend that she had had seldom, if ever, reached orgasm and asked him not to have intercourse that night but to help her with her problem of orgasm.« Sie übernahm also die Rolle einer Patientin, um ihrem Partner die Rolle des praktizierenden Sexualberaters aufzudrängen und ihn so in die Selbst-Transzendenz zu lotsen. Damit wurde aber auch schon die Dereflexion herbeigeführt und die so pathogen gewesene Hyperreflexion ausgeschaltet. »Again it worked. Since then no more problem with impotence occurred.«

Gustave Ehrentraut, ein kalifornischer Sexualberater, hatte einmal einen Patienten zu behandeln, der seit 16 Jahren an Ejaculatio praecox litt. Zuerst wurde der Fall verhaltenstherapeutisch angegangen, aber auch nach 2 Monaten stellte sich kein Erfolg ein. »I decided to attempt Frankl's paradoxical intention«, heißt es dann weiter. »I informed the patient that he wasn't going to be able to change his premature ejaculation, and that he should, therefore, only attempt to satisfy himself.« Als Ehrentraut dem Patienten dann noch empfahl, den Koitus so kurz wie nur möglich dauern zu lassen, wirkte sich die paradoxe Intention so aus, daß die Dauer des Koitus auf das Vierfache verlängert werden konnte. Zu einem Rückfall kam es seither nicht.

Ein anderer kalifornischer Sexualberater, Claude Farris, überließ mir einen Bericht, aus dem hervorgeht, daß die paradoxe Intention auch in Fällen von Vaginismus anwendbar ist. Für die Patientin, die in einem katholischen Kloster erzogen wurde, war die Sexualität ein strenges Tabu. In Behandlung kam sie wegen heftigster Schmerzen während des Koitus. Farris wies sie nun an, die Genitalgegend nicht zu entspannen, sondern die Scheidenmuskulatur möglichst zu innervieren, so, daß es ihrem Mann unmöglich wird, in die Scheide einzudringen. Eine Woche später erschienen die beiden abermals, um zu berichten, daß der Koitus das erste Mal in ihrem Eheleben schmerzfrei gewesen war. Rezidiv war keines zu verzeichnen. Das Bemerkenswerteste an diesem Bericht ist aber der Einfall, die paradoxe Intention einzuschalten, um Entspannung zustande zu bringen.

In diesem Zusammenhang soll auch ein Experiment von David L. Norris, einem kalifornischen Forscher, erwähnt werden, in dessen Rahmen die Versuchsperson Steve angewiesen wurde, sich möglichst zu entspannen, was sie auch versuchte, aber ohne Erfolg, da Steve zu aktiv auf dieses Ziel lossteuerte. Norris konnte das sehr genau beobachten, da die Versuchsperson in einen Elektromyographen eingespannt war, der ständig auf 50 Mikro-Ampere ausschlug. Bis Steve von Norris erfuhr, daß er es in seinem ganzen Leben nicht dazu bringen werde, sich wirklich zu entspannen. Da platzte Steve heraus: »Soll die Entspannung der Teufel holen. Ich pfeif' auf Entspannung.« Und da schnellte auch schon der Zeiger des Elektromyographen auf 10 Mikro-Ampere hinunter. »With such speed«, berichtet Norris, »that I thought the unit had become disconnected. For the succeeding sessions Steve was successful because he was *not* trying to relax.«

Aus dem Beispiel der Erwartungsangst erhellt, daß die Furcht verwirklicht, was sie fürchtet. Mit einem Wort: *Ist der Wunsch der sprichwörtliche Vater des Gedankens, so die Furcht die Mutter des Geschehens,* nämlich des Krankheitsgeschehens. Nicht anders jedoch als die Furcht verwirklicht, wovor sie sich fürchtet, verunmöglicht der forcierte Wunsch, was er intendiert. Dies macht sich die Logotherapie insofern zunutze, als sie versucht, den Patienten dazu anzuleiten, gerade das, wovor er sich so sehr fürchtet, paradoxerweise sich zu wünschen bzw. sich vorzunehmen.

Eines besonderen Hinweises bedürfen *die blasphemischen Zwangsvorstellungen.* Ihnen begegnen wir therapeutisch wohl am besten, indem wir versuchen, den Patienten bei seiner Zwangsneurose zu packen, so zwar, daß wir ihn darauf aufmerksam machen, daß er durch die fortgesetzte Befürchtung, Blasphemien zu begehen, eine

Blasphemie *beginge;* denn Gott für einen so schlechten Diagnostiker zu halten, daß man ihm die Fähigkeit abspricht, zwischen Blasphemie und Zwangsvorstellung diagnostisch zu differenzieren, bedeute eine Gotteslästerung.

Eines Tages wandte sich ein junger Chirurg an uns – jedesmal, wenn sein Klinikchef den Operationssaal betrat, fürchtete er sich davor, beim Operieren zu zittern; später genügte diese Befürchtung, um ihn auch wirklich zittern zu machen; schließlich konnte er diese Tremorphobie beziehungsweise den durch sie ausgelösten Tremor nur dadurch unterdrücken, daß er sich vor jeder Operation betrank. Nun, dieser Fall hat eine therapeutische Kettenreaktion ausgelöst. Denn nachdem ich seine Krankengeschichte und meine Behandlungsmethode in einer meiner klinischen Vorlesungen vorgetragen hatte, erhielt ich wenige Wochen später den Brief einer meiner Hörerinnen, einer Medizinstudentin, die mir von folgender Tatsache berichtete: Sie hatte bisnun ebenfalls an einer Tremorphobie gelitten, die immer dann aufgetreten war, wenn der Anatomieprofessor den Seziersaal betrat, und tatsächlich hatte die junge Kollegin jeweils zu zittern begonnen. Nachdem sie nun in meiner Vorlesung vom Falle des Chirurgen gehört hatte, habe sie versucht, die gleiche Therapie selbständig und auf sich selbst anzuwenden; nunmehr habe sie jedesmal, wenn der Professor kam, um beim Sezieren zuzusehen, sich vorgenommen: »Nun, dem werd' ich jetzt einmal was vorzittern – der soll nur sehen, wie gut ich zittern kann!« Woraufhin – wie sie mir schrieb – sowohl die Tremorphobie als auch der Tremor selbst prompt gewichen waren.

Was ist nun ärztlicherseits, eigentlich aber vom Patienten selbst, zu tun gegen die den Schlaf verscheuchende ängstliche Erwartung, daß man die kommende Nacht werde schlaflos verbringen müssen? Eine Angst, die sich bis zur sogenannten Bettangst steigern kann: Den ganzen Tag über ist der Schlafgestörte müde: Kaum aber, daß es Zeit ist, sich zu Bett zu begeben, packt ihn die Angst vor der nächsten schlaflosen Nacht, er wird unruhig und erregt, und diese Erregung läßt ihn auch schon nicht mehr einschlafen. Nun begeht er den denkbar größten Fehler: Er lauert auf das Einschlafen. Mit angespannter Aufmerksamkeit verfolgt er verkrampft, was in ihm vorgeht; aber je mehr er seine Aufmerksamkeit anspannt, um so weniger ist er fähig, sich so weit zu entspannen, daß er überhaupt einschlafen könnte. Denn Schlaf heißt doch nichts anderes als völlige Entspanntheit. Und bewußt strebt er den Schlaf an. Aber Schlaf heißt doch nichts anderes als Versinken in die Unbewußtheit. Und alles Denken an ihn und alles Schlafenwollen ist nur dazu angetan, einen nicht einschlafen zu lassen.

Der Erwartungsangst vor einer schlaflosen Nacht können wir therapeutisch nur dann den Wind aus den Segeln nehmen, wenn wir den Patienten davon überzeugen, daß sich der Organismus das Minimum der Schlafmenge, das er unbedingt braucht, auf jeden Fall holt. Das muß man wissen, und aus diesem Wissen soll man schöpfen ein Vertrauen zum eigenen Organismus.

Wenn es sich nun so verhält, wie ich eingangs behauptet habe: daß das verkrampfte Anstreben und das bewußte Wollen des Einschlafens, daß jedes bewußte Wollen den Schlaf auch schon verscheucht – wie wäre es dann, wenn sich einer hinlegt und das Einschlafen nicht anstrebt, sondern gar nichts anstrebt, ja vielleicht sogar gerade das Gegenteil, zumindest etwas anderes anstrebt als das Einschlafen? Nun, der Effekt bestünde darin, daß er einschläft. Mit einem Wort: An die Stelle der Angst vor der Schlaflosigkeit muß geradezu die Absicht treten, eine schlaflose Nacht zu verbringen, also der bewußte Verzicht auf den Schlaf. Man braucht sich bloß vorzunehmen: Heute nacht möchte ich gar nicht schlafen, heute nacht will ich bloß mich entspannen und an dies oder jenes denken; an meinen letzten Urlaub oder an den kommenden usw. Wenn also, wie wir gesehen haben, das Schlafenwollen ein Einschlafen verunmöglicht, so wird Schlaflos-seinwollen paradoxerweise den Schlaf herbeiführen. Denn zumindest wird man sich dann nicht mehr vor der Schlaflosigkeit fürchten, ebendamit aber auch schon auf dem besten Wege sein, um in den Schlaf hineinzuschlittern.

Im »Tagebuch eines Landpfarrers« von Bernanos findet sich der schöne Satz: Es ist leichter, als man glaubt, sich zu hassen; die Gnade besteht darin, sich zu vergessen. Nun, wir dürfen diese Aussage variieren, und wir können dann sagen, was sich so mancher neurotische Mensch nicht oft genug vor Augen halten kann, nämlich: Viel wichtiger als sich zu *verachten* (Übergewissenhaftigkeit) oder sich zu *beachten* (Überbewußtheit) – viel wichtiger als dies wäre, sich endlich vollends zu *vergessen.* Nur daß es unsere Patienten dann nicht so machen dürften wie Kant – der einmal seinen diebischen Diener entlassen mußte, seinen Schmerz darüber aber nicht verwinden konnte und, um sich dazu zu zwingen, an eine Zimmerwand eine Tafel hängte mit der Aufschrift: »Mein Diener muß vergessen werden.« So erging es ihm wie jenem Manne, dem man versprochen hatte, er könne aus Kupfer Gold machen, aber nur unter der Bedingung, daß er während der betreffenden alchimistischen Prozedur zehn Minuten hindurch an kein Chamäleon denke; woraufhin er auch schon an nichts anderes zu denken imstande war als an dieses seltsame Tier, an das er sein Lebtag nicht gedacht hatte.

So geht es nicht; sondern etwas ignorieren – also die geforderte Dereflexion leisten – kann ich nur, indem ich an diesem Etwas vorbei agiere, indem ich auf etwas anderes hin existiere.

Der angstneurotische Patient soll es aber nicht nur erlernen, etwas trotz der Angst davor zu tun, sondern gerade das zu tun, wovor er Angst hat, also gerade jene Situationen, in denen er Angst zu erleben pflegt, aufzusuchen. Die Angst wird »unverrichteterdinge« »nachgeben«; ist sie doch eine biologische Alarmreaktion, die irgendeine Aktion gleichsam sabotieren oder irgendeiner Situation, die »in den Augen der Angst« eine Gefahrensituation darstellt, ausweichen will. Lernt es der Kranke jedoch, »an ihr vorbei« zu agieren, dann läßt die Angst sukzessive nach, gleich als ob sie einer Inaktivitätsatrophie anheimfiele. Dieses »Vorbeileben an der Angst« ist also das gleichsam negative Ziel unserer Psychotherapie im engeren Wortsinn – ein Ziel, das sie manchmal schon erreichen kann, noch bevor das positive Ziel des »Auf-ein-Ziel-Hinlebens« durch die Logotherapie bzw. die Existenzanalyse erreicht wird.

A. V., 45 Jahre alt, verheiratet, Mutter eines 16jährigen Sohnes, weist eine Krankengeschichte von 24 (!) Jahren Dauer auf, während welcher Zeitspanne sie an einem schwersten phobischen Syndrom zu leiden hatte, bestehend aus Klaustrophobie, Agoraphobie, Höhenangst, Angst vor Aufzügen, Überschreiten von Brücken und dergleichen mehr. Wegen all dieser Beschwerden war sie volle 24 Jahre hindurch von verschiedenen Psychiatern behandelt worden, unter anderem auch wiederholte Male im Sinne ausgesprochener Langstrekken-Analysen. Die letzten vier Jahre mußte sie in einer Anstalt verbringen. Trotz der Beruhigungsmittel, die sie erhielt, war sie ständig in höchster Erregung. Ebenso blieb einer 1½jährigen intensiven psychoanalytischen Behandlung durch einen erfahrenen Analytiker ein Erfolg versagt. Am 1. März 1959 übernahm Dr. Gerz nun die Behandlung, und zwar mittels paradoxer Intention. Fünf Monate später war die Patientin zum ersten Mal nach sage und schreibe 24 Jahren frei von irgendwelchen Symptomen. Bald danach wurde sie entlassen. Seither sind Jahre vergangen, in denen sie nunmehr im Kreise ihrer Familie ein normales und glückliches Leben führt.

Und nun der Fall eines zwangsneurotischen Patienten: Mr. M. P. ist ein 56jähriger verheirateter Rechtsanwalt, Vater eines 18jährigen College-Studenten. Vor 17 Jahren überkam ihn »ganz plötzlich, wie ein Blitz aus heiterem Himmel, die entsetzliche Zwangsvorstellung«, er könnte seine Einkommensteuer um 300 Dollar zu niedrig eingeschätzt und dadurch den Staat betrogen haben – obzwar er sein Steuerbekenntnis nach bestem Wissen und Gewissen ausgearbeitet hatte. »Diese Idee konnte ich dann nicht mehr loswerden – sosehr ich mich auch bemühte«, sagte er zu Dr. Gerz. Er sah sich schon wegen Betrugs staatsanwaltlich verfolgt, eingesperrt, sah die Zeitungen voll mit Artikeln über ihn und seine berufliche Position verloren. Er begab sich nun in ein Sanatorium, wo er erst psychotherapeutisch und dann mit 25 Elektroschocks behandelt wurde – ohne Erfolg. Inzwischen verschlimmerte sich sein Zustand dermaßen, daß er seine Rechtsanwaltskanzlei schließen mußte. In schlaflosen Nächten mußte er gegen Zwangsvorstellungen ankämpfen, die sich von Tag zu Tag mehrten. »Kaum daß ich eine los war, entwickelte sich auch schon eine andere«, sagte er Dr. Gerz. Im besonderen plagte ihn die Zwangsvorstellung, seine diversen Versicherungsverträge könnten abgelaufen sein, ohne daß er es gemerkt hatte. Immer wieder mußte er sie überprüfen – und dann wieder in einen speziellen stählernen Safe sperren, jeden einzelnen Vertrag x-mal verschnürend. Schließlich ging er bei Lloyds in London eine für ihn ausgearbeitete Spezialversicherung ein, die ihn vor den Folgen irgendeines unbewußten und unbeabsichtigten Fehlers bewahren sollte, den er im Rahmen seiner Gerichtspraxis hätte begehen können. Bald war es aber auch mit dieser Gerichtspraxis aus; denn der Wiederholungszwang wurde derartig arg, daß der Patient in die Psychiatrische Klinik von Middletown aufgenommen werden mußte. Nun aber wurde auch seine paradoxe Intentionsbehandlung durch Dr. Gerz gestartet. Vier Monate hindurch stand er bei ihm in Logotherapie, und zwar dreimal pro Woche. Immer wieder wurde er angewiesen, folgende paradox intentionale Formulierungen zu verwenden: »Ich pfeif' auf alles. Der Teufel soll den Perfektionismus holen. Mir ist alles recht – von mir aus soll man mich einsperren. Je früher, desto besser! Mich fürchten vor den Folgen eines Fehlers, der mir unterlaufen sein könnte? Soll man mich doch verhaften –

jeden Tag gleich dreimal! Wenigstens krieg' ich auf die Art mein Geld zurück, das schöne Geld, das ich den Herren in London in den Rachen geworfen hab'...« Und nun begann er im Sinne paradoxer Intention sich geradezu zu wünschen, möglichst viele Fehler begangen zu haben, und sich vorzunehmen, noch mehr Fehler zu machen, seine ganze Arbeit durcheinanderzubringen und seinen Sekretärinnen zu beweisen, daß er »der größte Fehlermacher der Welt« sei. Und Dr. Gerz zweifelt nicht daran, daß die völlige Abwesenheit irgendwelcher Besorgnis auf seiner Seite – wie sie doch hinter seinen Instruktionen stehen mußte – mit im Spiel war, wenn der Patient nun imstande war, nicht nur paradox zu intendieren, sondern eben diese Intention auch möglichst humoristisch zu formulieren, wozu Dr. Gerz selbstverständlich beitragen mußte, beispielsweise, indem er ihn in seiner Ordination etwa wie folgt begrüßte: »Was – um Himmels willen! Sie laufen noch immer frei herum? Ich dachte, Sie sitzen schon längst hinter Gittern – und ich hab' schon in den Zeitungen nachgeschaut, ob die denn noch immer nicht über den großen Skandal berichten, den Sie verursacht haben.« Daraufhin pflegte der Patient in lautes Gelächter auszubrechen – und in zunehmendem Maße diese ironisierende Haltung selber und seinerseits einzunehmen, sich selbst und seine eigene Neurose zu ironisieren, z. B., indem er sagte: »Mir ist alles wurst – soll'n sie mich einsperren; höchstens geht die Versicherungsgesellschaft bankrott.« Nun ist es über ein Jahr her, daß die Behandlung abgeschlossen ist. »Diese Formeln – was Sie da paradoxe Intention nennen, Herr Doktor –, das hat bei mir eingeschlagen; das hat wie ein Wunder gewirkt, kann ich Ihnen nur sagen: In 4 Monaten ist es Ihnen gelungen, aus mir einen ganz anderen Menschen zu machen. Freilich, hie und da kommt mir irgendeine von den alten Befürchtungen in den Sinn; aber wissen Sie, jetzt kann ich damit sofort fertig werden – jetzt weiß ich eben, wie ich mit mir umzugehen hab'!«

# Der Mensch vor der Frage nach dem Sinn*

Jede Zeit hat ihre Neurose – und jede Zeit braucht ihre Psychotherapie.

Tatsächlich sind wir heute nicht mehr wie zur Zeit von Freud mit einer sexuellen, sondern mit einer existentiellen Frustration konfrontiert. Und der typische Patient von heute leidet nicht mehr so sehr wie zur Zeit von Adler an einem Minderwertigkeitsgefühl, sondern an einem abgründigen Sinnlosigkeitsgefühl, das mit einem Leeregefühl vergesellschaftet ist – weshalb ich von einem existentiellen Vakuum spreche[1].

Nehmen wir einen Brief her, den mir ein amerikanischer Student geschrieben hat und aus dem ich hier bloß zwei Sätze zitieren möchte – in deutscher Übertragung: »Ringsum bin ich hier in Amerika umgeben von jungen Leuten meines Alters, die verzweifelt nach einem Sinn ihres Daseins suchen. Einer meiner besten Freunde starb unlängst, weil er eben einen solchen Sinn nicht hatte finden können.« Und meine Erfahrungen an amerikanischen Universitäten – immerhin sind es bisher 129 allein innerhalb der USA, an denen ich Vorträge zu halten und so denn auch mit den Studenten Kontakt zu gewinnen Gelegenheit hatte –, diese Erfahrungen sprechen dafür, daß die zitierte Briefstelle repräsentativ ist, soweit es um die Grundstimmung und das Lebensgefühl geht, von denen die akademische Jugend heute beherrscht ist.

Aber nicht nur etwa sie. Hinsichtlich der Generation der Erwachsenen beschränke ich mich darauf, auf das Ergebnis von Untersu-

---

* Nach Vorträgen, gehalten in Warschau auf Einladung der Polnischen Gesellschaft für Psychiatrie, in der Aula der Universität Zürich auf Einladung der Limmat-Stiftung und in München auf Einladung der Carl-Friedrich-von-Siemens-Stiftung.

1 Viktor E. Frankl: Pathologie des Zeitgeistes. Wien 1955.

chungen hinzuweisen, die Rolf von Eckartsberg an Absolventen der Harvard University durchführen konnte: 20 Jahre nach ihrer Graduierung klagte ein erheblicher Prozentsatz dieser Leute – die inzwischen entsprechend Karriere gemacht hatten, aber auch darüber hinaus ein nach außen hin durchaus geordnetes und glückliches Leben führten – über ein abgründiges Gefühl letztlicher Sinnlosigkeit.

Und es mehren sich die Anzeichen dafür, daß sich das Sinnlosigkeitsgefühl immer mehr ausbreitet. Seine Präsenz wird heute bereits auch von den rein psychoanalytisch ausgerichteten Kollegen ebenso wie von marxistischer Seite bestätigt.

Was die marxistischen Kreise anlangt, sei nur Vymetal, der seinerzeitige Chef der Psychiatrischen Universitätsklinik von Olmütz (ČSSR) genannt, der – im Anschluß an andere Autoren aus der Tschechoslowakei sowie der Deutschen Demokratischen Republik – auf die Präsenz der existentiellen Frustration in kommunistischen Ländern ausdrücklich aufmerksam machte und, um diesem Phänomen beikommen zu können, auch die Forderung nach neuen therapeutischen Ansätzen erhob.

Schließlich wäre auch Klitzke hier anzuführen, ein amerikanischer Gastprofessor an einer afrikanischen Universität, der erst kürzlich in einem im »American Journal of Humanistic Psychology« erschienenen Bericht (»Students in Emerging Africa – Logotherapy in Tanzania«) bestätigen konnte, daß in der Dritten Welt das existentielle Vakuum, zumal und zumindest in der akademischen Jugend, sich deutlich bemerkbar und geltend macht. Einen analogen Hinweis verdanken wir Joseph L. Philbrick (»A Cross-Cultural Study of Frankl's Theory of Meaning-in-Life«).

Wenn ich gefragt werde, wie ich mir die Heraufkunft dieses existentiellen Vakuums erkläre, dann pflege ich die folgende Kurzformel anzubieten: Im Gegensatz zum Tier sagen dem Menschen keine Instinkte, was er muß, und im Gegensatz zum Menschen von gestern sagen dem Menschen von heute keine Traditionen mehr, was er soll. Nun, weder wissend, was er muß, noch wissend, was er soll, scheint er nicht mehr recht zu wissen, was er will. So will er denn nur das, was die anderen tun – Konformismus! Oder aber er tut nur das, was die anderen wollen – *von ihm* wollen – Totalitarismus[2].

---

2 Wie Diana Young, eine Dissertantin an der Universität von Berkeley, mit Tests und Statistiken nachweisen konnte, ist das Sinnlosigkeitsgefühl unter jungen Leuten si-

Nur daß wir aber über diesen beiden Folgeerscheinungen eine dritte nicht übersehen und vergessen dürfen, und zwar meine ich einen spezifischen Neurotizismus, nämlich das Auftreten der von mir als solche bezeichneten *»noogenen Neurose«*[3]. Im Gegensatz zur Neurose im engeren Wortsinn, die per definitionem eine psychogene Erkrankung darstellt, geht diese noogene Neurose nicht auf Komplexe und Konflikte im herkömmlichen Sinne zurück, sondern auf Gewissenskonflikte, auf Wertkollisionen und, last but not least, auf eine existentielle Frustration, die das eine oder andere Mal eben auch in neurotischer Symptomatologie ihren Ausdruck und Niederschlag finden kann. Und es ist James C. Crumbaugh, dem Leiter eines psychologischen Laboratoriums in Mississippi, zu verdanken, daß wir auch schon über einen Test verfügen (den PIL oder Purpose in Life-Test), der von ihm eigens zu dem Zwecke ausgearbeitet wurde, um die noogene Neurose von der psychogenen diagnostisch differenzieren zu können (erhältlich durch Psychometric Affiliates, Post Office Box 3167, Munster, Indiana 46321, USA). Nachdem er die gewonnenen Daten unter Zuhilfenahme eines Computers ausgewertet hatte, gelangte er zu dem Ergebnis, daß es sich bei der noogenen Neurose tatsächlich um ein neues Krankheitsbild handelt, das nicht nur diagnostisch, sondern auch therapeutisch den Rahmen der traditionellen Psychiatrie sprengt.

Was die Frequenz der noogenen Neurose anlangt, so sei auf die Ergebnisse statistischer Forschung verwiesen, wie sie Niebauer und Lukas in Wien, Frank M. Buckley in Worcester, Mass., USA, Werner in London, Langen und Volhard in Tübingen, Prill in Würzburg, Popielski in Polen und Nina Toll in Middletown, Conn., USA, erarbeitet haben. Testuntersuchungen haben übereinstimmend ergeben, daß mit etwa 20 Prozent noogener Neurosen zu rechnen ist.

Zuletzt wurde von Elisabeth Lukas ein neuer Test zwecks exakterer Erfassung der existentiellen Frustration – und zwecks Gewinnung von Möglichkeiten, gegebenenfalls nicht nur therapeutisch, sondern

---

gnifikant mehr verbreitet als unter älteren. Womit sich aber auch schon unsere Theorie vom Traditionsverlust als einer der beiden Ursachen für die Heraufkunft des Sinnlosigkeitsgefühls bestätigt hätte; denn nach dieser Theorie *muß* die für den jungen Menschen so charakteristische Lossagung von der Tradition das Sinnlosigkeitsgefühl intensivieren.

3 Viktor E. Frankl: Über Psychotherapie. In: Wiener Zeitschrift für Nervenheilkunde 3, 1951, S. 461.

auch schon prophylaktisch einzugreifen! – erarbeitet: der »Logo-Test«[4].

Statistiker haben nachgewiesen, daß unter den amerikanischen Studenten als zweithäufigste Todesursache – nach dem Verkehrsunfall – der Selbstmord rangiert. Dabei ist die Zahl der (nicht tödlich ausgegangenen) Selbstmord*versuche* 15mal höher.

Nun wurde mir eine bemerkenswerte Statistik hinterbracht, die sich auf 60 Studenten an der Idaho State University bezieht, die nach solchen Selbstmordversuchen auf das genaueste befragt wurden, was das Motiv anbelangt, und da ergab sich, daß 85 Prozent in ihrem Leben keinen Sinn mehr sehen konnten; von diesen aber waren 93 Prozent physisch und psychisch gesund, sie lebten in guten wirtschaftlichen Verhältnissen und im besten Einvernehmen mit ihrer Familie, sie waren im gesellschaftlichen Leben aktiv engagiert und konnten auch mit ihren akademischen Fortschritten zufrieden sein. Von mangelhafter Bedürfnisbefriedigung konnte jedenfalls nicht die Rede sein. Nur um so mehr müssen wir uns aber fragen, was »die Bedingung der Möglichkeit« solcher Selbstmordversuche ist – was muß in die »condition humaine« eingebaut sein, damit es jemals zu so etwas wie einem Selbstmordversuch trotz der Befriedigung ubiquitärer Bedürfnisse kommen kann. Nun, das ist nur denkbar, wenn der Mensch eigentlich – und dort, wo er es nicht mehr ist, so doch wenigstens ursprünglich – darauf aus ist, in seinem Leben einen Sinn zu finden und diesen Sinn zu erfüllen. Das ist es auch, was wir in der Logotherapie mit dem motivationstheoretischen Konzept eines »Willens zum Sinn«[5] umschreiben. Auf den ersten Blick will es freilich scheinen, als ob es sich da um eine Überschätzung des Menschen handelte – als ob wir ihn auf ein zu hohes Piedestal stellten. In diesem Zusammenhang fällt mir aber immer ein, was mir einmal mein kalifornischer Fluglehrer gesagt hat:

»Angenommen, ich will nach Osten fliegen, während ein Seitenwind von Norden kommt, dann würde ich mit meinem Flugzeug nach Südosten abgetrieben werden; steuere ich hingegen die Maschine nach Nordosten, dann fliege ich tatsächlich nach Osten und lande dort, wo ich landen will.« Ergeht es uns aber mit dem Men-

4 Elisabeth L. Lukas: Zur Validierung der Logotherapie. In: Viktor E. Frankl: Der Wille zum Sinn. Bern 1972.

5 Viktor E. Frankl: Der unbedingte Mensch. Wien 1949.

schen nicht ebenso? Nehmen wir ihn einfach so, wie er ist, dann machen wir ihn schlechter; nehmen wir ihn hingegen so, wie er sein soll, dann machen wir ihn zu dem, der er werden kann. Das hat mir allerdings nicht mein kalifornischer Fluglehrer gesagt, sondern das ist ein Wort von Goethe.

Wie man weiß, gibt es eine sogenannte – sich als solche bezeichnende »Tiefenpsychologie«. Wo aber bleibt die »Höhenpsychologie«[6] – die den Willen zum Sinn mit in ihr Gesichtsfeld einbezieht? Jedenfalls läßt sich der Wille zum Sinn nicht als ein bloßes Desiderat, als ein frommer Wunsch, abtun, als »wishful thinking«. Eher handelt es sich um eine »self-fulfilling prophecy«, wie die Amerikaner eine Arbeitshypothese nennen, die das, was sie entwirft, zu guter Letzt auch hervorbringt. Und wir Ärzte erleben das ja täglich und stündlich, sprechstündlich. So etwa, wenn wir einem Patienten den Blutdruck messen und feststellen, daß dieser 160 beträgt. Fragt uns der Patient nach der Höhe des Blutdrucks, und wir sagen ihm »160«, dann haben wir ihm schon längst nicht mehr die Wahrheit gesagt, denn der Patient regt sich daraufhin auf und hat sogleich einen Blutdruck von 180. Sagen wir ihm hingegen, der Blutdruck sei praktisch normal, dann haben wir den Patienten nicht angelogen, sondern erleichtert aufatmend wird er uns gestehen, er hätte sich vor einem Schlaganfall gefürchtet, aber anscheinend sei diese seine Furcht grundlos gewesen, und wenn wir jetzt den Blutdruck nachmessen, können wir feststellen, daß er inzwischen auch wirklich auf einen normalen Wert heruntergesunken ist.

Dabei hat sich ja ohnehin herausgestellt, daß sich das Konzept vom Willen zum Sinn auch rein empirisch durchaus verifizieren läßt. Ich verweise nur auf die Arbeiten von Crumbaugh und Maholick (Ein psychometrischer Ansatz zu Viktor Frankls Konzept der »noogenen Neurose«, in: Nikolaus Petrilowitsch, Die Sinnfrage in der Psychotherapie, Darmstadt 1972) sowie Elisabeth S. Lukas, die eigene Tests entwickelt haben, um den Willen zum Sinn zu quantifizieren, und Dutzende von Dissertationen haben – hauptsächlich mit Hilfe dieser Tests – die Motivationstheorie der Logotherapie validieren können.

Auf all dies kann ich innerhalb der mir gesteckten Grenzen nicht eingehen. Ich kann es mir aber ebensowenig versagen, Forschungser-

---

6 Viktor E. Frankl: Zur geistigen Problematik der Psychotherapie. In: Zentralblatt für Psychotherapie 10, 1938, S. 33.

gebnisse in die Debatte zu ziehen, die *nicht* von Schülern von mir erstellt wurden. Wer wollte also am Willen zum Sinn – wohlgemerkt: nicht mehr und nicht weniger als der spezifisch humanen Motivation! – zweifeln, wenn er den Bericht des American Council on Education zur Hand nimmt, demzufolge unter 189 733 Studenten an 360 Universitäten das primäre Interesse von 73,7 Prozent dem Ziele galt, »sich zu einer Weltanschauung durchzuringen, von der aus das Leben sinnvoll ist«. Oder nehmen wir einen Bericht des National Institute of Mental Health: Unter 7948 Studenten an 48 Hochschulen wollte die Spitzengruppe (78 Prozent) »in ihrem Leben einen Sinn finden«.

So läßt sich denn auch verstehen, daß Joseph Katz von der State University of New York prophezeit, die nächste Welle von Personal, das in die Industrie eintreten wird, werde nur an Berufen interessiert sein, die nicht nur Geld abwerfen, sondern auch Sinn geben.

Selbstverständlich wünscht sich jemand, der krank ist, zunächst einmal, gesund zu werden, und jemand, der arm ist, zunächst einmal, zu Geld zu kommen (»wenn ich doch nur reich wär'«, singt der Milchmann in »Anatevka«). Aber ebenso gewiß tun es beide ja nur, um dann ein Leben *in ihrem Sinne* führen – den Sinn ihres Lebens erfüllen zu können!

Bekanntlich hat Maslow zwischen niederen und höheren Bedürfnissen unterschieden und gemeint, die Befriedigung der niederen Bedürfnisse sei die Bedingung, unter der allein die höheren Bedürfnisse befriedigt werden können. Zu den höheren Bedürfnissen rechnet er auch den Willen zum Sinn und geht sogar so weit, daß er ihn als die »primäre Motivation des Menschen« bezeichnet. Das liefe allerdings darauf hinaus, daß der Mensch den Anspruch auf einen Sinn des Lebens erst dann anmeldet, wenn es ihm gutgeht (»erst kommt das Fressen, dann kommt die Moral«). Dem steht aber entgegen, daß wir – und nicht zuletzt wir Psychiater – immer wieder zu beobachten Gelegenheit haben, wie das Bedürfnis und die Frage nach einem Lebenssinn gerade dann aufflammen, wenn es einem am dreckigsten geht. Das können die Sterbenden unter unseren Patienten ebenso bezeugen wie die Überlebenden der Konzentrations- und Kriegsgefangenenlager!

Auf der anderen Seite beschwört selbstverständlich nicht nur die Frustration der niederen Bedürfnisse die Sinnfrage herauf, sondern auch die *Befriedigung* der niederen Bedürfnisse, etwa im Rahmen der »affluent society« (siehe Seite 159). Wir gehen wohl nicht fehl, wenn wir in diesem scheinbaren Widerspruch eine Bestätigung unserer Hypothese erblicken, der zufolge der Wille zum Sinn eine Motivation sui generis repräsentiert, die sich weder auf andere Bedürfnisse zurückführen noch von ihnen herleiten läßt (wie dies ja bereits von Crumbaugh und Maholick beziehungsweise Kratochvil und Planova auch empirisch bewiesen werden konnte).

Wir begegnen da einem Phänomen am Menschen, das ich für fundamental anthropologisch halte: die Selbst-Transzendenz menschlicher Existenz! Was ich damit umschreiben will, ist die Tatsache, daß Menschsein allemal über sich selbst hinausweist auf etwas, das nicht wieder es selbst ist – auf etwas oder auf jemanden: auf einen Sinn, den zu erfüllen es gilt, oder auf anderes menschliches Sein, dem wir da liebend begegnen. Im Dienst an einer Sache oder in der Liebe zu einer Person erfüllt der Mensch sich selbst. Je mehr er aufgeht in seiner Aufgabe, je mehr er hingegeben ist an seinen Partner, um so mehr ist er Mensch, um so mehr wird er selbst. Sich selbst verwirklichen kann er also eigentlich nur in dem Maße, in dem er sich selbst vergißt, in dem er sich selbst übersieht. Ist es nicht wie beim Auge, dessen Sehtüchtigkeit davon abhängt, daß es nicht sich selbst sieht? Wann sieht denn das Auge etwas von sich selbst? Doch nur, wenn es erkrankt ist: Wenn ich an einem grauen Star leide, dann sehe ich eine Wolke – und damit nehme ich meine Linsentrübung wahr. Und wenn ich an einem grünen Star leide, dann sehe ich einen Hof von Regenbogenfarben rings um die Lichtquellen – das ist mein grüner Star. Im gleichen Maße ist aber auch die Fähigkeit meines Auges, die Umwelt wahrzunehmen, geschmälert und beeinträchtigt.

Hier soll jedoch von einem der (insgesamt 90) Teilergebnisse die Rede sein, die wir der empirischen Forschung von Frau Lukas verdanken: Es zeigte sich nämlich, daß unter den Besuchern des berühmten Wiener Praters, also eines Vergnügungsparks, der objektivierte Pegel existentieller Frustration signifikant höher war als in der Wiener Durchschnittsbevölkerung (wo er sich in ziemlich gleicher Höhe hält im Vergleich zu den von amerikanischen und japanischen Autoren gemessenen und veröffentlichten Werten). Mit anderen Worten, der Mensch, der so besonders auf Genuß und Vergnügen aus ist, erweist sich letzten Endes als einer, der hinsichtlich seines Willens zum Sinn, also – um wieder mit Maslow zu sprechen – in seinem »primären« Anliegen, frustriert geblieben war.

Mich erinnert dies immer wieder an einen amerikanischen Witz, dem zufolge ein Mann auf der Straße seinen Hausarzt trifft, der sich dann nach seines Patienten Befinden erkundigt. Es zeigt sich aber alsbald, daß dieser Patient in letzter Zeit ein wenig schwerhörig geworden ist. »Wahrscheinlich trinken Sie zuviel«, ermahnt ihn sein Hausarzt. Ein paar Monate später begegnen sie einander wieder auf der Straße, und abermals erkundigt sich der Arzt nach dem Befinden seines Patienten und hebt zu diesem Zweck seine Stimme. »Oh«, meint der nun, »Sie brauchen nicht so laut zu sprechen: ich höre wieder ausgezeichnet.« »Wahrscheinlich haben Sie auch aufgehört zu trinken«, meint der Arzt, »so ist's recht – nur so weiter.« Wieder ein paar Monate später: »Wie geht's Ihnen?« »Wie bitte?« »Wie es Ihnen geht, frage ich.« Endlich versteht der Patient. »Nun, Sie sehen, ich höre wieder schlechter.« »Wahrscheinlich haben Sie wieder zu trinken begonnen.« Woraufhin der Patient dem Arzt alles erklärt: »Schauen Sie: Zuerst hab' ich getrunken und schlecht gehört; dann hab' ich aufgehört zu trinken und wieder besser gehört; aber was ich gehört hab', war nicht so gut wie Whisky.« Wir können also sagen: In Ermangelung eines Lebenssinnes, dessen Erfüllung den Mann glücklich gemacht hätte, versuchte er, ein solches Glücksgefühl *unter Umgehung* jeder Sinnerfüllung herbeizuführen, und zwar auf dem Umweg über die Chemie. Tatsächlich läßt sich das Glücksgefühl, das normalerweise menschlichem Streben gar nicht als Ziel vorschwebt, vielmehr lediglich eine Begleiterscheinung des Sein-Ziel-erreicht-Habens vorstellt – diese Begleiterscheinung, dieser »Effekt«, läßt sich auch »haschen«, und die Einnahme von Äthylalkohol macht es möglich. B. A. Maki, der Direktor des Naval Alcohol Rehabilitation Center, stellt etwa fest: »In treating the alcoholic, we very often find that life has seemed to have lost meaning for the individual.« Eine Schülerin von mir an der United States International University in San Diego konnte im Zuge ihrer Forschungen, deren Ergebnisse sie dann in Dissertationsform zusammenfaßte, den Nachweis dafür erbringen, daß in 90 Prozent der von ihr untersuchten chronischen Fälle von schwerem Alkoholismus ein ausgesprochenes Sinnlosigkeitsgefühl vorlag: Nur um so verständlicher ist es, daß Crumbaugh mit einer auf die existentielle Frustration eingehenden Gruppen-Logotherapie in Fällen von Alkoholismus größeren Erfolg vorweisen konnte als im Rahmen von Kontrollgruppen, die mit konventionellen Therapiemethoden behandelt worden waren.

Analoges gilt von der Drogenabhängigkeit. Wenn wir Stanley

Krippner glauben dürfen, dann liegt das Sinnlosigkeitsgefühl in 100% der Fälle der Drogenabhängigkeit zugrunde. In 100% der Fälle wurde nämlich die Frage, ob ihnen denn nicht alles sinnlos vorkomme, bejahend beantwortet. Eine meiner Dissertantinnen, Betty Lou Padelford, wies ebenso wie Shean und Fechtman nach, daß die existentielle Frustration bei Drogenabhängigen in einem mehr als doppelt so hohen Grade getestet werden konnte wie bei einer Vergleichsgruppe. Wieder ist es verständlich, wenn Fraiser, der in Kalifornien ein Rehabilitationszentrum für Drogenabhängige leitet und dort die Logotherapie eingeführt hat, nicht die durchschnittliche Erfolgsrate von 11 Prozent, sondern eine von 40 Prozent verzeichnen konnte.

Schließlich wären in diesem Zusammenhang Black und Gregson aus Neuseeland zu zitieren, denen zufolge Kriminelle in wesentlich stärkerem Maße existentiell frustriert waren als die Durchschnittsbevölkerung. Dazu paßt, daß Barber bei jungendlichen Kriminellen, die in sein kalifornisches Rehabilitationszentrum eingeliefert und dort logotherapeutisch behandelt worden waren, die durchschnittliche Rückfallsrate von 40 Prozent auf 17 Prozent senken konnte.

Wir dürfen aber auch noch einen Schritt weitergehen und unsere Überlegungen und Erwägungen auf den planetarischen Maßstab erweitern, und das hieße, uns fragen, ob nicht auch auf dem Gebiet der Friedensforschung eine Umorientierung not tut. Tatsächlich klebt sie seit Jahr und Tag an der Problematik aggressiver Potentiale und der Einstieg in die humane Dimension wird noch gar nicht gewagt. Innerhalb der Dimension der eigentlich menschlichen Phänomene jedoch – in der allein wir so etwas wie dem Willen zum Sinn zu begegnen vermöchten – könnte sich sehr wohl herausstellen, daß es letzten Endes wieder die Frustrierung ebendieses Sinnwillens, die existentielle Frustration und das immer mehr um sich greifende Sinnlosigkeitsgefühl sind, was – wohlgemerkt: nicht beim Tier, sondern beim Menschen, auf menschlicher Ebene! – die Aggressivität fördert, wo nicht überhaupt erst etabliert.

In der Dimension der menschlichen Phänomene gibt es einfach nicht eine Aggression, die in einer bestimmten Menge da ist, auf ein Ventil drängt und mich, »ihr hilfloses Opfer«, dazu treibt, nach irgendwelchen Objekten Ausschau zu halten, an denen ich sie endlich einmal auslassen, »abreagieren« könnte. Mag die Aggression auch noch so sehr biologisch präformiert und psychologisch substruiert sein: auf menschlicher Ebene lasse ich sie eingehen, lasse ich sie (im Sinne von Hegel) »aufgehen« in etwas ganz anderem: auf menschlicher Ebene *hasse* ich! Und der Haß ist, eben im Gegensatz zur Aggression, intentional gerichtet auf etwas, das ich hasse.

Haß und Liebe sind menschliche Phänomene, weil sie intentional sind, weil der Mensch jeweils Grund hat, etwas zu hassen und jemanden zu lieben. Es handelt sich jeweils um einen Grund, auf den hin er es tut, und nicht um eine (psychologische oder biologische) Ursache, die »hinter seinem Rücken« und »über seinen Kopf hinweg« Aggressivität und Sexualität zur Folge hat (mit einer biologischen Ursache haben wir es etwa im Falle der Experimente von W. R. Hess zu tun, in deren Rahmen er von Elektroden aus, die in subkortikale Zentren des Katzengehirns versenkt worden waren, Wutanfälle auslösen konnte).

Wie wenig würden wir doch den Widerstandskämpfern gegen den Nationalsozialismus gerecht, wenn wir sie für die Opfer »aggressiver Potentiale« hielten, die sich mehr oder minder zufällig gegen Adolf Hitler gerichtet hatten. Im Grund meinten sie mit ihrem Kampf gar nicht ihn, sondern eben den Nationalsozialismus, ein System. Sie wandten sich nicht gegen eine Person, sondern gegen eine Sache. Und im Grunde sind wir erst dann, wenn wir in diesem Sinne »sachlich« sein können, auch wirklich menschlich. Gar erst dort, wo wir aus solcher Sachlichkeit heraus imstande sind, für eine Sache nicht nur zu leben, sondern auch zu sterben.

Solange die Friedensforschung nur das subhumane Phänomen »Aggression« interpretiert und nicht das humane Phänomen »Haß« analysiert, ebenso lange ist sie zur Sterilität verurteilt. Der Mensch wird nicht zu hassen aufhören, wenn man ihm einredet, daß er von Mechanismen und Impulsen beherrscht wird. Dieser Fatalismus weiß nicht darum, daß, wann immer ich aggressiv bin, nicht die Mechanismen und Impulse zählen, die es in mir geben mag, sondern daß ich es bin, der da haßt, und daß es dafür keine Entschuldigung gibt, sondern nur Verantwortung.

Dazu kommt, daß das Gerede von den »aggressiven Potentialen« nahelegt, sie kanalisieren und sublimieren zu wollen. Wie Verhaltensforscher jedoch nachweisen konnten, wird Aggressivität, die – etwa auf dem Fernsehschirm – auf harmlose Objekte abgelenkt und an ihnen abreagiert werden soll, in Wirklichkeit überhaupt erst provoziert und, wie ein Reflex, solcherart nur noch mehr gebahnt.

Des weiteren berichtete die Soziologin Carolyn Wood Sherif, daß die volkstümliche Vorstellung, der sportliche Wettkampf sei ein Ersatzkrieg ohne Blutvergießen, falsch ist: Drei Gruppen Jugendlicher in einem abgeschlossenen Camp hätten gerade durch sportliche Wettkämpfe Aggressionen gegeneinander aufgebaut, statt sie abzubauen. Die Pointe kommt aber erst: Ein einziges Mal waren unter den Lagerinsassen die gegenseitigen Aggressionen wie hinweggefegt, und das war der Fall, als die jungen Leute einen im lehmigen Boden steckengebliebenen Karren, mit dem die Lebensmittel in das Lager transportiert werden sollten, mobilisieren mußten; die wenn auch anstrengende, so doch sinnvolle »Hingabe an eine Aufgabe« hatte sie ihre Aggressionen buchstäblich »vergessen« lassen.

Hier sehe ich viel eher noch einen fruchtbaren Ansatz zur Friedensforschung als in dem endlosen Wiederkäuen des Geredes von aggressiven Potentialen, mit welchem Konzept man die Menschen glauben macht, Gewalt und Krieg seien Schicksal[7]. In der Tat: aggressive Impulse scheinen nicht zuletzt dort zu wuchern, wo ein existentielles Vakuum vorliegt.

Was von der Kriminalität gilt, läßt sich auch auf die Sexualität anwenden: *Nur in ein existentielles Vakuum hinein wuchert die sexuelle Libido.* Diese Hypertrophie ins Vakuum hinein erhöht nun die Bereitschaft zu sexualneurotischen Reaktionen. Denn was vom Glück und dessen »Effekt«-Charakter gesagt wurde, gilt nicht weniger von der sexuellen Lust: *Je mehr es einem um die Lust geht, um so mehr vergeht sie einem auch schon.* Und auf Grund jahrzehntelanger klinischer Erfahrung wage ich zu behaupten, daß Störungen von Potenz und Orgasmus in der Majorität der Fälle auf ebendieses Reaktionsmuster zurückzuführen sind, also darauf, daß die Sexualität genau in dem Maße gestört ist, in dem sich Absicht und Aufmerksamkeit ihrer bemächtigen. Je mehr die Aufmerksamkeit vom Partner abgewendet und dem Sexualakt selbst zugewendet wird, um so mehr ist der Sexualakt auch schon gehandikapt. Dies beobachten wir etwa in all

---

7 Ich bin andernorts (Existentielle Frustration als ätiologischer Faktor in Fällen von aggressivem Verhalten, in: Festschrift für Richard Lange zum 70. Geburtstag, Walter de Gruyter, Berlin 1976) auf diese Thematik eingegangen und begnüge mich hier damit, sie anzudeuten und Robert Jay Lifton – einem internationalen Experten auf diesem Gebiet – das Wort zu überlassen, der in seinem Buch »History and Human Survival« folgendes schreibt: »Menschen sind am ehesten daran, zu töten, wenn sie sich in einer Sinnleere befinden.«

jenen Fällen, in denen es unseren männlichen Patienten in erster Linie darum zu tun ist, ihre Potenz zu demonstrieren, oder in denen unsere weiblichen Patienten in erster Linie ein Interesse daran haben, sich selbst zu beweisen, daß sie auch wirklich eines vollen Orgasmus fähig und nicht am Ende frigid sind. Wir sehen, wieder wird nach etwas »gehascht«, das normalerweise »Effekt« ist – und eben auch bleiben muß, wofern es nicht auch schon zerstört werden soll.

Diese Gefahr droht nun um so mehr, als die Sexualität ja auch im großen Maßstab ins existentielle Vakuum hinein wuchert. Sind wir doch heute mit einer sexuellen Inflation konfrontiert, die – wie jede Inflation, auch die auf dem Geldmarkt – mit einer Entwertung Hand in Hand geht. Und zwar wird die Sexualität insofern entwertet, als sie entmenschlicht wird. Denn *menschliche Sexualität ist mehr als bloße Sexualität,* und mehr als bloße Sexualität ist sie in dem Grade, in dem sie – auf menschlicher Ebene – Vehikel transsexualer, personaler Beziehungen ist (die sich natürlich nicht wieder in das Prokrustes-Bett von Klischees wie »zielgehemmte Strebungen« oder »bloße Sublimierungen« hineinzwängen lassen, nur weil man lieber die Realität verleugnet, sobald sie einmal den Rahmen populärer Vereinfachungen sprengt)[8].

Es wäre sogar im ureigensten Interesse derjenigen gelegen, denen es letzten Endes um nichts anderes zu tun ist als den sexuellen Genuß und das sexuelle Vergnügen, wenn sie dafür sorgten, daß ihre sexuellen Kontakte eingebettet blieben in eine über das bloß Sexuelle hinausgehende Beziehung zum Partner, also wenn sie auf die menschliche Ebene angehoben würden. Auf menschlicher Ebene aber kommt der Sexualität eine Ausdrucksfunktion zu: auf menschlicher Ebene ist sie Ausdruck einer Liebesbeziehung, »Inkarnation« – Fleischwerdung – von so etwas wie Liebe oder auch nur Verliebtsein. Daß die Sexualität erst dann auch wirklich beglückend sein kann, hat sich zuletzt an den Ergebnissen einer Umfrage gezeigt, die von der amerikanischen Zeitschrift »Psychology Today« veranstaltet worden war:

---

8 Eibl-Eibesfeldt hat nachzuweisen vermocht, daß nicht nur auf der humanen, sondern bereits auf einer subhumanen Ebene diese Umfunktionierung stattfindet: Auch tierische Sexualität kann mehr sein als bloße Sexualität. Zwar steht sie nicht wie die menschliche im Dienste personaler Beziehungen, sehr wohl aber dient beispielsweise die Bindungskopulation des Mantelpavians einem sozialen Zweck, wie denn überhaupt »bei Wirbeltieren sexuelle Verhaltensweisen verschiedentlich in den Dienst der Gruppenbindung gestellt« werden.

20 000 Antworten auf die Frage, was Potenz und Orgasmus am intensivsten stimulierte, ergaben als verläßlichstes Stimulans »romanticism«, also Verliebtsein in den Partner, wo nicht mehr: Liebe zu ihm.

Aber nicht nur in Richtung auf die Person des Partners wäre, vom Standpunkt einer Prophylaxe der Sexualneurosen aus betrachtet, die möglichste »Personierung« der Sexualität wünschenswert, sie ist es auch in Richtung auf die eigene Person. Die normale sexuelle Entwicklung und Reifung des Menschen läuft auf eine zunehmende *Integrierung* der Sexualität ins Gesamtgefüge der eigenen Person hinaus. Daraus erhellt, daß umgekehrt jede *Isolierung* der Sexualität allen Integrierungstendenzen zuwiderläuft und damit auch neurotisierenden Tendenzen Vorschub leistet. Die Desintegrierung der Sexualität – das Sie-Herausbrechen aus dem personalen und interpersonalen transsexualen Zusammenhang – bedeutet, mit einem Wort, eine Regression.

Aber hinter solchen regressiven Tendenzen wittert die *sexuelle Vergnügungsindustrie* ihre einmalige Chance, ein einzigartiges Geschäft. Und der *Tanz um das Goldene Schwein* setzt nun ein. Wieder vom Standort einer Prophylaxe der Sexualneurosen gesehen ist das Bedenkliche daran der *sexuelle Konsumationszwang,* der von der *Aufklärungsindustrie* ausgeht. Wir Psychiater erfahren es immer wieder von unseren Patienten, wie sehr sie sich unter dem Druck einer von dieser Aufklärungsindustrie manipulierten öffentlichen Meinung nachgerade verpflichtet fühlen, sich fürs Sexuelle um seiner selbst willen, also im Sinne einer depersonalisierten und dehumanisierten Sexualität, zu interessieren. Aber wir Psychiater wissen auch darum, wie sehr all dies gerade dazu angetan ist, Potenz und Orgasmus zu schwächen. Und wer dann sein Heil in den Raffinements einer *»Liebes«-Technik* sieht, den bringt sie nur noch um den Rest jener Spontaneität, jener Unmittelbarkeit, jener Selbstverständlichkeit, jener Unbefangenheit, die eine Bedingung und Voraussetzung normalen sexuellen Funktionierens ist und deren gerade der Sexualneurotiker so sehr bedürfte. Mit alledem wird keineswegs der Aufrechterhaltung irgendwelcher Tabus das Wort geredet oder gegen die Freiheit im Sexualleben Stellung genommen. Aber die Freiheit, die jene meinen, die sie so oft im Munde führen, ist letzten Endes die Freiheit, Geschäfte zu machen mit Hilfe sogenannter Aufklärung. Gegen Heuchelei im Sexualleben sind wir alle; aber wir müssen auch gegen jene Heuchelei auftreten, die Freiheit sagt und Geld meint.

Zurück zum existentiellen Vakuum, zum Sinnlosigkeitsgefühl: Freud hat einmal in einem Brief geschrieben, »im Moment, da man nach Sinn und Wert des Lebens fragt, ist man krank, denn beides gibt es ja in objektiver Weise nicht; man hat nur eingestanden, daß man einen Vorrat von unbefriedigter Libido hat«. Ich halte es nicht nur für ein spezifisches Humanum, die Frage nach dem Sinn des Lebens zu stellen, sondern zum Menschsein gehört auch noch dazu, einen solchen Sinn in Frage zu stellen. Im besonderen ist es ein Vorrecht des jungen Menschen, seine Mündigkeit an den Tag zu legen, indem er zunächst einmal den Sinn des Lebens in Frage stellt, und von diesem Vorrecht macht er auch reichlich Gebrauch (siehe Fußnote auf Seite 142).

Einstein hat einmal gemeint, wer sein eigenes Leben als sinnlos empfinde, der sei nicht nur unglücklich, sondern auch kaum lebensfähig. Tatsächlich kommt dem Willen zum Sinn etwas zu, das die amerikanische Psychologie als »survival value« bezeichnet. Es war nicht zuletzt die Lektion, die ich aus Auschwitz und Dachau mit nach Hause nehmen konnte: daß diejenigen noch am ehesten fähig waren, sogar noch solche Grenzsituationen zu überleben – diejenigen, sage ich, die ausgerichtet waren auf die Zukunft, auf eine Aufgabe, die auf sie wartete, auf einen Sinn, den sie erfüllen wollten. Und amerikanische Psychiater haben dies später in japanischen, nordkoreanischen und nordvietnamesischen Kriegsgefangenenlagern bestätigen können. Sollte nun, was von einzelnen gilt, nicht ebenso auch von der Menschheit im ganzen gelten? Und sollten wir uns nicht, im Rahmen sogenannter Friedensforschung, die Frage angelegen sein lassen, ob nicht auch für das Überleben der Menschheit die einzige Chance letzten Endes in einer allen gemeinsamen Aufgabe liegt, in einem gemeinsamen Willen zu einem gemeinsamen Sinn?

Wie sagten wir eingangs? Jede Zeit hat »ihre« Neurose – und jede Zeit braucht »ihre« Psychotherapie. Jetzt wissen wir mehr: Nur eine *rehumanisierte Psychotherapie* kann die Zeichen der Zeit verstehen – und den Nöten der Zeit sich stellen. Mit den depersonalisierenden und dehumanisierenden Trends, die allenthalben überhandnehmen, wird es nur die rehumanisierte Psychotherapie aufnehmen können.

Können wir nun dem existentiell frustrierten Menschen von heute einen Sinn geben? Wir müssen schon froh sein, wenn er dem Menschen von heute nicht *genommen* wird, nämlich von seiten einer reduktionistischen Indoktrination. Sollte Sinn machbar sein?

Lassen sich die verlorenen Traditionen oder gar die verlorenen Instinkte wiederbeleben? Oder gilt, was Novalis einmal gemeint hat, daß es nämlich zur Naivität kein Zurück gibt, daß die Leiter, auf der wir emporgestiegen sind, umgefallen ist?

Sinn geben würde auf Moralisieren hinauslaufen. Und die Moral im alten Sinn wird bald ausgespielt haben. Über kurz oder lang werden wir nämlich nicht mehr moralisieren, sondern die Moral ontologisieren – gut und böse werden nicht definiert werden im Sinne von etwas, das wir tun sollen beziehungsweise nicht tun dürfen, sondern gut wird uns dünken, was die Erfüllung des einem Seienden aufgetragenen und abverlangten Sinnes fördert, und für böse werden wir halten, was solche Sinnerfüllung hemmt.

*Sinn kann nicht gegeben, sondern muß gefunden werden.* Und zwar läuft der Prozeß dieser Sinnfindung auf eine Gestaltwahrnehmung hinaus. Die Begründer der Gestaltpsychologie, Lewin und Wertheimer, sprachen bereits von einem Aufforderungscharakter, wie er jeder einzelnen Situation zukommt, mit der uns die Wirklichkeit konfrontiert. Wertheimer ging sogar so weit, daß er der in jeder einzelnen Situation involvierten Forderung (»requiredness«) eine ausgesprochene Objektivität (»objective quality«) zubilligte. Übrigens sagt auch Adorno ausdrücklich: »Der Begriff des Sinns involviert Objektivität jenseits allen Machens.«

Was die Sinnfindung gegenüber der Gestaltwahrnehmung auszeichnet, ist meines Erachtens folgendes: Es wird nicht einfach eine Figur wahrgenommen, die uns vor einem »Hintergrund« in die Augen springt, sondern bei der *Sinn-Wahrnehmung* handelt es sich um die Entdeckung einer Möglichkeit vor dem Hintergrund der Wirklichkeit. Und diese Möglichkeit ist jeweils einmalig. Sie ist vergänglich. Aber auch nur sie ist vergänglich. Ist eine Sinnmöglichkeit einmal verwirklicht, ist der Sinn einmal erfüllt, so ist er es nämlich ein für allemal.

*Sinn muß gefunden, kann aber nicht erzeugt werden.* Was sich erzeugen läßt, ist entweder subjektiver Sinn, ein bloßes Sinngefühl, oder – Unsinn. Und so ist es denn auch verständlich, daß der Mensch, der nicht mehr imstande ist, in seinem Leben Sinn zu finden, ebensowenig aber auch, ihn zu erfinden, auf der Flucht vor dem Sinnlosigkeitsgefühl entweder Unsinn oder subjektiven Sinn erzeugt: Während sich ersteres auf der Bühne – Absurdes Theater! – ereignet, geschieht letzteres im Rausch, im besonderen in dem durch LSD induzierten.

In diesem Rausch geschieht es aber auch auf die Gefahr hin, daß am wahren Sinn, an den echten Aufgaben draußen in der Welt (im Gegensatz zu den bloß subjektiven Sinnerlebnissen in einem selbst) vorbeigelebt wird. Mich erinnert das immer an die Versuchstiere, denen kalifornische Forscher Elektroden in den Hypothalamus verpflanzt haben. Wann immer der Strom geschlossen wurde, erlebten die Tiere Befriedigung, sei es des Geschlechtstriebes, sei es des Nahrungstriebes; schließlich lernten sie es, den Strom selber zu schließen, und ignorierten dann die realen Geschlechtspartner und das reale Futter, das ihnen angeboten wurde.

*Sinn muß aber nicht nur, sondern kann auch gefunden werden,* und auf der Suche nach ihm leitet den Menschen das Gewissen. Mit einem Wort, das Gewissen ist ein Sinn-Organ. Es ließe sich definieren als die Fähigkeit, den einmaligen und einzigartigen Sinn, der in jeder Situation verborgen ist, aufzuspüren.

Das Gewissen gehört zu den spezifisch menschlichen Phänomenen; aber es ist nicht nur menschlich, sondern auch allzu menschlich, so zwar, daß es an der condition humaine teilhat und deren Signatur, der Endlichkeit, unterworfen ist. Das Gewissen kann den Menschen ja auch irreführen. Mehr noch: Bis zum letzten Augenblick, bis zum letzten Atemzug weiß der Mensch nicht, ob er wirklich den Sinn seines Lebens erfüllt hat oder nicht vielmehr nur geglaubt hat, ihn zu erfüllen: ignoramus et ignorabimus. Seit Peter Wust gehören »Ungewißheit und Wagnis« zusammen. Mag das Gewissen auch noch so sehr den Menschen im Ungewissen lassen über die Frage, ob er den Sinn seines Lebens erfaßt und ergriffen hat – solche »Ungewißheit« enthebt ihn nicht des »Wagnisses«, seinem Gewissen zu gehorchen oder zunächst einmal auf dessen Stimme zu horchen.

Aber nicht nur dieses »Wagnis« gehört zu jener »Ungewißheit«, sondern auch die Demut. Daß wir nicht einmal auf unserem Sterbebett wissen werden, ob das Sinn-Organ, unser Gewissen, nicht am Ende einer Sinn-Täuschung unterlegen ist, bedeutet aber auch schon, daß der eine nicht weiß, ob nicht das Gewissen des andern recht gehabt haben mag. Es kann nur eine Wahrheit geben; aber niemand kann wissen, ob es er ist und nicht jemand anderer, der sie besitzt. Demut bedeutet also Toleranz; aber Toleranz bedeutet nicht Indifferenz; denn den Glauben des Andersgläubigen respektieren heißt noch lange nicht, sich mit dem anderen Glauben identifizieren.

Wir leben im Zeitalter eines um sich greifenden Sinnlosigkeitsgefühls. In diesem unserem Zeitalter muß es sich die Erziehung angelegen sein lassen, nicht nur Wissen zu vermitteln, sondern auch das Gewissen zu verfeinern, so daß der Mensch hellhörig genug ist, um die jeder einzelnen Situation innewohnende Forderung herauszuhören. In einem Zeitalter, in dem die Zehn Gebote für so viele ihre Geltung zu verlieren scheinen, muß der Mensch instand gesetzt werden, die 10 000 Gebote zu vernehmen, die in den 10 000 Situationen verschlüsselt sind, mit denen ihn sein Leben konfrontiert. Dann wird ihm nicht nur eben dieses sein Leben wieder sinnvoll (und sinnvoll heißt voller Aufgaben) erscheinen, sondern er selbst wird dann auch immunisiert sein gegenüber Konformismus und Totalitarismus – diesen beiden Folgeerscheinungen des existentiellen Vakuums; denn ein waches Gewissen allein macht ihn »widerstands«-fähig, so daß er sich eben *nicht* dem Konformismus fügt und dem Totalitarismus beugt.

So oder so: mehr denn je ist Erziehung – Erziehung zur Verantwortung. Und verantwortlich sein heißt selektiv sein, wählerisch sein. Wir leben in einer affluent society, werden »reizüberflutet« von den mass media, und wir leben im Zeitalter der Pille. Wollen wir nicht in der Flut all dieser Reize, in einer totalen Promiskuität untergehen, dann müssen wir unterscheiden lernen, was wesentlich ist und was nicht, was Sinn hat und was nicht, was sich verantworten läßt und was nicht.

Sinn ist also jeweils der konkrete Sinn einer konkreten Situation. Er ist jeweils »die Forderung der Stunde«. Sie aber ist jeweils an eine konkrete Person adressiert. Und genauso wie jede einzelne Situation etwas Einmaliges ist – genauso ist jede einzelne Person etwas Einzigartiges.

Jeder Tag, jede Stunde wartet also mit einem neuen Sinn auf, und auf jeden Menschen wartet ein anderer Sinn. So gibt es einen Sinn für einen jeden, und für einen jeden gibt es einen besonderen Sinn.

Aus alledem ergibt sich, daß der Sinn, um den es da geht, ebenso von Situation zu Situation wie von Person zu Person wechseln muß. Aber er ist allgegenwärtig. Es gibt keine Situation, in der das Leben aufhören würde, uns eine Sinnmöglichkeit anzubieten, und es gibt keine Person, für die das Leben nicht eine Aufgabe bereithielte. Die Möglichkeit, einen Sinn zu erfüllen, ist jeweils einmalig, und die Persönlichkeit, die sie verwirklichen kann, ist jeweils einzigartig. In der logotherapeutischen Literatur finden sich Publikationen von Brown, Casciani, Crumbaugh, Dansart, Durlak, Kratochvil, Lukas, Lunceford, Mason, Meier, Murphy, Planova, Popielski, Richmond, Roberts, Ruch, Sallee, Smith, Yarnell und Young, aus denen hervorgeht, daß die Möglichkeit, im Leben einen Sinn zu finden, unabhängig ist von der Geschlechtszugehörigkeit, vom Intelligenzquotienten, vom Bildungsniveau, davon, ob wir religiös sind oder nicht[9], und, wenn wir religiös sind, davon, ob wir uns zu diesem oder jenem Glauben bekennen. Von den genannten Autoren wurde auch nachgewiesen, daß die Sinnfindung unabhängig ist von Charakter und Umwelt.

Kein Psychiater, kein Psychotherapeut – auch kein Logotherapeut – kann einem Kranken sagen, was der Sinn ist, sehr wohl aber, daß das Leben einen Sinn hat, ja – mehr als dies: daß es diesen Sinn auch behält, unter allen Bedingungen und Umständen, und zwar dank der Möglichkeit, noch im Leiden einen Sinn zu finden. Eine phänomenologische Analyse des unmittelbaren, unverfälschten Erlebens, wie wir es vom schlichten und einfachen »Mann auf der Straße« erfahren können und nur noch in die wissenschaftliche Terminologie zu übersetzen brauchen, würde nämlich enthüllen, daß der Mensch nicht nur – kraft seines Willens zum Sinn – nach einem Sinn sucht, sondern daß er ihn auch findet, und zwar auf drei Wegen. Zunächst einmal sieht er einen Sinn darin, etwas zu tun oder zu schaffen. Darüber hinaus sieht er einen Sinn darin, etwas zu erleben, jemanden zu lieben; aber auch noch in einer hoffnungslosen Situation, der er hilflos gegenübersteht, sieht er unter Umständen einen Sinn. Worauf es ankommt, ist die Haltung und Einstellung, mit der er einem unvermeidlichen und unabänderlichen Schicksal begegnet. Erst die Haltung und Einstellung gestatten ihm, Zeugnis abzulegen von etwas, wessen der Mensch allein fähig ist: das Leiden auf der menschlichen Ebene in eine Leistung umzusetzen und umzugestalten. Ein Medizinstudent aus den Vereinigten Staaten schreibt mir: »Einer meiner besten Freunde starb unlängst, weil er einen Sinn nicht hatte finden können. Heute weiß ich, daß ich ihm sehr wohl hätte helfen können, dank der Logotherapie, wenn er noch am Leben wäre. Aber er ist es nun einmal nicht mehr. Sein Tod jedoch wird mir immer dazu dienen, all jenen beizustehen, die Not leiden. Ich glaube, einen tieferen Beweggrund kann es nicht

9 Was uns eigentlich nicht zu wundern braucht, da wir ja der Ansicht sind, daß auch jemand, der bewußt nicht religiös ist, unbewußt sehr wohl religiös sein mag, und sei es auch nur in jenem weitesten Sinne von religiös sein, den etwa Albert Einstein im Auge hat.

geben. Trotz meiner Trauer um den Tod meines Freundes, trotz meiner Mitschuld an diesem seinem Tode ist sein Dasein – und sein Nicht-mehr-Sein – ungemein sinnvoll. Wenn ich jemals die Stärke aufbringe, als Arzt zu arbeiten und meiner Verantwortung gewachsen zu sein, dann wird er nicht umsonst gestorben sein. Mehr als alles andere in der Welt will ich eines tun: verhüten, daß eine solche Tragödie nochmals geschieht – einem anderen geschehe.«

Es gibt keine Lebenssituation, die wirklich sinnlos wäre. Dies ist darauf zurückzuführen, daß die scheinbar negativen Seiten der menschlichen Existenz, insbesondere jene tragische Trias, zu der sich Leid, Schuld und Tod zusammenfügen, auch in etwas Positives, in eine Leistung gestaltet werden können, wenn ihnen nur mit der rechten Haltung und Einstellung begegnet wird.

Und doch kommt es zu einem existentiellen Vakuum. Und dies mitten in einer »affluent society«, die kein einziges unter den von Maslow so benannten Grundbedürfnissen unbefriedigt gelassen hätte. Das rührt daher, daß sie eben nur Bedürfnisse befriedigt, aber nicht den Willen zum Sinn erfüllt. »Ich bin 22 Jahre alt«, schrieb mir einmal ein amerikanischer Student. »Ich besitze einen akademischen Grad, besitze einen luxuriösen Wagen, bin überhaupt finanziell unabhängig, und es steht mir mehr Sex und mehr Prestige zur Verfügung, als ich verkraften kann. Was ich mich frage, ist nur, was das alles für einen Sinn haben soll.«

Die Überflußgesellschaft bringt einen Überfluß an Freizeit mit sich, die zwar Gelegenheit zu sinnvoller Lebensgestaltung böte, in Wirklichkeit aber das existentielle Vakuum nur noch mehr zutage treten läßt, wie wir Psychiater es in Fällen von sogenannter »Sonntagsneurose« beobachten können. Und die nimmt anscheinend zu. Hat doch das Institut für Demoskopie in Allensbach feststellen müssen, daß es 1952 26 Prozent waren, denen an Sonntagen die Zeit zu lange wird, während es heute 37 Prozent sind. Und so ist denn auch verständlich, wenn Jerry Mandel sagt: »Die Technik hat uns erspart, all unsere Fähigkeiten für den Kampf ums Dasein einzusetzen. So haben wir einen Wohlfahrtsstaat entwickelt, der garantiert, daß man ohne persönliche Anstrengung am Leben bleiben kann. Wenn es einmal so weit ist, daß dank der Technik 15 Prozent der amerikanischen Arbeiter tatsächlich für die Bedürfnisse der ganzen Nation aufkommen können, dann stellen sich uns zwei Probleme: Wer soll zu den 15 Prozent gehören, die da arbeiten, und was sollen die anderen mit ihrer freien Zeit anfangen – und mit dem Verlust ihres Lebenssinns? Mag sein, daß die Logotherapie dem Amerika des nächsten Jahrhunderts mehr zu sagen haben wird, als sie dem Amerika dieses Jahrhunderts bereits gegeben hat.«

Leider ist die Problematik hier und heute eine andere: Nicht selten ist es die Arbeitslosigkeit, die zu einem Überfluß an Freizeit führt, und bereits 1933 habe ich das Krankheitsbild einer »Arbeitslosigkeitsneurose« beschrieben. Ohne Arbeit erschien den Leuten das Leben sinnlos – sie selbst kamen sich nutzlos vor. Das Bedrückende war nicht die Arbeitslosigkeit an sich, sondern das Sinnlosigkeitsgefühl. Der Mensch lebt nicht von der Arbeitslosenunterstützung allein.

Im Gegensatz zu den dreißiger Jahren ist aber die Wirtschaftskrise heute auf eine Energiekrise zurückzuführen: Zu unserem Schrecken hatten wir entdecken müssen, daß die Energiequellen nicht unerschöpflich sind. Ich hoffe, daß man es nicht für frivol halten wird, wenn ich nun die Behauptung wage, die Energiekrise und das mit ihr einhergehende verminderte Wirtschaftswachstum sei, was unseren frustrierten Willen zum Sinn anlangt, eine einzige große Chance. Wir haben die Chance, uns selbst zu be-sinn-en. Zur Zeit der Überflußgesellschaft hatten die meisten Leute genug, wovon sie leben konnten. Aber viele Menschen wußten von nichts, wofür sie hätten leben können. Nunmehr mag es sehr wohl zu einer Akzentverschiebung kommen von den Lebens-Mitteln zu einem Lebens-Zweck, zu einem Lebenssinn. Und im Gegensatz zu den Energiequellen ist der Sinn ja unerschöpflich, allgegenwärtig.

Mit welchem Recht können wir aber zu sagen wagen, das Leben höre nie und für niemanden auf, einen Sinn zu behalten? Das rührt daher, daß der Mensch imstande ist, auch eine ausweglose Situation menschlich gesehen noch in eine Leistung zu verwandeln. Darum gibt ja auch das Leiden noch eine Sinnmöglichkeit her. Selbstverständlich ist nur von unaufhebbaren und unabwendbaren Situationen die Rede, die sich nicht ändern lassen, von einem Leiden, das nicht aus der Welt geschafft werden kann. Als Arzt denke ich natürlich zunächst einmal an unheilbare Krankheiten, an inoperable Karzinome.

Im Erfüllen von Sinn verwirklicht der Mensch sich selbst. Erfüllen wir nun den Sinn von Leiden, so verwirklichen wir das Menschlichste im Menschen, wir reifen, wir wachsen, wir wachsen über uns selbst hinaus. Gerade dort, wo wir insofern hilflos und hoffnungslos sind, als wir eine Situation nicht ändern können – gerade dort sind wir aufgerufen und ist uns abverlangt, uns selbst zu ändern. Und niemand hat dies treffender beschrieben, als Yehuda Bacon, der bereits als Kind nach Auschwitz kam und nach seiner Befreiung an Zwangsvorstellungen litt: »Ich sah ein Leichenbegängnis mit einem prächtigen Sarg und Musik – und begann zu lachen: Sind die verrückt – wegen einer einzigen Leiche machen sie soviel her? Wenn ich in ein Konzert oder in ein Theater ging, mußte ich ausrechnen, wie lange es dauern würde, so viele Leute, wie dort versammelt waren, zu vergasen, wieviel Kleidungsstücke, wieviel Goldzähne, wieviel Säcke mit Haaren das ausmachen würde.« Und da fragte sich Yehuda Bacon, was für einen Sinn die Jahre gehabt haben mochten, die er in Auschwitz verbracht hatte: »Als Knabe dachte ich, ich werde der Welt schon sagen, was ich in Auschwitz gesehen habe – in der Hoffnung, die Welt würde einmal eine andere werden. Aber die Welt ist nicht anders geworden, und die Welt wollte von Auschwitz nichts hören. Erst viel später habe ich wirklich verstanden, was der Sinn des Leidens ist. Das Leiden hat einen Sinn, wenn *du selbst* ein anderer wirst.«

# Experimentum crucis

In Bayern gibt es eine kleine Stadt namens Landsberg, ungefähr 50 km westlich von München. Südwärts von ihr führt eine Straße zu dem 5 km entfernten Markt Kaufering. Zu Beginn des Jahres 1945 zogen eines Morgens, zur Zeit des Morgengrauens, 280 Männer über diese Straße. Die Kolonne bestand aus Fünferreihen und war eskortiert von SS-Männern: Es handelte sich um eine Gruppe von Häftlingen des in Kaufering befindlichen Konzentrationslagers. Sie gingen in einen in der Nähe gelegenen Wald, wo es galt, eine getarnte Rüstungsfabrik von riesigen Ausmaßen aufzubauen. Es waren zerlumpte, herabgekommene Gestalten, die da über die Straße gingen. Gingen ist ein falscher Ausdruck: sie humpelten – sie schleppten sich dahin, vielfach ineinander eingehängt, einander stützend; die Beine, prall angeschwollen vom Hungerödem, konnten selbst die durchschnittlich nur 40 kg schweren Leiber kaum tragen; die Füße schmerzten, denn sie waren wund, voll vereiterter Schuhdruckstellen und aufgebrochener Frostbeulen. Und was ging in den Gehirnen dieser Männer vor? Sie dachten an die Suppe, die bei der einmal täglichen Essensausgabe abends im Lager, nach der Rückkehr vom Arbeitsplatz, verteilt wird, und fragten sich, ob sie an diesem Abend wohl das Glück haben würden, außer dem Suppenwasser auch eine darin schwimmende Kartoffel zu erwischen. Und sie dachten daran, in welche Arbeitsgruppe sie in der nächsten Viertelstunde, beim Antritt der Arbeit, eingeteilt werden: ob sie da in eine der Gruppen unter einem gefürchteten Aufseher geraten würden, oder in eine der relativ angenehmen. Und so kreisten die Gedanken dieser Menschen um die alltäglichen Sorgen eines Lagerhäftlings.

Dann wurden einem dieser Männer diese Gedanken irgendwie zu dumm. Und er versuchte, sich aufzuschwingen zu andern Gedanken, zu – »menschenwürdigeren« Sorgen. Aber es wollte ihm nicht recht gelingen. Da gebrauchte er einen Trick: Er bemühte sich, zu diesem ganzen qualvollen Leben Distanz zu gewinnen, sich darüber zu stellen, indem er es, wie man sagt, von einer höheren Warte betrachtete, oder vom Gesichtspunkt der Zukunft, im Sinne einer zukünftigen theoretisierenden Betrachtung. Und was tat er? Er stellte sich vor, er stünde vor einem Vortragspult einer Wiener Volkshochschule und hielte einen Vortrag – und zwar darüber, was er gerade erlebte: im Geiste hielt er einen Vortrag unter dem Titel »Psychologie des Konzentrationslagers«.

Wenn Sie den Mann aus jener Gruppe näher ins Auge gefaßt hätten, dann hätten Sie bemerkt, daß er an seinem Rock und an seiner Hose je ein kleines Leinenfetzchen angenäht hatte, auf dem eine Nummer zu lesen stand: 119.104. Und wenn Sie in den Dachauer Lagerbüchern nachgeschlagen hätten, dann hätten Sie gefunden, daß bei dieser Nummer als Häftlingsname angegeben stand: Frankl Viktor.

Den Vortrag, den dieser Mann also damals im Geiste hielt, will ich Ihnen jetzt in diesem realen Saal dieser Wiener Volkshochschule erstmalig wirklich halten: ich werde ihn nacherzählen! – Der damalige Vortrag begann mit den Worten:

In der Psychologie des Konzentrationslagers können wir, was die seelische Reaktion des Lagerhäftlings auf das Lagerleben anlangt, mehrere Phasen unterscheiden. Die erste Phase ist die zur Zeit der Einlieferung des Häftlings ins Lager. Es ist dies jene Phase, die man als Aufnahmsschock bezeichnen und kennzeichnen könnte. – Stellen Sie sich vor:

# Ein Psychologe erlebt das Konzentrationslager

Einige Tage und mehrere Nächte ist der Transport von 1500 Personen nun schon unterwegs – in einem Zug, in dessen Waggons je 80 Menschen auf ihrem Gepäck (dem letzten Rest ihrer Habe) herumliegen, und zwar so, daß gerade noch der oberste Teil der Coupéfenster von den aufgestapelten Rucksäcken, Taschen usw. frei ist und eine Sicht in die frühe Morgendämmerung erlaubt. Alles war der Meinung, der Transport ginge in irgendeinen Rüstungsbetrieb, dem wir als Zwangsarbeiter zur Verfügung gestellt werden sollten. Der Zug hält nun anscheinend auf offener Strecke; man weiß noch nicht recht, ob man sich noch in Schlesien oder bereits in Polen befindet. Unheimlich klingt das schrille Pfeifen der Lokomotive, gellend wie ein ahnender Hilfeschrei der durch die Maschine personifizierten, von ihr in ein großes Unheil geführten Menschenmasse, während der Zug, nunmehr sichtlich vor einer größeren Station, zu rangieren beginnt. Plötzlich ein Aufschrei aus der ängstlich wartenden Menge der Leute im Waggon: »Hier eine Tafel – Auschwitz!«

### *Bahnhof Auschwitz*

Wohl jeder muß in diesem Augenblick fühlen, wie das Herz stockt. Auschwitz war ein Begriff, war der Inbegriff von undeutlichen, aber dadurch nur um so schreckhafteren Vorstellungen von Gaskammern, Krematoriumsöfen und Massentötung! Der Zug rollt langsam weiter, wie zögernd, so, als ob er die unselige Menschenfracht, die er führt, nur allmählich und gleichsam schonend vor die Tatsache stellen wollte: »Auschwitz!« Jetzt sieht man schon mehr: In der fortgeschrittenen Morgendämmerung nimmt man rechts und links von der Strecke kilometerweit bereits die Umrisse eines Lagers von ungeheuren Dimensionen wahr. Endlose mehrfache Stacheldrahtumzäunungen, Wachttürme, Scheinwerfer und lange Kolonnen zerlumpter, mit Fetzen umgebener Menschengestalten, grau im Grau der Dämmerung und langsam, müde sich dahinwälzend durch öde, schnurgerade Lagerstraßen – niemand weiß wohin. Vereinzelte Kommandopfiffe hört man da und dort – niemand weiß wozu.

Mir graute, und das war gut so: Wir alle mußten Sekunde für Sekunde, Schritt für Schritt in das große Grauen eingeführt werden. – Endlich sind wir in die Station eingefahren. Noch rührt sich nichts. Da – Kommandorufe in jener eigentümlichen Art von kreischendem, rauhem Schreien, das wir von nun an immer wieder und in allen Lagern zu hören bekommen sollten und das so klingt wie der letzte Schrei eines Gemordeten und doch anders: belegt, heiser, wie aus der Kehle eines Mannes, der immer wieder so schreien muß, der immer wieder gemordet wird ...

Da werden die Waggontüren aufgerissen und eine kleine Meute von Häftlingen in der üblichen gestreiften Häftlingstracht stürmt herein.

## *Die erste Selektion*

Wir wurden angewiesen, alles Gepäck im Waggon zu lassen, auszusteigen und je eine Männer- und Frauenkolonne zu formieren, um schließlich vor einem höheren SS-Offizier zu defilieren. Nun steht er vor mir: groß, schlank, fesch, in tadelloser und blitzblanker Uniform – ein eleganter, gepflegter Mensch, voll Distanz zu uns Jammergestalten, die wir wohl übernächtig und recht verwahrlost aussehen. In nonchalanter Haltung steht er da, den rechten Ellbogen mit der linken Hand stützend, die rechte Hand erhoben und mit dem Zeigefinger dieser Hand ganz sparsam eine kleine winkende Bewegung vollführend – bald nach links, bald nach rechts, weit öfter nach rechts ... Keiner von uns konnte das Geringste ahnen von der Bedeutung, die diese winzige Bewegung eines menschlichen Zeigefingers hatte – bald nach links, bald nach rechts, weit öfter nach rechts. Nun komme ich dran. Kurz vorher hat mir jemand zugeflüstert, nach rechts (»vom Zuschauer gesehen«) gehe es zur Arbeit, nach links in ein Lager für Arbeitsunfähige oder Kranke. Der SS-Mann legt mir beide Hände auf die Schultern, ich stehe aufgerichtet, da dreht er langsam meine Schultern, so daß ich nach rechts hingewendet werde – und ich haue nach rechts ab.

Am Abend wußten wir um die Bedeutung dieses Spiels mit dem Zeigefinger: es war die erste Selektion! Die erste Entscheidung über Sein oder Nichtsein; für die gewaltige Majorität unseres Transports, etwa 90%, war es das Todesurteil. Es wurde in den nächsten Stunden vollstreckt. Wer nach links (von uns aus gesehen) geschickt wurde, marschierte von der Bahnhoframpe weg direkt zu einem der Krematoriumsgebäude, wo er – wie mir dort Beschäftigte berichteten – Aufschriften in mehreren europäischen Sprachen lesen konnte, die das Gebäude als »Bad« deklarierten. Dann bekamen alle nach links gewiesenen Transportteilnehmer je ein Stück RIF-Seife in die Hand gedrückt. Was sich jeweils weiter abspielte, darüber darf ich schweigen, nachdem authentischere Berichte es bereits bekanntgemacht haben. Uns, der Transportminorität von damals, wurde es am Abend des gleichen Tages bekannt. Ich fragte Kameraden, die schon länger im Lager waren, wohin mein Kollege P. gekommen sein mochte. »Ist er auf die andere Seite geschickt worden?« »Ja«, sage ich. »Dann siehst du ihn dort«, sagt man mir. Wo? Eine Hand zeigt zu einem wenige hundert Meter entfernten Schlot, aus dem eine viele Meter hohe Art Stichflamme unheimlich in den weiten, grauen polnischen Himmel emporzüngelt, um sich in eine düstere Rauchwolke aufzulösen. Was ist dort? »Dort schwebt dein Freund in den Himmel«, gibt man mir roh zur Antwort.

Dies alles ist vorwegnehmend erzählt worden. Der Weg unserer Kolonne vom Bahnhof, im Laufschritt zurückgelegt, von der SS-Wachmannschaft mit schußbereitem Gewehr eskortiert, führte zwischen den mit elektrischer Hochspannung geladenen Stacheldrahtalleen durchs Lager ins Desinfektionsbad – für uns bei der ersten Selektion Auserwählte wenigstens ein wirkliches Bad.

### *Desinfektion*

Nun warten wir in einer Baracke, die den Vorraum zur »Desinfektion« bildet. SS erscheint mit Decken, in die alle Konserven, alle Uhren und aller Schmuck hineingeworfen werden muß. Noch gibt es, zum Gaudium der mithelfenden »alten« Häftlinge, Naive unter uns, die zu fragen wagen, ob man nicht wenigstens den Ehering behalten dürfe oder ein Medaillon, einen Talisman, ein Andenken? Noch kann niemand recht daran glauben, daß einem wirklich buchstäblich alles weggenommen wird. Da versuche ich, einen der alten Häftlinge ins

Vertrauen zu ziehen. Ich pirsche mich an ihn heran, weise auf eine Papierrolle in der Brusttasche meines Mantels und sage: »Du, paß auf! Hier habe ich ein wissenschaftliches Buchmanuskript bei mir – ich weiß, was du sagen wirst – ich weiß: mit dem Leben davonkommen, das nackte Leben hinwegretten, ist alles, ist schon das Äußerste, was man vom Schicksal erbitten darf. Aber ich kann mir nicht helfen, ich will mehr. Ich will dieses Manuskript behalten, irgendwie erhalten – es enthält mein Lebenswerk; verstehst du mich?« Da beginnt er zu verstehen, jawohl: zu grinsen beginnt er übers ganze Gesicht, erst mehr mitleidig, dann mehr belustigt, spöttisch, höhnisch, bis er mit einer Grimasse mich anbrüllt und meine Frage mit einem einzigen Wort, das er herausbrüllt, quittiert, mit jenem Wort, das als *das* Wort im Sprachschatz des Lagerhäftlings seither immer wieder zu hören war. Er brüllt: »Scheiße!« Da weiß ich, wie die Dinge stehen. Ich mache das, was den Höhepunkt dieser ganzen ersten Phase psychologischer Reaktionen darstellt: ich mache einen Strich unter mein ganzes bisheriges Leben.

## *Die Träume der Häftlinge*

Wovon träumt der Lagerinsasse am häufigsten? Er träumt von Brot, von Torten, von Zigaretten und von einem guten, warmen Wannenbad. Der Fortfall einer Befriedigung der entsprechenden primitivsten Bedürfnisse läßt ihn deren Erfüllung im primitiven Wunschtraum erleben. Was dieses Träumen dem Träumer antut, wenn er zur Wirklichkeit des Lagerlebens erwacht und den schrecklichen Kontrast zwischen Traumillusion und Lagerwirklichkeit empfindet, ist eine Sache für sich. Ich werde jedenfalls nie vergessen, wie ich eines Nachts dadurch geweckt wurde, daß der neben mir schlafende Kamerad, sichtlich unter der Einwirkung irgendeines schreckhaften Alptraumes, laut stöhnend sich herumwälzte. Ich will hierzu vorerst noch bemerken, daß ich persönlich seit je ein besonderes Mitleid für Menschen empfinde, die irgendwie von ängstlichen Wahn- oder Traumvorstellungen gequält werden. So war ich schon nahe daran, meinen armen, vom Alp geplagten Kameraden zu wecken. In diesem Augenblick erschrak ich über meinen Vorsatz und zog auch schon die Hand wieder zurück, die den Träumer wachrütteln sollte. Denn in diesem Augenblick war mir so ganz intensiv zu Bewußtsein gekommen, daß kein Traum, auch nicht der schrecklichste, so arg sein kann wie die Realität, die uns dort im Lager umgab und zu deren wachbewußtem Erleben jemanden zu erwecken ich im Begriffe war ...

### *Die Flucht nach innen*

Trotz aller Primitivität, in die der Mensch im Konzentrationslager nicht nur äußerlich, sondern auch in seinem Innenleben zurückgeworfen ist, machen sich, wenn auch sporadisch, doch Ansätze bemerkbar im Sinne einer ausgesprochenen Tendenz zur Verinnerlichung. Wie war es doch damals, wenn wir zu früher Morgenstunde aus dem Lager zum Bauplatz, zur »Baustelle« hinausmarschierten? Ein Kommando ertönt: »Arbeitskommando Weingut, im Gleichschritt – marsch! Links – 2 – 3 – 4 – links – 2 – 3 – 4 – links – 2 – 3 – und – links – 2 – 3 – 4! Vordermann, Seitenrichtung! Links – und – links – und – links – Mützen ab!« So läßt es die Erinnerung nun wieder in meinem Ohr erklingen. Bei »Mützen ab!« passierten wir das Lagertor. Scheinwerfer sind auf uns gerichtet. Wer jetzt nicht stramm und schön ausgerichtet in der Fünferreihe marschiert, hat mit dem Tritt eines Stiefelabsatzes zu rechnen. Womöglich übler dran ist derjenige, der wegen der Kälte die Mütze wieder über die Ohren zu ziehen gewagt hat, noch bevor das Kommando hierzu die Erlaubnis gibt. Jetzt stolpern wir in der Finsternis weiter über die großen Steine und durch die meterlangen Pfützen der Lagerzufahrtsstraße. Immer wieder brüllen die begleitenden Wachtposten und treiben uns mit dem Gewehrkolben an. Wer sehr wunde Füße hat, hängt seinen Arm in den seines Nebenmannes, dessen Füße etwas weniger schmerzen. Es wird unter uns kaum ein Wort gewechselt; der eisige Wind vor Sonnenaufgang läßt es nicht ratsam erscheinen. Den Mund hinter dem aufgeschlagenen Rockkragen versteckt, murmelt nun der neben mir marschierende Kamerad plötzlich: »Du – wenn unsere Frauen uns jetzt sähen ...! Hoffentlich geht's ihnen in ihren Lagern besser; hoffentlich ahnen sie nichts davon, wie es uns geht.« Da steht das Bild meiner Frau vor mir!

### *Wenn einem nichts mehr bleibt*

Während wir kilometerweit dahinstolpern, im Schnee waten oder auf vereisten Stellen ausgleiten, immer wieder einander stützend, uns gegenseitig hochreißend und vorwärtsschleppend, fällt kein Wort mehr, aber wir wissen in dieser Stunde: jeder von uns denkt jetzt nur an seine Frau. Von Zeit zu Zeit schau ich zum Himmel hinauf, wo die Sterne verblassen, oder dort hinüber, wo hinter einer düsteren Wolkenwand das Morgenrot beginnt. Aber mein Geist ist jetzt erfüllt von der Gestalt, die er in jener unheimlich regen Phantasie festhält, die ich früher, im normalen Leben, nie gekannt hatte. Ich führe Gespräche mit meiner Frau. Ich höre sie antworten, ich sehe sie lächeln, ich sehe ihren fordernden und ermutigenden Blick, und – leibhaftig oder nicht – ihr Blick leuchtet jetzt mehr als die Sonne, die soeben aufgeht. Da durchzuckt mich ein Gedanke: Das erste Mal in meinem Leben erfahre ich die Wahrheit dessen, was so viele Denker als der Weisheit letzten Schluß aus ihrem Leben herausgestellt und was so viele Dichter besungen haben; die Wahrheit, daß Liebe irgendwie das Letzte und das Höchste ist, zu dem sich menschliches Dasein aufzuschwingen vermag. Ich erfasse jetzt den Sinn des Letzten und Äußersten, was menschliches Dichten und Denken und – Glauben auszusagen hat: die Erlösung durch die Liebe und in der Liebe! Ich erfasse, daß der Mensch, wenn ihm nichts mehr bleibt auf dieser Welt, selig werden kann – und sei es auch nur für Augenblicke –, im Innersten hingegeben an das Bild des geliebten Menschen. In der denkbar tristesten äußeren Situation, in eine Lage hineingestellt, in der er sich nicht verwirklichen kann durch ein Leisten, in einer Situation, in der seine einzige Leistung in einem rechten Leiden – in einem aufrechten Leiden bestehen kann, in solcher Situation vermag der Mensch, im liebenden Schauen, in der Kontemplation des geistigen Bildes, das er vom geliebten Menschen in sich trägt, sich zu erfüllen.

Vor mir stürzt ein Kamerad, die hinter ihm Marschierenden kommen dadurch zu Fall. Schon ist der Posten zur Stelle und drischt auf sie ein. Für wenige Sekunden ist mein betrachtendes Leben unterbrochen. Aber im Nu schwingt sich meine Seele wieder auf, rettet sich wieder aus dem Diesseits der Häftlingsexistenz in ein Jenseits und nimmt wieder die Zwiesprache auf mit dem geliebten Wesen: Ich frage – sie antwortet; sie fragt – ich antworte. »Halt!« Wir sind an der Baustelle angelangt. »Jeder holt sein Gerät – jeder nimmt einen Pickel und eine Schaufel!« Und jeder stürzt in die stockfinstere Hütte hinein, um nur ja einen handlichen Spaten oder einen festen Krampen zu erwischen. »Wollt ihr nicht rascher machen, ihr Schweinehunde?« Bald stehen wir im Graben, jeder an seinem Platz von gestern. Der vereiste Boden splittert unter der Spitze der Hacke, Funken stieben.

Noch tauen die Gehirne nicht auf, noch schweigen die Kameraden. Und noch haftet mein Geist an dem Bild des geliebten Menschen. Noch spreche ich mit ihm, noch spricht er mit mir. Da fällt mir etwas auf: Ich weiß ja gar nicht, ob meine Frau noch lebt! Da weiß ich eines – jetzt habe ich es gelernt: So wenig meint Liebe die körperliche Existenz eines Menschen, so sehr meint sie zutiefst das geistige Wesen des geliebten Menschen, sein »So-sein« (wie es die Philosophen nennen), daß sein »Dasein«, sein Hier-bei-mir-sein, ja seine körperliche Existenz überhaupt, sein Am-Leben-sein, irgendwie gar nicht mehr zur Diskussion steht. Ob der geliebte Mensch noch lebt oder nicht: ich weiß es nicht, ich kann es nicht wissen (während der ganzen Lagerhaft gab es ja weder Briefschreiben noch Postempfang); aber in diesem Augenblick ist es irgendwie gegenstandslos geworden. Ob der geliebte Mensch lebt oder nicht – irgendwie brauche ich es jetzt gar nicht zu wissen: meiner Liebe, dem liebenden Gedenken, der liebenden Schau seiner geistigen Gestalt, kann das alles nichts mehr anhaben. Wenn ich damals gewußt hätte, meine Frau ist tot, ich glaube, ich hätte ungestört durch dieses Wissen innerlich genauso hingegeben sein können an diese liebende Schau, diese geistige Zwiesprache wäre genauso intensiv gewesen und genauso erfüllend. So weiß ich in diesem Augenblick um die Wahrheit: »Setze mich wie ein Siegel auf dein Herz . . . Denn Liebe ist stark wie der Tod.«

## *Monolog im Morgengrauen*

Grau ist die Morgendämmerung um dich, grau ist der Himmel über dir, grau ist der Schnee im fahlen Dämmerlicht, grau sind die Lumpen, in die deine Kameraden gehüllt sind, grau sind ihre Gesichter. Wieder hebst du an mit deiner Zwiesprache mit dem geliebten Wesen, oder, zum tausendsten Mal, beginnst du dein Klagen und dein Fragen zum Himmel zu schicken. Zum tausendsten Mal ringst du um eine Antwort, ringst du um den Sinn deines Leidens, deines Opfers – um den Sinn deines langsamen Sterbens. In einem letzten Aufbäumen gegen die Trostlosigkeit eines Todes, der vor dir ist, fühlst du deinen Geist das Grau, das dich umgibt, durchstoßen, und in diesem letzten Aufbäumen fühlst du, wie dein Geist über diese ganze trostlose und sinnlose Welt hinausdringt und auf deine letzten Fragen um einen letzten Sinn zuletzt von irgendwoher dir ein sieghaftes »Ja!« entgegenjubelt. Und in diesem Augenblick – leuchtet ein Licht auf in einem fernen Fenster eines Bauerngehöfts, das wie eine Kulisse am Horizont steht, inmitten des trostlosen Grau eines dämmernden bayrischen Morgens –, »et lux in tenebris lucet«, und das Licht leuchtet in der Finsternis ... Nun hast du wieder durch Stunden den eisigen Boden aufgehackt, nun ist gerade wieder der Wachtposten vorübergekommen, um dich ein wenig zu höhnen, und nun fängst du wieder an, Zwiesprache zu halten mit dem geliebten Wesen. Immer mehr fühlst du, es sei anwesend, spürst du: sie ist da. Du glaubst, nach ihr greifen zu können, nur die Hand ausstrecken zu müssen, um ihre Hand zu fassen. Ganz stark überkommt dich das Gefühl: sie – ist – da! Da – im gleichen Augenblick – was ist das? Lautlos ist ein Vogel herbeigeflattert und läßt sich unmittelbar vor dir nieder, auf den Erdschollen, die du aus dem Graben geschaufelt, und äugt dich unverwandt und regungslos an ...

### *Die innere Freiheit*

Wer von denen, die das Konzentrationslager erlebt haben, wüßte nicht von jenen Menschengestalten zu erzählen, die da über die Appellplätze oder durch die Baracken des Lagers gewandelt sind, hier ein gutes Wort, dort den letzten Bissen Brot spendend? Und mögen es auch nur wenige gewesen sein – sie haben Beweiskraft dafür, *daß man dem Menschen im Konzentrationslager alles nehmen kann, nur nicht: die letzte menschliche Freiheit, sich zu den gegebenen Verhältnissen so oder so einzustellen. Und es gab ein »So oder so«*!

Während die Bekümmerung der meisten der Frage galt: Werden wir das Lager überleben? Denn, wenn nicht, dann hat dieses ganze Leiden keinen Sinn – lautete demgegenüber die Frage, die mich bedrängte, anders: Hat dieses ganze Leiden, dieses Sterben rund um uns, einen Sinn? Denn, wenn nicht, dann hätte es letztlich auch gar keinen Sinn, das Lager zu überleben. Denn ein Leben, dessen Sinn damit steht und fällt, daß man mit ihm davonkommt oder nicht, ein Leben also, dessen Sinn von Gnaden eines solchen Zufalls abhängt, solch ein Leben wäre nicht eigentlich wert, überhaupt gelebt zu werden.

Mein Blockältester, ein nicht unbekannt gewesener ausländischer Komponist und Librettist, vertraute sich mir eines Tages folgendermaßen an. »Du, Doktor, ich möchte dir gerne etwas erzählen. Ich habe da neulich einen merkwürdigen Traum gehabt. Eine Stimme hat mir gesagt, ich dürfe mir etwas wünschen – ich soll ihr nur sagen, was ich gerne wissen möchte, sie wird mir jede Frage beantworten. Und weißt du, was ich da gefragt habe? Ich möchte wissen, wann der Krieg für mich zu Ende sein wird! Weißt du, Doktor, was ich meine: für mich! Das heißt, ich wollte wissen, wann wir, wann unser Lager befreit werden wird, also wann unsere Leiden aufhören werden.« Und wann hast du diesen Traum gehabt, frage ich ihn. »Im Februar 1945«, antwortet er (damals hatten wir Anfang März). Und was hat dir die Traumstimme gesagt, frage ich weiter. Und leise, geheimnisvoll, flüstert er mir zu: »Am 30. März ...«

Als F., dieser mein Kamerad, mir von seinem Traum erzählte, war er noch voll Hoffnung und überzeugt, seine Traumstimme würde recht behalten. Aber der von ihr prophezeite Termin rückte immer näher heran – und die ins Lager dringenden Nachrichten über die militärische Lage ließen immer weniger wahrscheinlich erscheinen, daß die Front tatsächlich noch im März uns die Befreiung bringen könnte. Da geschah folgendes. Am 29. März erkrankte F. plötzlich unter hohem Fieber. Am 30. März – also an dem Tage, an dem der Prophezeiung gemäß der Krieg und damit das Leiden »für ihn« zu Ende sein sollte! – begann F. schwer zu delirieren und verlor schließlich das Bewußtsein ... Am 31. März war er tot. Er war an Fleckfieber gestorben.

Wer es weiß, welch innige Zusammenhänge zwischen der Gemütslage eines Menschen und so auch Affekten wie Mut und Hoffnung bzw. Mutlosigkeit und Hoffnungslosigkeit auf der einen Seite und auf der anderen Seite der Immunitätslage des Organismus bestehen, dem wird es auch verständlich erscheinen, welche tödlichen Auswirkungen das jähe Versinken in Hoffnungslosigkeit und Mutlosigkeit haben kann: mein Kamerad F. ist letzten Endes daran gestorben, daß seine schwere Enttäuschung über das Nichteintreffen der pünktlich erwarteten Befreiung die Abwehrkraft seines Organismus gegen die bereits schlummernde Fleckfieber-Infektion plötzlich absinken ließ. Sein Zukunftsglaube und sein Zukunftswille erlahmten, und so erlag sein Organismus der Krankheit – und so behielt schließlich seine Traumstimme recht ...

Wehe dem, der kein Lebensziel mehr vor sich sah, der keinen Lebensinhalt mehr hatte, in seinem Leben keinen Zweck erblickte, dem der Sinn seines Daseins entschwand – und damit jedweder Sinn eines Durchhaltens. Solche Leute, die auf diese Weise völlig haltlos geworden waren, ließen sich alsbald fallen. Die typische Redewendung, mit der sie allen aufmunternden Argumenten entgegentraten und jeglichen Zuspruch ablehnten, lautete dann immer: »Ich hab ja vom Leben nichts mehr zu erwarten.« Was soll man demgegenüber nun erwidern?

### *Nach dem Sinn des Lebens fragen*

Was hier not tut, ist eine Wendung in der ganzen Fragestellung nach dem Sinn des Lebens: Wir müssen lernen und die verzweifelnden Menschen lehren, *daß es eigentlich nie und nimmer darauf ankommt, was wir vom Leben noch zu erwarten haben, vielmehr lediglich darauf: was das Leben von uns erwartet!*

Ich erinnere mich nun zweier »Fälle«, die nicht nur als Beispiel dafür dienen sollen, wie die oben dargestellten Gedankengänge praktisch verwertbar waren, sondern auch eine bemerkenswerte Parallelität aufweisen. Es handelte sich um zwei Männer, die in ihren Gesprächen Selbstmordabsichten geäußert hatten. Beide gaben in der gekennzeichneten typischen Weise an, sie hätten »vom Leben nichts mehr zu erwarten«. Beiden gegenüber galt es jedoch, ihnen zu zeigen, daß das Leben von ihnen etwas erwarte, daß etwas im Leben, in der Zukunft, auf sie warte. Tatsächlich ergab sich auch, daß auf den einen ein Mensch wartete: sein Kind, an dem er mit abgöttischer Liebe hing, »wartete« im Ausland auf den Vater. Auf den andern »wartete« jedoch nicht eine Person, sondern eine Sache: sein Werk! Dieser Mann war nämlich Wissenschaftler und hatte über ein bestimmtes Thema eine Bücherserie erscheinen lassen, die noch nicht abgeschlossen war und ihrer Vollendung harrte. Für dieses Werk war dieser Mensch unersetzlich und unaustauschbar; aber er war so nicht mehr und nicht weniger unvertretbar, als jener erste, der, innerhalb der Liebe seines Kindes zu ihm, gleichermaßen unersetzlich und unaustauschbar war: jene Einmaligkeit und Einzigartigkeit, die jeden einzelnen Menschen auszeichnet und jedem einzelnen Dasein erst Sinn verleiht, kommt also sowohl in bezug auf ein Werk oder eine schöpferische Leistung zur Geltung, als auch in bezug auf einen andern Menschen und dessen Liebe. Diese Unvertretbarkeit und Unersetzlichkeit jeder einzelnen Person ist jedoch das, was – zu Bewußtsein gebracht – die Verantwortung, die der Mensch für sein Leben und Weiterleben trägt, so recht in ihrer ganzen Größe aufleuchten läßt. Ein Mensch, der sich dieser

Verantwortung bewußt geworden ist, die er gegenüber dem auf ihn wartenden Werk oder einem auf ihn wartenden liebenden Menschen hat, ein solcher Mensch wird nie imstande sein, sein Leben hinzuwerfen.

### *Ein Wort zur rechten Zeit*

Es war ein arger Tag gewesen: Vor kurzem war beim Appell verkündet worden, was alles von nun an als Sabotage angesehen werde und demgemäß sofort mit Erhängen bestraft würde; unter solche Delikte fielen Dinge wie Abschneiden schmaler Streifen von unseren alten Decken (was zur Herstellung improvisierter Gamaschen von uns vielfach gemacht worden war), ferner der geringfügigste »Diebstahl«. Nun war vor einigen Tagen ein halbverhungerter Häftling in den Kartoffelbunker eingedrungen, um ein paar Kilogramm Kartoffeln zu stehlen. Der Einbruch war entdeckt und der »Einbrecher« von andern Häftlingen festgestellt worden. Nachdem die Lagerführung von der Sache Wind bekommen hatte, verlangte sie die Auslieferung des Delinquenten, widrigenfalls das ganze Lager einen Fasttag aufdiktiert bekäme. Selbstverständlich fasteten lieber 2500 Kameraden, als daß sie den einen dem Galgen überantwortet hätten. Am Abend dieses Fasttages lagen wir nun in unserer Erdhütte in besonders übler Stimmung beisammen. Es wurde nur wenig gesprochen und wenn, dann war jedes Wort gereizt. Da geschah noch ein übriges: das Licht ging aus. Die Stimmung erreichte ihren Tiefpunkt. Der Blockälteste aber, ein kluger Mann, improvisierte eine kleine Plauderei über all das, was uns alle innerlich so sehr beschäftigte: er sprach über die vielen Kameraden, die in den letzten Tagen als Kranke oder als Selbstmörder gestorben waren. Er sprach aber auch darüber, was der wahre Grund dieses Sterbens, der einen sowohl wie der andern Art, gewesen sein mochte: das Sich-selbst-Aufgeben. Darüber und über die Frage, wie man die voraussichtlichen nächsten Opfer des tödlichen inneren Sich-fallen-Lassens irgendwie vielleicht noch davor bewahren könnte, wollte unser Blockältester nun einiges zur Erklärung hören – und er apostrophierte mich! Weiß Gott, ich war nichts weniger als in der Stimmung, psychologische Erklärungen abzugeben oder meinen Barackengenossen seelenärztlichen Zuspruch, gleichsam ärztliche Seelsorge zukommen zu lassen. Mich fror und hungerte, und auch ich war schlapp und gereizt. Aber ich mußte mich aufraffen und diese einzigartige Möglichkeit nützen, denn Zuspruch war jetzt nötiger als je.

So begann ich – und ich begann damit, daß ich davon sprach, daß die Zukunft jedem Unbefangenen trostlos erscheinen müsse; ich gab zu, daß jeder von uns sich beiläufig schon ausrechnen könne, wie gering die Wahrscheinlichkeit sei, zu überleben. Noch herrschte im Lager keine Fleckfieber-Epidemie; und trotzdem veranschlagte ich meine Aussicht, zu überleben, mit ungefähr fünf Prozent. Und sagte es den Leuten! Denn ich sagte ihnen auch, daß ich, für meine eigene Person, trotzdem nicht daran dächte, die Hoffnung aufzugeben und die Flinte ins Korn zu werfen. Denn kein Mensch wisse die Zukunft, kein Mensch wisse, was ihm vielleicht schon die nächste Stunde bringe.

Aber ich sprach nicht nur von der Zukunft und von dem Dunkel, in das sie glücklicherweise gehüllt war, und von der Gegenwart mit all ihren Leiden, sondern ich sprach auch von der Vergangenheit – von all ihren Freuden und dem Licht, das sie noch in die Finsternis unserer Tage spendete. Ich zitierte den Dichter, der da sagt: »Was du erlebt, kann keine Macht der Welt dir rauben.« Was wir in der Fülle unseres vergangenen Lebens, in dessen Erlebnisfülle verwirklicht haben, diesen inneren Reichtum kann uns nichts und niemand mehr nehmen. Aber nicht nur, was wir erlebt; auch das, was wir getan, das, was wir Großes je gedacht, und das, was wir gelitten . . . all das haben wir hereingerettet in die Wirklichkeit, ein für allemal. Und mag es auch vergangen sein – eben in der Vergangenheit ist es für alle Ewigkeit gesichert! Denn Vergangensein ist auch noch eine Art von Sein, ja vielleicht die sicherste.

Und dann sprach ich schließlich noch von der Vielfalt der Möglichkeiten, das Leben mit Sinn zu erfüllen. Ich erzählte meinen Kameraden (die ganz still dalagen und sich kaum rührten, höchstens ab und zu ein ergriffenes Seufzen hören ließen) davon, daß menschliches Leben immer und unter allen Umständen Sinn habe, und daß dieser unendliche Sinn des Daseins auch noch Leiden und Sterben, Not und Tod in sich mit einbegreife. Und ich bat diese armen Teufel, die mir hier in der stockfinsteren Baracke aufmerksam zuhörten, den Dingen und dem Ernst unserer Lage ins Gesicht zu sehen und trotzdem nicht zu verzagen, sondern im Bewußtsein, daß auch die Aussichtslosigkeit unseres Kampfes seinem Sinn und seiner Würde nichts anhaben könne, den Mut zu bewahren. Auf jeden von uns, sagte ich ihnen, sehe in diesen schweren Stunden und erst recht in der für viele von uns nahenden letzten Stunde irgend jemand mit forderndem Blick herab, ein Freund oder eine Frau, ein Lebender oder ein Toter – oder ein Gott. Und er erwarte von uns, daß wir ihn nicht enttäuschen und daß wir nicht armselig, sondern stolz zu leiden und zu sterben verstehen!

Bald flammte die elektrische Birne an einem Balken unserer Baracke wieder auf, und ich sah die Elendsgestalten meiner Kameraden, die nun mit Tränen in den Augen zu meinem Platz heranhumpelten, um – sich zu bedanken ... Daß ich aber nur allzu selten die innere Kraft hatte, mich zu solchem letzten inneren Kontakt mit meinen Leidensgenossen aufzuschwingen wie an diesem Abend, daß ich sicher so manche sich hierzu bietende äußere Gelegenheit *nicht* genützt habe, soll hier eingestanden werden.

### *Psychologie der Lagerwache*

Ich will hier nur jenen Lagerführer aus dem Lager, in dem ich zuletzt war und aus dem ich befreit wurde, erwähnen. Er war SS-Mann. Nach der Befreiung des Lagers stellte sich jedoch heraus, wovon bis dahin nur der Lagerarzt (selber ein Häftling) wußte: der Lagerführer hatte aus eigener Tasche nicht geringe Geldbeträge insgeheim hergegeben, um aus der Apotheke des nahen Marktfleckens Medikamente für seine Lagerinsassen besorgen zu lassen! Die Geschichte hatte ein Nachspiel: Nach der Befreiung versteckten jüdische Häftlinge den SS-Mann vor den amerikanischen Truppen und erklärten deren Kommandanten gegenüber, sie würden ihm den SS-Mann einzig und allein unter der Bedingung ausliefern, daß ihm kein Haar gekrümmt wird. Der amerikanische Truppenkommandant gab ihnen nun sein Offiziersehrenwort, und die jüdischen Häftlinge führten ihm den gewesenen Lagerkommandanten vor. Der Truppenkommandant ernannte den SS-Mann wieder zum Lagerkommandanten – und der SS-Mann organisierte für uns Lebensmittel- und Kleidersammlungen unter der Bevölkerung der umliegenden Dörfer.

Der Lagerälteste eben dieses Lagers jedoch, also ein Häftling, war schärfer als alle SS-Wachen des Lagers zusammen; er schlug die Häftlinge, wann und wo und wie er nur konnte, während beispielsweise der Lagerführer meines Wissens kein einziges Mal die Hand gegen einen »seiner« Häftlinge erhoben hat.

Daraus ersieht man eines: mit der Kennzeichnung eines Menschen als Angehörigen der Lagerwache oder, umgekehrt, als Lagerhäftling ist nicht das geringste gesagt. Menschliche Güte kann man bei allen Menschen finden, sie findet sich also auch bei der Gruppe, deren pauschale Verurteilung doch gewiß sehr nahe liegt. Es überschneiden sich eben die Grenzen! So einfach dürfen wir es uns nicht machen, daß wir erklären: die einen sind Engel und die anderen sind Teufel. Im Gegenteil: entgegen der allgemeinen Suggestion, die sich im Lagerleben auswirkt, als Wachtposten oder Aufseher den Häftlingen gegenüber menschlich zu sein, ist und bleibt irgendwie eine persönliche und moralische Leistung; andererseits ist die Niedertracht eines Häftlings, der seinen eigenen Leidensgenossen Übles antut, besonders verwerflich. Daß die Charakterlosigkeit eines solchen Menschen die Lagerhäftlinge besonders schmerzt, ist ebenso klar wie andererseits die tiefe Erschütterung, mit der ein Häftling die geringste Menschlichkeit entgegennimmt, die ihm etwa von einem Wachtposten erwiesen wird. Wenn ich mich z. B. daran erinnere, wie mir ein Vorarbeiter (also ein Nicht-Häftling) eines Tages verstohlen ein kleines Stück Brot reichte – von dem ich wußte, daß er es sich von seiner Frühstücksration abgespart haben mußte –, dann erinnere ich mich auch daran, daß es bei weitem nicht dieses Stück Brot als materielles Etwas war, das mich damals buchstäblich zu Tränen rührte; sondern es war das menschliche Etwas, das dieser Mann mir damals gab, und das menschliche Wort sowie der menschliche Blick, der die Gabe begleitete ...

Aus all dem können wir lernen: es gibt auf Erden zwei Menschenrassen, aber auch nur diese beiden: die »Rasse« der anständigen Menschen und die der unanständigen Menschen. Und beide »Rassen« sind allgemein verbreitet: in alle Gruppen dringen sie ein und sickern sie durch; keine Gruppe besteht ausschließlich aus anständigen und ausschließlich aus unanständigen Menschen, in diesem Sinne ist also keine Gruppe »rassenrein« – nun, und so gab es den einen oder andern anständigen Kerl eben auch unter der Wachmannschaft!

Das Leben im Konzentrationslager ließ zweifelsohne einen Abgrund in die äußersten Tiefen des Menschen aufbrechen. Soll es uns da wundern, daß in diesen Tiefen auch wieder nur das Menschliche sichtbar wird? Das Menschliche als das, was es ist –, als eine Legierung von gut und böse! Der Riß, der durch alles Menschsein hindurchgeht und zwischen gut und böse scheidet, reicht auch noch bis in die tiefsten Tiefen und wird eben auf dem Grunde auch noch dieses Abgrunds, den das Konzentrationslager darstellt, offenbar.

Wir haben den Menschen kennengelernt wie vielleicht bisher noch keine Generation. Was also ist der Mensch? Er ist das Wesen, das immer *entscheidet,* was es ist. Er ist das Wesen, das die Gaskammern erfunden hat; aber zugleich ist er auch das Wesen, das in die Gaskammern gegangen ist aufrecht und ein Gebet auf den Lippen.

### *Der Bericht des Häftlings Nr. 119 104*

An dieser Stelle möchte ich bemerken, daß ich dieses Buch ursprünglich nicht unter meinem Namen erscheinen lassen wollte, sondern nur mit Angabe meiner Häftlingsnummer. Maßgeblich war mir hierfür meine Abneigung gegen ein Exhibitionieren von Erlebtem. Tatsächlich war die Niederschrift schon beendet, als ich mich davon überzeugen ließ, daß eine anonyme Veröffentlichung insofern entwertet würde, als der Mut zum Bekenntnis den Wert einer Erkenntnis erhöht. Daraufhin habe ich um der Sache willen auch auf nachträgliche Streichungen verzichtet und so den gebotenen Mut zum Bekennen gegen die Scheu vor dem Exhibitionieren ausgespielt – und damit gleichsam mir selber einen Streich gespielt.

Wir alle, die wir durch tausend und abertausend glückliche Zufälle oder Gotteswunder – wie immer man es nennen will – mit dem Leben davongekommen sind, wir wissen es und können es ruhig sagen: *die Besten sind nicht zurückgekommen.*

# Kunst

Wir sind Pessimisten geworden. Die Weltgeschichte mag so manchem wie ein einziger großer Sturz in die Katastrophe vorkommen – ein Sturz von einer Katastrophe in die andere, von der je letzten in die je nächste. Immer schwärt etwas am Organismus der Menschheit, und wenn es irgendwo gerade aufbricht und auszuheilen anfängt, beginnt es an irgendeiner andern Stelle wieder zu schwären.

Dieses pessimistische Lebensgefühl dringt auch in die Kunst ein. Kunst ist nicht nur nicht »lenkbar«, sondern sie ist auch nicht ablenkbar – sie läßt sich nicht ablenken von dem, was sie wahrnimmt. Sofern Kunst eben wahr sein soll, darf man von ihr nicht verlangen, daß sie immer auch schön sei. Das hieße Ästhetik mit Kosmetik verwechseln und den Künstler für das Mitglied einer Art Verschönerungsverein der Wirklichkeit halten. Wollte man Ernst machen mit solcher Kunstauffassung, dann dürfte eine Sinfonie pathétique nur illegal aufgeführt werden.

# Was sagt der Psychiater zur modernen Literatur?*

Als ich aufgefordert wurde, auf dieser Tagung einen Vortrag zu halten, war ich zuerst ziemlich dagegen. Sehen Sie, es gibt so viele Vertreter der zeitgenössischen Literatur, die auf dem Gebiet der Psychiatrie dilettieren – wenn auch einer längst veralteten Form von Psychiatrie –, daß ich die Zahl dieser Dilettanten nicht noch vermehren möchte, indem nun ich beginne, mich als Psychiater in die zeitgenössische Literatur einzumischen.

Dazu kommt noch, daß es von vornherein gar nicht ausgemacht ist, daß die Psychiatrie zu einer Stellungnahme auf diesem Gebiet überhaupt berechtigt ist. Lassen Sie sich doch nicht einreden, daß die Psychiatrie imstande ist, alle Probleme zu lösen. Bis zum heutigen Tag wissen wir Psychiater noch nicht einmal, was zum Beispiel die wirkliche Ursache der Schizophrenie ist – geschweige denn, daß wir bereits wüßten, wie sie zu heilen ist. Wir Psychiater sind eben weder allwissend noch allmächtig; das einzige göttliche Attribut, das man uns nachsagen kann, ist, daß wir allgegenwärtig sind: einen Psychiater sehen Sie auf jedem Symposion, hören Sie in jeder Diskussion und treffen Sie sogar auf dieser Tagung ...

Und doch glaube ich, um nun im Ernst zu sprechen, daß man endlich einmal damit aufhören sollte, *die Psychiatrie* zu überschätzen und *zu vergötzen* – man täte besser daran, *sie zu vermenschlichen.* Und den Anfang müßte man damit machen, daß man das Menschliche im Menschen nicht mit dem Krankhaften an ihm in einen Topf wirft. Mit anderen Worten, was uns abverlangt ist, ist die Differentialdiagnose zwischen seelischem Krankenstand und geistigem Notstand – jener geistigen Not etwa, wie sie aus der Verzweiflung eines Men-

* Vortrag, gehalten auf Einladung des Internationalen PEN-Clubs am 18. November 1975 in englischer Sprache unter dem Titel »A Psychiatrist Looks at Literature«.

schen über die scheinbare Sinnlosigkeit seines Daseins hervorgeht – und wer wollte leugnen, daß es sich da um ein Lieblingsthema der zeitgenössischen Literatur handelt?

Nun, Sigmund Freud hat einmal in einem Brief an die Prinzessin Bonaparte gemeint, »im Moment, da man nach Sinn und Wert des Lebens fragt, ist man krank; man hat nur eingestanden, daß man einen Vorrat von unbefriedigter Libido hat.« Nun, ich persönlich glaube eher, daß man dann nur eines bewiesen hat, nämlich, daß man wirklich Mensch ist. Denn kein Tier hat jemals die Frage nach dem Sinn seines Daseins gestellt. Nicht einmal eine der Graugänse von Konrad Lorenz. Aber den Menschen, den quält diese Frage. Dennoch ist das nicht das Symptom einer Neurose, vielmehr sehe ich es für eine menschliche Leistung an, und zu ihr gehört nicht nur, nach dem Sinn des Lebens zu fragen, sondern auch, einen solchen Sinn in Frage zu stellen.

Aber selbst, wenn es in einem Einzelfall wirklich so sein sollte, daß der Schöpfer eines literarischen Werkes richtiggehend krank ist – vielleicht sogar an einer Psychose leidet und nicht etwa nur an einer Neurose –, spricht dies auch nur im geringsten gegen Wert und Wahrheit seines Werkes? Ich glaube nicht. *Zweimal zwei ist vier, auch wenn's ein Schizophrener behauptet.* Und genauso glaube ich, daß es dem Wert von Hölderlins Dichtung und der Wahrheit von Nietzsches Philosophie keinen Abbruch tut, wenn ersterer an einer Schizophrenie erkrankt war und letzterer an einer Gehirnparalyse. Vielmehr bin ich überzeugt davon, daß die Namen jener Psychiater, die ganze Bücher geschrieben haben über die Psychosen dieser »Fälle«, zu einer Zeit längst vergessen sein werden, zu der die Werke von Hölderlin und Nietzsche noch gelesen werden.

So sehr es aber auch richtig sein mag, daß Pathologie an sich noch lange nicht gegen ein Werk spricht, so wenig spricht Pathologie als solche zugunsten des Werkes. Wann immer ein Schriftsteller geisteskrank war – ein bedeutendes Werk von ihm ist nie wegen, sondern trotz seiner Psychose zustande gekommen. Krankheit selbst ist niemals schöpferisch.

In letzter Zeit ist es Mode geworden, Literatur nicht nur psychiatrisch zu beurteilen, sondern im besonderen auf unbewußte Psychodynamik hin, die ihr zugrunde liegen mag. So kommt es denn, daß die sogenannte Tiefenpsychologie ihre Hauptaufgabe im Entlarven verborgener beziehungsweise ins Unbewußte verdrängter Motivationen erblickt. Dies gilt selbstverständlich auch von der literarischen Produktion. Was dabei herauskommt, wenn das Werk eines Dichters auf *die Prokrustes-Couch* gelegt wird, mögen Sie an einer Buchbesprechung ermessen, die eine amerikanische Zeitschrift einem zweibändigen Werk über Goethe widmete, dessen Verfasser einer der prominentesten Psychoanalytiker ist: »Auf den 1538 Seiten porträtiert uns der Autor ein Genie mit den Kennzeichen manisch-depressiver, paranoider und epileptoider Störung, Homosexualität, Inzest, Voyeurismus, Exhibitionismus, Fetischismus, Impotenz, Narzißmus, Zwangsneurose, Hysterie, Größenwahn usw. Der Autor scheint sich fast ausschließlich auf die dem Kunstwerk zugrunde liegende Triebdynamik zu beschränken. Er will uns glauben machen, Goethes Werk sei nichts als das Resultat prägenitaler Fixierungen. Sein Kampf gelte nicht etwa einem Ideal, der Schönheit, irgendwelchen Werten, sondern in Wirklichkeit der Überwindung vorzeitigen Samenergusses.« Hab' ich Ihnen zuviel versprochen? Wie weise war doch Freud selbst, wenn er einmal meinte, eine Zigarre müsse nicht immer als Penis-Symbol gedeutet werden, sondern könne einmal auch wirklich eine Zigarre bedeuten.

Ich möchte sagen, das Entlarven muß irgendwo haltmachen, und zwar genau dort, wo der Psychologe mit einem Phänomen konfrontiert ist, das sich einfach deshalb nicht weiter entlarven läßt, weil es echt ist. Wenn ein Psychologe aber auch dann noch nicht aufhört zu entlarven, dann entlarvt er noch immer etwas, aber was er dann entlarvt, ist sein eigenes unbewußtes Motiv, und das ist, das Menschliche im Menschen zu entwerten.

Man fragt sich nur, was dieses Demaskieren so attraktiv macht. Nun, es scheint für den Spießer ein Genuß zu sein zu hören, daß Goethe auch nur ein Neurotiker war, ein Neurotiker wie du und ich, wenn ich so sagen darf. (Und wer sich von Neurose 100prozentig frei weiß, werfe den ersten Stein.) Irgendwie tut es anscheinend auch wohl, wenn einem gesagt wird, der Mensch sei nichts als ein nackter Affe, nichts als der Kriegsschauplatz von Es, Ich und Über-Ich, nichts als der Spielball von Trieben, das Produkt von Lernprozessen, das Opfer sozio-ökonomischer Bedingungen und Umstände oder sogenannter Komplexe. Ungeachtet dieses so weit verbreiteten Determinismus und Fatalismus schrieb mir einmal eine Leserin aus Alabama: »Der einzige Komplex, an dem ich leide, ist der Gedanke, daß ich eigentlich Komplexe haben *müßte*, ohne wirklich welche zu haben. Ich habe eine fürchterliche Kindheit hinter mir, und doch bin ich überzeugt, daß aus dem Schrecklichen viel Positives hervorgegangen ist.«

Mir will scheinen, als ob das Demaskieren, das ihnen der Reduktionismus mit seiner stereotypen Phrase »nichts als« vorexerziert, vielen Leuten eine ausgesprochen masochistische Freude bereitet. Dazu kommt noch, daß es, wie der Londoner Psychiater Brian Goodwin sagt, »den Leuten wohltut, wenn man ihnen einredet, sie seien nichts als dies oder jenes, genauso, wie die Leute glauben, ein Medikament, das wirksam sein soll, muß scheußlich schmecken«.

Wenden wir uns wieder dem Thema des literarischen Demaskierens zu, so läßt sich sagen: Auf was immer der Reduktionismus die literarische Produktion zurückführt – sei es auf Normales oder Abnormes, auf Bewußtes oder Unbewußtes –, man neigt heute dazu, die literarische Produktion als einen Akt der Selbst-Darstellung zu interpretieren. Demgegenüber bin ich nun der Ansicht, daß alles Schreiben aus einem Sprechen hervorgeht und alles Sprechen wieder aus einem Denken. Es gibt aber kein Denken ohne ein Gedachtes, ohne etwas, das jeweils gemeint wird, mit einem Wort, ohne einen Gegenstand. Und dasselbe gilt insofern auch vom Schreiben und vom Sprechen, als auch sie immer einen Sinn intendieren – den Sinn, den sie eben vermitteln wollen. Und solange Sprache nicht einen Sinn, nicht eine Botschaft zu vermitteln hat, ist sie noch gar nicht Sprache. Es stimmt einfach nicht, daß – wie der bekannte Buchtitel lautet – »Das Medium (selbst) die Botschaft ist«. Vielmehr glaube ich, daß es die Botschaft ist, die das Medium, das die Botschaft vermittelt, überhaupt erst zu einem Medium macht.

Jedenfalls ist Sprache die Darstellung eines Sachverhalts und mehr als eine bloße Selbst-Darstellung. Mit einer Ausnahme. Es gehört zum Wesen der Sprache schizophrener Patienten, wie ich vor Jahren nachweisen konnte, daß sie sich nicht mehr auf einen Gegenstand bezieht, sondern tatsächlich nur noch Ausdruck eines Zustands ist.

Die Sprache normaler Menschen jedoch ist und bleibt gegenstandsbezogen, sie weist über sich selbst hinaus. Mit einem Wort, Sprache ist ausgezeichnet durch ihre Selbst-Transzendenz. Und dasselbe gilt von menschlichem Dasein ganz allgemein. Mensch-Sein ist immer auf etwas gerichtet, das nicht wieder es selbst ist – auf etwas oder auf jemanden, auf einen Sinn, den da ein Mensch erfüllt, oder auf anderes menschliches Sein, dem er da begegnet.

Diese Selbst-Transzendenz menschlicher Existenz läßt sich am besten erläutern an Hand des Auges. Ist Ihnen jemals die Paradoxie aufgefallen, daß die Fähigkeit des Auges, die Welt wahrzunehmen, abhängig ist von seiner Unfähigkeit, sich selbst wahrzunehmen? Wann sieht denn das Auge sich selbst oder etwas von sich selbst? Doch nur, wenn es erkrankt ist. Wenn ich an einem grauen Star leide, dann nehme ich ihn in Form eines Nebels wahr, den ich sehe, und wenn ich an einem grünen Star erkrankt bin, dann sehe ich, rings um die Lichtquellen, einen Hof von Regenbogenfarben. So oder so, in dem Maße, in dem das Auge etwas von sich selbst sieht, ist das Sehen auch schon gestört. Das Auge muß sich selbst übersehen können. Und genauso verhält es sich mit dem Menschen. Je mehr er sich selbst übersieht, je mehr er sich selbst vergißt, indem er sich hingibt einer Sache oder anderen Menschen, desto mehr ist er Mensch, desto mehr verwirklicht er sich selbst. Erst die Selbstvergessenheit führt zur *Sensitivität* und erst die Selbsthingabe zur *Kreativität.*

Auf Grund seiner Selbst-Transzendenz ist der Mensch ein Wesen auf der Suche nach Sinn. Im Grunde ist er beherrscht von einem Willen zum Sinn. Heute aber ist der Wille zum Sinn weitgehend frustriert. An uns Psychiater wenden sich immer mehr Patienten, die über ein Gefühl der Sinnlosigkeit klagen. Dieses Sinnlosigkeitsgefühl ist zur Massenneurose von heute geworden. Heute ist der Mensch nicht mehr so sehr wie zur Zeit von Sigmund Freud sexuell, sondern existentiell frustriert. Und heute leidet er weniger als zur Zeit von Alfred Adler an einem Minderwertigkeitsgefühl, sondern eben an einem Sinnlosigkeitsgefühl, das mit einem Leeregefühl einhergeht, mit einem existentiellen Vakuum. Wenn Sie mich fragen, wie ich mir die Heraufkunft des Sinnlosigkeitsgefühls erkläre, dann kann ich nur sagen, im Gegensatz zum Tier sagt dem Menschen kein Instinkt, was er *muß*, und im Gegensatz zum Menschen in früheren Zeiten sagt ihm keine Tradition mehr, was er *soll* – und nun scheint er nicht mehr recht zu wissen, was er eigentlich *will.* So kommt es denn, daß er entweder nur will, was die anderen tun – und da haben wir den Konformismus –, oder aber er tut nur, was die anderen wollen, von ihm wollen – und da haben wir den Totalitarismus.

Wenn es nicht so frivol klänge, würde ich aber auch sagen, daß das Sinnlosigkeitsgefühl etwas mit dem Generalthema Ihrer Tagung zu tun hat, so zwar, daß gerade die 3 Jahrzehnte des Friedens, die ihm geschenkt worden sind, dem Menschen von heute den Luxus ermöglichen, über den Kampf ums Dasein, ums bloße Überleben, hinauszufragen nach einem Wozu des Überlebens, nach einem letzten Sinn des Daseins. Mit anderen Worten, von diesen 30 Jahren läßt sich mit Ernst Bloch sagen: »Die Menschen bekommen jene Sorgen geschenkt, die sie sonst nur in der Todesstunde haben.«

Sei dem, wie dem wolle, das Sinnlosigkeitsgefühl liegt auch der weltweiten Zunahme von Phänomenen wie Aggressivität beziehungsweise Kriminalität, Drogenabhängigkeit und Selbstmord, namentlich unter der akademischen Jugend, zugrunde.

Als Symptom der Massenneurose mag sich aber auch so manches œuvre zeitgenössischer Literatur deuten lassen. Gerade dann, wenn sich der Schriftsteller auf eine bloße Selbst-Darstellung beschränkt beziehungsweise mit ihr begnügt, bringt dieser »nichts sagende«, nur sich selbst zum Ausdruck bringende *literarische Exhibitionismus* auch das eigene Sinnlosigkeitsgefühl zum Ausdruck. Mehr als dies: Sinnlosigkeit, Absurdität, wird nicht nur zum Ausdruck gebracht, sondern auch auf die Bühne gebracht. Und dies ist sehr wohl verständlich. Denn echter Sinn muß entdeckt und kann nicht erfunden werden. Sinn läßt sich nicht erzeugen. Er ist nicht machbar. Aber Un-sinn *ist* machbar, und davon macht so mancher Schriftsteller auch reichlich Gebrauch. Überwältigt vom Sinnlosigkeitsgefühl, ausgesetzt und ausgeliefert einer totalen Sinnleere, stürzt er sich in das Abenteuer, die Sinnleere mit Un-sinn, mit Absurdität, aufzufüllen.

Die Literatur hat aber die Wahl. Sie muß nicht ein Symptom der Massenneurose von heute sein, sondern sie kann auch einen Beitrag zur Therapie leisten. Denn gerade die Menschen, die durch die Hölle der Verzweiflung über die scheinbare Sinnlosigkeit des Daseins hindurch mußten, sind aufgerufen, ihr Leiden anderen Menschen zum Opfer zu bringen. Gerade die Selbst-Darstellung ihrer Verzweiflung kann den Lesern, die sich ebenfalls mit dem *Leiden am sinnlosen Leben* herumschlagen, dazu verhelfen, es zu überwinden, und sei es auch nur, indem sie spüren, daß sie nicht allein sind, mit anderen Worten, indem das Gefühl der *Absurdität* in ein Gefühl der *Solidarität* übergeht. Wann immer dies aber geschieht, lautet die Alternative nicht mehr »Symptom oder Therapie«, sondern dann *ist* das Symptom eine Therapie!

Freilich, wenn die Literatur diese therapeutische Funktion ausüben, wenn sie ihr *therapeutisches Potential* verwirklichen soll, dann muß sie sich versagen, sich sadomasochistisch in Nihilismus und Zynismus zu ergehen. So kathartisch es sich auswirken mag, wenn der Schriftsteller sein Sinnlosigkeitsgefühl dem Leser mitteilt und solcherart mit ihm teilt, so unverantwortlich ist es, wenn er die Sinnlosigkeit des Daseins auch noch zynisch predigt. Wenn der Schriftsteller nicht fähig ist, den Leser gegen Verzweiflung zu *immunisieren,* dann soll er es doch wenigstens unterlassen, ihn mit Verzweiflung noch zu *infizieren.*

# TEIL II

## *Ein Querschnitt durch das Gesamtwerk: Ein Mosaik aus Textfragmenten*

# 1. Psychotherapie

*Die Neurose als Ausdruck und Mittel*

Soweit ein neurotisches Symptom als »Ausdruck« und als »Mittel« gedeutet werden kann, ist es primär unmittelbarer Ausdruck und erst sekundär ein Mittel zum Zweck[1]. Die sogenannte Finalität eines neurotischen Symptoms erklärt demnach niemals die Entstehung einer Neurose, vielmehr jeweils nur die Fixierung des betreffenden Symptoms. Mit dieser Finalität läßt sich also nie erklären, wieso der Patient seine Neurose bekommen hat, sondern höchstens: wieso er von einem Symptom nicht losgekommen ist. (ÄS 163)

*Der verhinderte Faust*

Die Erschütterung der gefühlsmäßigen Selbstsicherheit im Erkennen und Entscheiden führt beim zwangsneurotischen Menschen zu einer forcierten Selbstkontrolle. Sie erzeugt in ihm kompensatorisch den Willen nach absoluter Sicherheit im Erkennen und im Entscheiden, ein Streben nach absolut sicherer Erkenntnis und ein Streben nach absolut moralischer Entscheidung. Mit der gleichen Gewissenhaftigkeit und Bewußtheit, mit der ein normaler Mensch bestenfalls seine Berufswahl oder Gattenwahl trifft, mit der gleichen Gewissenhaftigkeit und Bewußtheit sperrt der Zwangsneurotiker seine Wohnungstür ab oder wirft er einen Brief in den Briefkasten.

Der Zwangsneurotiker leidet vertieft unter der Befangenheit jeder menschlichen Erkenntnis und unter der Fragwürdigkeit aller menschlichen Entscheidung!

In dieser existenzanalytischen Sicht erweist sich das Wesen der Zwangsneurose letztlich als die Verzerrung eines faustischen Stre-

1 Vgl. V. E. Frankl: Die Neurose als Ausdruck und Mittel. Dritter internationaler Kongreß für Individualpsychologie, Düsseldorf 1926.

bens. Mit all seinem Willen zum Absoluten, mit seinem Streben nach Hundertprozentigkeit auf jedem Gebiet, steht der Zwangsneurotiker da wie ein verhinderter Faust – »tragisch« in seiner Menschlichkeit und »traurig« in seiner Krankhaftigkeit. (ÄS 177)

### *Technik und Wissenschaft*

Soviel Technik und Wissenschaft in die Psychotherapie eingehen mögen – irgendwie und letzten Endes basiert sie weniger auf Technik als auf Kunst und weniger auf Wissenschaft als auf Weisheit. (ÄS 229)

### *Die Psychotherapie der Zukunft*

Und doch bleibt es dabei, was ich in einem meiner englisch verfaßten und noch nicht ins Deutsche übersetzten Bücher[1] sage: daß die Psychoanalyse auch für die Psychotherapie der Zukunft[2] die Grundlage sein wird, mag sie auch noch so sehr, wie jeder Baugrund, immer mehr dem Blick entschwinden, während das Gebäude dieser Psychotherapie der Zukunft auf ihr errichtet wird. So ist denn Freuds Beitrag zur Grundlegung der Psychotherapie unvergänglich, und so ist denn auch seine Leistung unvergleichlich: Wenn wir die älteste Synagoge der Welt besuchen, die Alt-Neu-Schule in Prag, dann zeigt uns der Führer 2 Sitze – auf dem einen war der berühmte, legendenumwobene Rabbi Löw (dem man nachsagt, er habe den Golem geschaffen) gesessen, und auf dem anderen alle Rabbiner seither; denn keiner wagte es, sich gleich zu erachten dem Rabbi Löw und dessen Sitz einzunehmen. Und so ist denn durch die Jahrhunderte der Sitz des Rabbi Löw unbesetzt geblieben. Ich glaube, mit Freud geht es uns ähnlich: niemand wird sich jemals mit ihm messen können. (PP 42)

### *Der Traum eines halben Jahrhunderts*

Der Traum eines halben Jahrhunderts ist ausgeträumt: der Traum nämlich, der einer Mechanik der Seele und einer Technik der Seelen-

---

1 The Will to Meaning. New American Library, New York 1969.

2 Edith Weisskopf-Joelson: Logotherapy: The Psychotherapy of the Future. Symposion on Logotherapy. Annual Meeting of the Psychological Association, Montreal 1973.

heilkunde gegolten hatte – oder, mit anderen Worten: einer Erklärung des Seelenlebens auf Grund von Mechanismen und einer Behandlung von Seelenleiden mit Hilfe von Technizismen. Aber was sich in der Morgendämmerung abzuzeichnen beginnt, sind nicht die Umrisse einer psychologisierten Medizin, sondern die einer humanisierten Psychiatrie. (PP 56)

### *Iatrogenies*

Ist der Wunsch der sprichwörtliche Vater des Gedankens, so die Furcht die Mutter des Geschehens, nämlich des Krankheitsgeschehens.

Ein Ausspruch, den F. D. Roosevelt, wenn auch in ganz anderem Zusammenhang, gemacht hat, gilt auch in diesem: Wir haben nichts so sehr zu fürchten wie – die Furcht selbst. Darüber hinaus aber haben wir kaum etwas so zu fürchten wie jene Ärzte, die es im Züchten iatrogener Neurosen, durch ihre unbedachten oder bedenkenlosen Äußerungen gegenüber ihren Patienten, zu einer solchen, ich möchte sagen, Meisterschaft gebracht haben, daß man von ihnen füglich als von Iatrogenies sprechen könnte. (PP 87)

### *Le médecin technicien*

Welch ein Zynismus steckt doch hinter solcher Auffassung von der Psychotherapie als Technik, als »Psycho-Technik«! Oder ist es nicht etwa so: daß wir den Arzt nur dann als Techniker hinstellen können, wenn wir zuvor den Patienten, den kranken Menschen, als eine Art Maschine aufgefaßt haben? Nur ein »homme machine« bedarf des médecin technicien. (UG 10)

### *Hyperakusis des Gewissens*

Halten wir uns doch an folgende Analoga: wenn mir ein Mydriatikum instilliert wird und im Gefolge davon mich das Tageslicht blendet, dann liegt dies an der Mydriasis und nicht am Tageslicht selbst; wenn sich im Gefolge einer Facialisparese eine Hyperakusis geltend macht und dann mich der Straßenlärm stört, so ist die Hyperakusis nicht durch den Straßenlärm entstanden. Nicht anders aber liegen die Verhältnisse im Fall der im Gefolge endogen depressiver Erkrankung nur krasser zutage tretenden, an sich jedoch allem Dasein als solchem bereits innewohnenden Existenzschuld: sie ist nicht die Ursache endogen depressiver Erkrankung; sondern die Kraßheit ihres Zutagetretens – die Absurdität der Selbstvorwürfe – die Lautstärke der Gewissensstimme: bei alledem haben wir es immer schon mit Wirkungen zu tun, und zwar mit den Wirkungen einer Hyperakusis des Gewissens. (AG 37)

### *Eklektizismus*

Nicht nur die Seele stellt ein »weites Land« dar – wie Arthur Schnitzler sie genannt hat: mit ihr, mit der Seele, ist es auch die Seelenkunde, die Seelenheilkunde – die Psychotherapie. So kommt es, daß man in diesem weiten Land in die verschiedensten Richtungen ausschreiten kann – und auch ausschreiten muß, wofern man es nur halbwegs durchforschen will. Und so kommt es auch, daß nur eine Zusammenarbeit der verschiedenen »Richtungen«, wie sie innerhalb der Psychotherapie aufgetreten sind, zu maximalen Forschungsergebnissen führen mag – und zu optimalen Behandlungseffekten. (AG 260)

### *Die Tendenz zur Entlarvung*

Treffend finde ich die Charakterisierung dieser Tendenz zur Entlarvung, wie sie der von Joseph Wilder im American Journal of Psychotherapy (26, 447,1972) zitierte »kürzeste unter den vielen amerikanischen Psychoanalytikerwitzen« zustande bringt: »Sind Sie Psychoanalytiker?« – »Was steckt dahinter, daß Sie mich das fragen?« – »Ich seh' schon: Sie *sind* Psychoanalytiker.« (AG 272)

### *Die Entlarvung der Entlarver*

Noch obliegt es uns aber, einmal den Versuch zu wagen, die »entlarvende« Psychotherapie zu entlarven und sie selbst – diese Domäne des Psychologismus – mit ihren eigenen, mit psychologistischen Waffen zu schlagen. Gehen wir zu diesem Zweck von der Gleichung aus, derzufolge Wissen gleich Macht ist. Wenn wir diese Gleichsetzung umkehren, dann lautet der Satz: Nichtwissen um etwas, die Unbewußtheit von etwas, ist gleich Ohnmacht. Daraus folgt aber auch, daß ein Wissen um das Unbewußte des andern mir Macht verleiht. Es ist nun die Tiefenpsychologie, die es mir scheinbar ermöglicht, den andern bis in die Tiefen seines Unbewußten einzusehen – so daß ich ihn durchschaue, ja so, daß ich schließlich von ihm mehr weiß, als er selber wissen kann. Damit aber, daß ich mir mit tiefenpsychologischen Mitteln diesen Einblick in seine Seele verschafft habe, habe ich nicht etwa bloß den Schlüssel zu seiner Seele in der Hand, sondern letztlich ihn selbst. Nunmehr kann ich mit ihm schalten und walten – mit ihm: das heißt mit seiner Affektdynamik und Triebenergetik, seinen Komplexen und Mechanismen; vor seiner Seele stehe ich alsdann wie der Techniker vor einem Schaltbrett.

Was wir zu skizzieren versucht haben, ist der Typus eines médecin technicien – das moderne, wenn auch noch so anachronistische Korrelat zum homme machine. Gehen wir dieser medizinisch-psychologistischen Haltung und Einstellung auf den Grund, so erweist sie sich als getragen von einem Ressentiment. Was ihr zugrunde liegt, ist jedoch nicht nur eine Bemächtigungstendenz, sondern auch – wenn wir diesen individualpsychologischen Ausdruck beibehalten wollen: eine Entwertungstendenz. Es ist das Bestreben, den andern nicht als Menschen, nicht in seinem Menschsein gelten zu lassen, sondern ihn seiner Menschenwürde zu berauben.

Dabei ist es nicht etwa so, als ob diese aus Ressentiment geborene Tendenz zur Technisierung, zur Entpersönlichung und Versachlichung nur der psychologistischen Psychotherapie zugrunde läge: es läßt sich vielmehr unschwer nachweisen, daß diese Tendenz überall dort mit am Werk ist, wo es um die Psychiatrie im allgemeinen geht – freilich um eine Psychiatrie, die bar ist jener Ehrfurcht vor der geistigen Person des Kranken und des seelisch kranken Menschen. Worauf die uneigentlichen, die unsachlichen Motive solcher unpersönlichen Haltung und Einstellung zum Kranken hinauslaufen – auch das ist Macht: die Macht, einen Menschen zum Fall zu stempeln, ihn zu degradieren zu einem Fall von »Pa« (Paranoia), »P. p.« (Progressive Paralyse) oder dergleichen. Verschwindet der Mensch für die psychologistische Psychotherapie hinter den Komplexen, als deren bloßer Spielball er erscheint, so für die psychologistische Psychiatrie hinter den Symptomen, als deren bloßer Träger er imponiert. Vom psychologistischen Psychotherapeuten wird der Mensch zum berechenbaren Wesen entwürdigt – um vom psychologistischen Psychiater wegen seiner allfälligen Unberechenbarkeit entmündigt zu werden. In beiden Fällen hat die Behandlung eine Tendenz zur Bemächtigung.

Einer meiner engeren Fachkollegen äußerte sich einmal – auf die Frage, warum er seinen psychiatrischen Beruf gewählt habe –, wie folgt: »Wissen Sie, es war mir lieber, ich habe die Schlüssel zum Irrenhaus selber in der Hand, als daß die andern sie in ihren Händen haben ...«: Schlüsselgewalt – das ist es. Macht über die Menschen, auf dem Umweg einer Macht über ihre Seelen.

Sollte es schwer zu verstehen sein, daß dieser Wille zur Macht und diese Entwertungstendenz eine Gegenströmung auf den Plan gerufen haben? Daß sich etwas in uns auflehnt dagegen, daß die Person zur Sache und das Ich zum Es entwürdigt wird? – Der Psychologismus innerhalb der Psychotherapie konnte nicht unwidersprochen hingenommen werden. (AG 276)

### *Psychosomatik*

Es ist uns der instruktive und illustrative Doppelfall einer psychosomatischen Angina bekannt, und zwar betrifft er einen Kliniker und dessen Assistenten: Beide bekommen, wenn sie überhaupt an einer Angina erkranken, letztere an einem Donnerstag. Der Assistent bekommt sie nämlich an einem Donnerstag dann, wenn er am darauffolgenden Freitag einen wissenschaftlichen Vortrag halten soll – was bei ihm immerhin eine gewisse Aufregung bedeutet. Der Kliniker jedoch bekommt seine Angina – wenn er eine bekommt – ebenfalls am Donnerstag einfach deshalb, weil er am Mittwoch immer seine Vorlesungen zu halten hat. An diesem Tage ist er jeweils noch an-anginös. Zwar haben wir alles Recht anzunehmen, daß an diesem Tag der Infekt bereits schlummert; aber er bricht nicht aus. Der Kollege kann es sich einfach nicht leisten, an seinem Vorlesungstag zu erkranken, und der Ausbruch der Krankheit, der schon fällig ist, wird aufgeschoben.

Aber wir können statt einer Krankengeschichte auch die Literaturgeschichte in die Debatte ziehen: Goethe arbeitete 7 Jahre am Manuskript des Faust II; im Jänner 1832 verschnürte er dieses Manuskript und setzte sein Siegel darauf – im März 1832 starb er. Wir gehen gewiß nicht fehl in der Annahme, Goethe habe einen Großteil dieser 7 Jahre, wenn ich so sagen darf, über seine biologischen Verhältnisse gelebt. Hier war es nicht ein Leiden, sondern sogar das fällige, ja überfällige Sterben, das da aufgeschoben wurde, bis des Lebens Werk vollendet war.

So hätte sich denn gezeigt: *die psychosomatische Medizin läßt uns viel weniger verstehen, warum da einer krank wird, als vielmehr, warum da einer gesund bleibt*[1]. Zumindest in den zuletzt dargelegten Fällen ließe sich mit mehr Recht als von psychosomatischer Erkrankung von psychosomatischer Gesundheit sprechen. Diesbezüglich kann uns die psychosomatische Medizin wirklich wertvolle Hinweise geben. Eben damit aber rückt sie auch aus der Sphäre notwendiger Krankheitsbehandlung hinüber in die Sphäre möglicher Krankheitsverhütung. Ist doch klar, daß es dort, wo es eine Auslösung vom Seelischen her gibt, auch eine Verhütung von dort her geben muß. (TT 86)

### *Fehlleistungen*

Daß es Konflikte zwischen einzelnen Strebungen im Menschen geben kann, hat die Psychoanalyse richtig gesehen. Wie sehr innerhalb der von Freud so genannten »Psychopathologie des Alltags« Strebungskonflikte in Erscheinung treten können, hat die von der Psychoanalyse inaugurierte Lehre von der Deutbarkeit sogenannter Fehlleistungen gezeigt.

Kasuistik: 1. Ein Kollege, der über Irrenanstalten spricht, von denen einmal im Zusammenhang mit der Euthanasie unrühmlich die Rede war, sagt: »Dort werden die Patienten menschlicher umgebracht – untergebracht als in der Anstalt ...«

2. Ein Kollege plädiert für die Empfängnisverhütung und verspricht sich wiederholt, indem er von Verhängnisverhütung spricht.

3. Ein Kollege plädiert für ein Volksbegehren, das sich gegen die Schwangerschaftsunterbrechung in Form der Fristenlösung richtet, und verspricht sich, indem er sagt: »Sollte auch dies die Abgeordneten des Nationalrates nicht zu einer Änderung ihrer Haltung bewegen, werden wir ein Volksgebären in die Wege leiten.« (TT 133)

---

1 Vgl. den Fall eines Kollegen, der in schwer ermüdetem, überarbeitetem Zustand aufgefordert wurde, sich einer alpinen Rettungsexpedition anzuschließen, die ein paar Stunden in Anspruch nahm; unmittelbar nachdem er seine ärztliche Pflicht erfüllt hatte, kollabierte er und hatte Mühe, sich im Fels in Sicherheit zu bringen; daß es überhaupt zu einem Kollaps gekommen war, ist nur allzu verständlich, und zwar auch ohne eine psychosomatische Medizin; allein, daß es nicht um eine Sekunde früher dazu gekommen war, als bis der Kollege seine Aufgabe erfüllt hatte – dies ist nur psychosomatisch zu erklären.

# 2. Logotherapie

*Zur Rehumanisierung der Psychotherapie*

Sofern dem so ist, wie vielfach behauptet wird – daß mit der Logotherapie eine neue Dimension, nämlich die Dimension des eigentlich Menschlichen, aufgeschlossen ist –, sofern dem so ist, folgt aus eben diesem dimensionalen Charakter unseres Beitrags, daß die Befunde der großen Pioniere von der Logotherapie nicht annulliert, sondern überhöht werden. Die Logotherapie ist kein Ersatz für die Psychotherapie; aber sehr wohl mag die Logotherapie zur Wiedervermenschlichung der Psychotherapie beitragen. (ÄS 242)

*Der Mensch auf der Suche nach Sinn*

Das Thema lautet: Der Mensch ist ein Wesen auf der Suche nach einem Sinn, nach dem Logos, und dem Menschen Beistand zu leisten in der Sinnfindung ist *eine* Aufgabe der *Psycho*therapie – ist *die* Aufgabe einer *Logo*therapie. (WS 8)

*Logotherapie und Existenzanalyse*

Im Zusammenhang mit Logotherapie und Existenzanalyse könnten nun folgende Mißverständnisse aufkommen: Das erste mögliche Mißverständnis beruht auf der Annahme, die Logotherapie bestehe darin, daß der Arzt dem Patienten »mit der Logik kommt« – daß er ihm etwas »auszureden« versucht, was sich der Patient nur »eingeredet« hat. Hierbei wird jedoch der Logos mit der Logik verwechselt und die Logotherapie nur irrtümlich in Zusammenhang gebracht mit jener psychotherapeutischen Behandlungsmethode, die Dubois Persuasion genannt hat.

Beim zweiten möglichen Mißverständnis handelt es sich nicht um den »Logos« in der »Logotherapie«, sondern um die »Analyse« in der

»Existenzanalyse«. Geht es doch darum, den Sinn des Wortes Analyse nicht zu verkennen. Existenzanalyse bedeutet, wie gesagt, keineswegs Analyse »der« Existenz – dies wäre eine contradictio in adjecto. Wir selbst definierten niemals die Existenzanalyse als Analyse »der« Existenz, vielmehr immer nur als Analyse »auf« Existenz »hin« – vgl. »Die Existenzanalyse und die Probleme der Zeit«, Wien 1947, S. 34–35. (AG 258)

### *Ein offenes System*

Nun noch einige Klarstellungen: Die Existenzanalyse stellt eine Forschungsrichtung dar, aber keine Schulmeinung. Als Forschungsrichtung ist sie offen, und zwar in zwei Dimensionen: sie ist bereit zur Kooperation mit anderen Richtungen und zur Evolution ihrer selbst. (AG 259)

### *Die Sünde wider den Geist*

Wer die Position der Existenzanalyse verstehen will, der muß ihre Ausgangsposition kennen. Die Ausgangsposition der Existenzanalyse war jedoch eine Op-position, und zwar die Opposition gegen den Psychologismus innerhalb der Psychotherapie.

Es war die Sünde wider das Geistige, die das Ärgernis des Psychologismus ausgemacht hat. Eine »Psychologie ohne Seele«, wie Fr. A. Lange sie genannt hat, hatte es längst gegeben, und sie war bereits überwunden worden – nicht zuletzt dank der Erkenntnisse eines Sigmund Freud. Nach wie vor gab es jedoch eine Psychologie ohne Geist. (AG 265)

### *Homo patiens*

Nun mag der prognostisch infausteste psychotisch Erkrankte noch so sehr allen Nutzwert verloren haben – er behält seine Würde, denn der leidende Mensch steht höher als der homo faber. Der leidende Mensch steht höher als der tüchtige Mensch. Und wäre dem nicht so, dann stünde es nicht dafür, Psychiater zu sein; denn nicht für einen verdorbenen »psychischen Mechanismus«, nicht für einen ruinierten seelischen »Apparat« und nicht für eine zerbrochene Maschine möchte ich Seelenarzt sein; sondern nur für das Menschliche im Kranken, das hinter alledem und über alledem steht. (TT 64)

*Hyper-Reflexion*

Wir sehen also, wie alles Beabsichtigen ebenso wie alles Beobachten geeignet ist, eine Funktion in ihrem normalen Ablauf zu stören, und es ist klar, daß, so wie wir gegenüber der Erwartungsangst die therapeutische Methode der paradoxen Intention zu wählen haben – daß in analoger Weise der Beobachtungszwang eine Dereflexion als Korrektiv notwendig macht. (TT 176)

*Das Menschenbild der Seelenheilkunde*

So ist es denn das Anliegen der Existenzanalyse, das unbewußte, implizite Menschenbild der Psychotherapie bewußt zu machen, zu explizieren, zu entfalten, zu entwickeln, nicht anders, als wie ein Lichtbild entwickelt und so erst aus der Latenz geholt wird. Denn das Menschenbild des Psychotherapeuten kann unter Umständen ein solches sein, daß es der Neurose des Patienten geradezu in die Hände arbeitet. Es kann nämlich selber ein durchaus nihilistisches sein. (TT 194)

# 3. Logotheorie

*Relativismus*

Solange uns eine absolute Wahrheit nicht zugänglich ist, müssen wir uns damit begnügen, daß die relativen Wahrheiten einander korrigieren. (ÄS 2)

*Der Mut zur Einseitigkeit*

Man stelle sich vor, der Flötist würde im Orchester nicht einseitig und ausschließlich Flöte spielen, sondern ein anderes Instrument zur Hand nehmen – nicht auszudenken; denn er hat nicht bloß das Recht, sondern nachgerade die Pflicht, einseitig und ausschließlich Flöte zu spielen im Orchester – aber eben auch nur im Orchester: sobald er nach Hause kommt, wird er sich wohlweislich hüten, dort, daheim, außerhalb des Orchesters, seinen Nachbarn durch einseitiges und ausschließliches Flötespielen auf die Nerven zu gehen. Im vielstimmigen Orchester der Psychotherapie sind wir ebenfalls zu einer Einseitigkeit, die sich ihrer selbst bewußt bleibt, nicht nur berechtigt, sondern auch verpflichtet. (ÄS 2)

*Das Ich und das Du*

Das Ich wird Ich erst am Du. (ÄS 13)

*Das Du und das Es*

Nur das Ich, das ein Du intendiert, kann das eigene Es integrieren. (ÄS 14)

*Von Ameisen und Menschen*

Menschliches Sein ist vor allem wesentlich geschichtliches Sein, ist jeweils in einen historischen Raum hineingestellt, aus dessen Koordinatensystem es sich nicht herausnehmen läßt. Und dieses Bezugssystem ist jeweils von einem, wenn auch uneingestandenen, vielleicht überhaupt unausdrückbaren Sinn her bestimmt. Das Treiben in einem Ameisenhaufen kann man daher wohl als zielstrebig bezeichnen, trotzdem aber nicht als sinnvoll; mit dem Fortfall der Sinnkategorie fällt jedoch auch das weg, was man »geschichtlich« nennen kann: ein Ameisen-»Staat« hat keine »Geschichte«. (ÄS 14)

*Die Entropie »von innen gesehen«*

Dem »Wärmetod« könnte man sonach das Nirvana als psychologisches Korrelat gegenüberstellen; der Ausgleich jeder seelischen Spannung durch Befreiung von allen Unlustgefühlen wäre dann als mikrokosmisches Äquivalent für die makrokosmische Entropie anzusehen, das Nirvana als die Entropie »von innen gesehen«. Das Ausgleichsprinzip selbst aber stellte den Widersacher eines »Individuationsprinzips« dar, das alles Sein als individuiertes Sein, als Anders-sein zu erhalten bestrebt wäre. Schon aus dem Vorhandensein eines solchen Widerparts ergibt sich, daß auch mit der Auffindung eines noch so universalen Prinzips, daß mit der Feststellung irgendwelcher kosmischer Tendenzen überhaupt, in ethischer Beziehung gar nichts ausgemacht ist. Denn das objektive Geschehen ist ja subjektiv (für das Subjekt) in keiner Weise verbindlich. Wer sagt uns, daß wir uns mit all diesen Prinzipien oder Tendenzen gleichsam identifizieren müssen? Das Problem fängt ja mit der Frage erst an, ob wir uns solchen Tendenzen – auch wo wir sie in unserem eigenen seelischen Geschehen entdecken mögen – auch beugen sollen. Es wäre doch ebensogut denkbar, daß unsere eigentliche Aufgabe gerade darin bestünde, der Herrschaft derartiger äußerer wie innerer Gewalten zu trotzen.

Wahrscheinlich haben wir alle, auf Grund unserer einseitig naturalistischen Schulung, einen viel zu großen, einen übertriebenen Respekt vor den Ergebnissen der exakt-naturwissenschaftlichen Forschung, vor den Inhalten des physikalischen Weltbildes. Haben wir aber wirklich einen Wärmetod oder »Weltuntergang« insofern zu fürchten, als eine schließliche Katastrophe von kosmischen Ausmaßen unsere und der noch folgenden Generationen Bemühungen sinnlos machen könnte? Belehrt uns nicht vielmehr die »innere Erfahrung« des theoretisch unvoreingenommenen schlichten Erlebens darüber, daß z. B. die selbstverständliche Freude an einem schönen Sonnenuntergang irgendwie »realer« ist als etwa eine astronomische Berechnung des vermutlichen Zeitpunktes, an dem die Erde in die Sonne fallen würde? Kann uns etwas unmittelbarer gegeben sein als unsere Selbsterfahrung – *das Selbstverständnis unseres Mensch-seins als Verantwortlich-seins?* »Das Gewisseste ist das Gewissen«, hat jemand einmal gesagt, und keine Theorie vom physiologischen »Wesen« gewisser Erlebnisse, auch nicht die Behauptung, daß Freude ein ganz bestimmt arrangierter Tanz von Molekülen oder Atomen oder Elektronen innerhalb der Großhirnganglienzellen sei, war je so zwingend und überzeugend – wie eines Menschen, der höchsten Kunstgenuß oder reinstes Liebesglück erlebt, Gewißheit, daß sein Leben sinnvoll ist. (ÄS 51)

## *Die psychologische Einstellung*

Wenn ich eine leuchtende Lampe sehe, dann ist mir mit ihr in einem gegeben, daß sie da ist, auch wenn ich die Augen schließe oder ihr den Rücken kehre. »Sehen« heißt immer auch schon: etwas außerhalb des Auges sehen. Wollte demgegenüber einer auf der Behauptung bestehen, er sehe eigentlich gar nicht die Dinge da draußen in der Welt, er sehe vielmehr bloß die Bilder auf der Netzhaut seines Auges – was ja durchaus falsch ist –, dann entspräche dieser falsche Ansatz dem Grundfehler des Positivismus Machscher Observanz, der methodisch von den Empfindungsdaten ausgeht. Tatsächlich ist die Einstellung auf die Empfindungen als solche, als Empfindungen, eine ganz bestimmte, und zwar eine erst sekundäre (»abkünftige«), nämlich reflektierende Einstellung, also eine Einstellung, die höchstens der wissenschaftlich-psychologischen, keineswegs jedoch der schlicht natürlichen Erkenntnishaltung eignet. Eine Erkenntnistheorie hat jedoch primär nicht die Absicht oder den Auftrag, Theorie psychologischer Erkenntnis[1] zu sein, sie hat vielmehr die Absicht und den Auftrag, Theorie der Erkenntnis schlechthin zu sein. Ja, wir können sogar

1 Das Analogon zur psychologischen Erkenntnis wäre – um bei unserem Modell zu bleiben – jener Sonderfall, in dem allein jemand wirklich die Netzhautbilder sehen würde: wenn er nämlich an einem herausgeschnittenen Leichenauge etwa versuchte, die von diesem imitierten physikalischen Vorgänge der camera magica zu studieren; und hat nicht auch die psychologische Einstellung zu seelischen Vorgängen tatsächlich etwas von einem »Herauslösen aus dem lebendig zusammenhängenden Ganzen« an sich?

noch weiter gehen: selbst derjenige Mensch würde irren, der etwa behauptete, durch eine Brille sehe er bloß das Brillenglas, nicht aber (durch es hindurch) die Dinge selbst. Denn freilich kann man sich auch auf die Unreinlichkeiten, auf die Stäubchen oder Fleckchen einstellen, die an den Brillengläsern haften mögen; nie dürfte man jedoch dabei vergessen, daß eine solche Einstellung jeweils eine Einstellung gleichsam auf die Fehler der Brillengläser ist – so wie ja auch die erkenntniskritische Einstellung eine Einstellung auf die Fehlerquellen der Erkenntnis – der an sich richtigen Erkenntnis! – ist; eine Einstellung auf die Fehlerquellen einer Erkenntnis sonach, deren fakultative Richtigkeit, eben mit der Annahme möglicher Fehlerquellen, immer schon vorausgesetzt ist! (ÄS 53)

### *Subjektivismus*

Die Welt wird also zwar perspektivisch gesehen, aber jedem Standort entspricht nur eine einzige, eben die richtige Perspektive. Es gibt demnach eine absolute Richtigkeit nicht trotz, sondern gerade wegen perspektivischer Relativität. (ÄS 55)

### *Zoon politikon*

Wahre Gemeinschaft ist wesentlich Gemeinschaft verantwortlicher Personen – bloße Masse aber nur Summe entpersönlichter Wesen. (ÄS 90)

### *Fortschritt*

Wie es denn überhaupt fraglich ist, ob nicht aller Fortschritt nur ein technischer ist und uns nur deshalb als Fortschritt schlechthin imponieren kann, weil wir eben in einem Zeitalter der Technik leben. (WS 88)

### *Die gesellschaftlichen Bedingungen*

Wir vergessen also keineswegs den sozialen Faktor. Nicht einmal in bezug auf die Entstehung von Neurosen übersehen wir die soziale Komponente. Der Psychotherapeut als solcher kann jedoch nicht Revolution machen – was er beeinflussen kann, ist vielmehr nur die

Einstellung des Kranken zu seinem sozialen Schicksal; eine Umstellung wird den Patienten aber gewiß nicht nur in seinem persönlichen Leben, sondern auch in seiner politischen Haltung aktivieren. (WS 94)

*Das Buch der Wirklichkeit*

Widerspruchsvoll sind nämlich die Befunde allenthalben: wo immer wir das Buch der Wirklichkeit aufschlagen – auf jeder Seite bildet sich die Wirklichkeit anders ab (Abb. 1), und die verschiedenen Abbildungen auf den einzelnen Seiten lassen sich auch dann nicht zur Deckung bringen, wenn wir umblättern (Abb. 2). Sondern erst dann, wenn wir die nächsthöhere Dimension einbeziehen, und das will heißen, wenn wir das Blatt mit der linken Abbildung im Raum aufrichten und zur

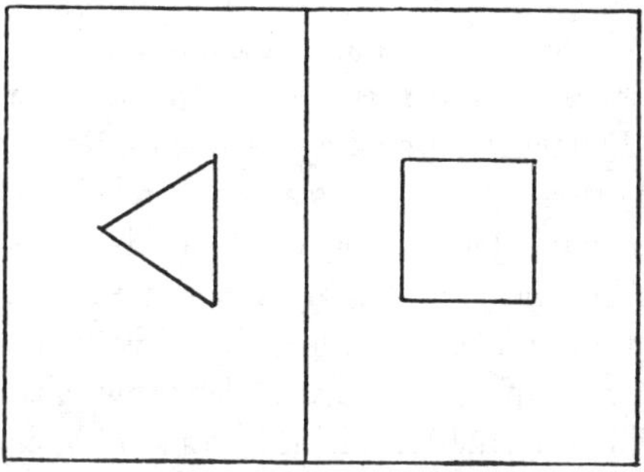

Abb. 1

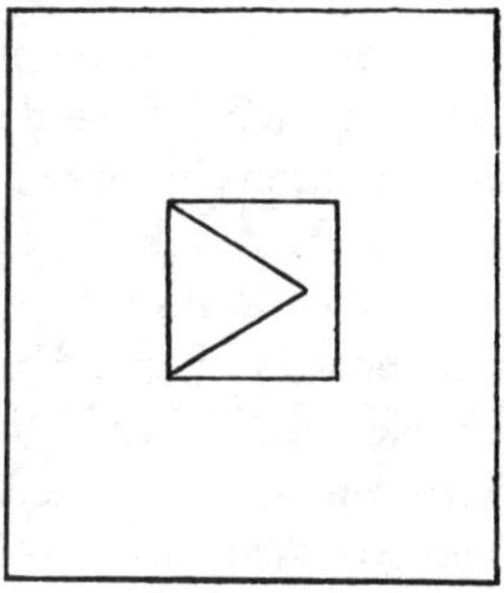

Abb. 2

Ebene des aufgeschlagenen Buches bzw. der rechten Abbildung senkrecht stellen (Abb. 3), erweist sich *eine Aufhebung der Widersprüche* als *möglich*, und *die Widersprüche selbst* erweisen sich als *notwendig;* denn es zeigt sich, daß die linke und die rechte Abbildung, das Dreieck und das Viereck je eine Projektion einer Pyramide aus dem Raum in zwei Ebenen darstellen (Abb. 4). Aber es läßt sich nicht sagen, eine Pyramide setze sich zusammen oder bestehe aus einem Dreieck und einem Viereck; ist sie doch dimensional mehr. Ebensowenig läßt sich sagen, der Mensch setze sich zusammen oder bestehe aus Leib und Seele. Vielmehr geht das Wesen des Menschen weder im Leiblichen noch im Seelischen auf und geht das Wesen des Menschen weder in die Ebene des Somatischen noch in die des Psychischen ein. Sondern es läßt sich nur verkrampft und gewaltsam in sie hineinzerren und aus dem Raum des eigentlich Menschlichen in sie hineinprojizieren.

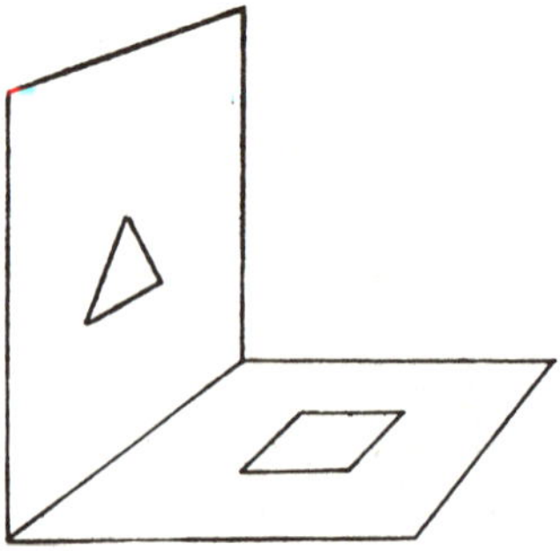

Abb. 3

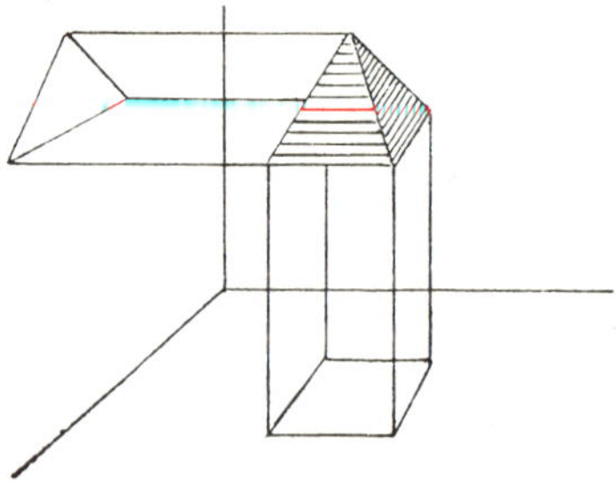

Abb. 4

Bis zu einem bestimmten Grade und in einem bestimmten Sinne gehört es zum Wesen der Wissenschaft, daß sie solche Projektionen vornimmt, in eine bestimmte Dimension, und diesbezüglich kann die Wissenschaft auch vor dem Menschen nicht haltmachen, sondern sie muß auch ihn aus dem noologischen Raum je nachdem in die biologische oder in die psychologische Ebene hineinprojizieren. Wenn ich beispielsweise einen Patienten, der mir wegen eines Hirntumors zugewiesen wird, neurologisch zu untersuchen habe, dann muß ich selbstverständlich die volle dimensionale Wirklichkeit des konkreten Menschen abblenden und so tun, als ob es sich bei ihm um ein geschlossenes System mehr oder weniger bedingter Reflexe handeln würde. Sobald ich jedoch den Reflexhammer weglege, blende ich wieder auf und kann wieder der Menschlichkeit des Patienten gewahr werden, die ich ausgeklammert hatte.

Genau so mag es legitim sein, den Menschen aus dem ihm gemäßen noologischen Raum nicht wie im Falle der neurologischen Untersuchung in die physiologische, sondern in die psychologische Ebene zu projizieren. Aber wenn es nicht in vollem Methodenbewußtsein geschieht, dann kann es mich sehr wohl auch irreführen. (PP 44)

## *Die Welt als Vorstellung*

Die Welt kann schon darum nicht »Vorstellung« sein, weil die Vorstellung »rot« nicht selber von roter Farbe ist, ebensowenig wie etwa die Vorstellung »Kreis« ihrerseits, d. h. als Vorstellung, von runder Form ist; es gibt aber nun einmal so etwas wie (die Farbe) rot (eben *nicht* identisch mit der *Vorstellung* dieser Farbe) und so etwas wie einen Kreis – ergo muß es, zumindest *neben* den Vorstellungen »von ...«, auch das in ihnen jeweils Vorgestellte selber geben. Wobei wir ohnehin davon absehen, daß dieses jeweils Vorgestellte seinem Vorgestellt-werden notwendig vorgängig sein muß. Tatsächlich sind uns *ursprünglich* niemals »Vorstellungen« gegeben, sondern eben die Dinge (zwar nicht »an sich«, aber) *selber.* (AG 111)

*Solipsismus*

Wir aber können sagen: Sobald ich alles für bloßen Schein erkläre – wirklich alles, dann hat sich ja an der Welt gar nichts geändert; und wenn das eine wie das andere Schein ist, so erübrigt es sich doch auch ganz und gar, von Schein überhaupt noch zu sprechen: diese Prädikation wäre dann ja höchst überflüssig und stellte ja dann nur eben eine höchst unnötige Verdoppelung der Wirklichkeit in eine wohlbekannte, angeblich scheinbare und in eine zweite, angeblich wirkliche, aber absolut unbekannte Wirklichkeit dar, auf welch letztere – als reine Hypothese – wir selbstverständlich ebenso gut auch verzichten könnten. (AG 112)

*Objekt und Akt*

Der geistige Selbstvollzug, der Vollzug geistiger Akte, läßt sich, als »Vollzugswirklichkeit«, ebensowenig von sich selbst erfassen, wie etwa die Fortbewegung eines Films vom Zuschauer gesehen werden kann: sowohl bei der Aufnahme als auch bei der Vorführung des Films wird dessen – ruckartige – Fortbewegung jeweils abgeblendet, und was der Zuschauer sehen kann, ist nur die Selbstbewegung des gefilmten Gegenstandes, des abgebildeten Objektes, »im« Film, »im« Bild, aber nicht die Fortbewegung »des« Bildes, des Films selbst. (AG 113)

*Bei-sein*

Bekanntlich haben die primitiven oder Naturvölker die (natürlich primitive) Vorstellung: im Traume weile die »Seele« des Träumenden fern von dessen Leib, sie verlasse ihn, schweife umher und sei beim jeweiligen Gegenstand ihrer Träume. – Ist das nun falsch, so frage ich; und wenn ja: inwieweit?

Nun, ich wage zu behaupten, diese Vorstellung der Primitiven sei nur insoweit falsch, als sie sich dieses »Weilen der Seele bei ...« oder lassen Sie mich lieber gleich sagen: dieses *Bei-sein* des Geistes, räumlich vorstellen.

Mein Geist »ist« nämlich tatsächlich »bei« allem, woran er jeweils denkt, woran er »rührt«. Nur daß dieses Bei-sein eben nicht räumlich vorgestellt werden darf – und zwar deshalb nicht, weil es kein räumliches, sondern ein »wirkliches« Bei-sein ist; keines in ontischem, vielmehr eines im ontologischen Sinne. Oder, wenn ich es ganz plump heraussagen soll: Denke ich etwa an meine in Australien lebende Schwester, bin ich also geistig, »im Geiste«, bei ihr, »ist« also mein Geist solcherart »bei« meiner Schwester, so wäre nur das Eine unrichtig: wenn ich behauptete, daß mein Geist bei meiner Schwester – »in Australien ist«; richtig ist vielmehr die Behauptung: mein Geist »ist bei« – meiner Schwester in Australien. Mit anderen Worten: Nur meine Schwester ist in Australien, nur dieses ihr ontisches Dort-sein verträgt eine räumliche Aussage – nicht aber darf der ontologische Tatbestand meines geistigen Bei-seins verräumlichend formuliert werden.

Meinen wir solches Bei-sein aber nicht in räumlichem Sinne, dann steht nichts mehr der Behauptung im Wege – einer Behauptung im vollen Ernst –: Geistig Seiendes »ist« wirklich (wie die Primitiven dachten) »bei« anderem Seienden – es ist dies nur nicht räumlich (wie die Primitiven ebenfalls meinten).

Daß es das in räumlichem Sinne ist, wäre aber auch ganz und gar unmöglich: geistig Seiendes ist nämlich der Raumkategorie überhaupt nicht unterstellt. Und aus diesem Grunde hätten wir an der zitierten »Vorstellung der Primitiven« auch schon insofern Anstoß nehmen müssen, als hier von einem »Geist« die Rede ist, der »seinen Leib verläßt« – also vorerst einmal »in« ihm gewesen sein muß. Nun, Geist – als wesentlich Unräumliches – ist im Raume nirgends, und so denn auch nicht »im Leibe«.

Sofern der Geist aber auch nicht »im Leibe« ist, sondern im Raume eben nirgends – und überall (denn beides läuft ja aufs selbe hinaus), ist der Geist auch ebensogut wie innerhalb auch außerhalb des Leibes: »außerhalb«, »draußen«, in der »Außenwelt«; mit einem Wort: er »ist bei« den Dingen. (AG 116)

Unser bisheriges Ergebnis muß nach alledem lauten: Die alle Erkenntnistheorie kennzeichnende Frage ist bereits im Ansatz falsch gestellt. Denn zu fragen, wie das Subjekt an das Objekt herankönne (um eine objektive Erkenntnis allererst zu ermöglichen und zu konstituieren), ist darum sinnlos, weil diese Frage ja schon das Resultat einer unzulässigen Verräumlichung und damit einer Ontisierung des wahren Sachverhalts darstellt; es ist müßig zu fragen, wie das Subjekt aus sich »heraus« an das »außerhalb« seiner, »draußen« befindliche Objekt herankommen könne, einfach weil dieses Objekt in ontologischem, erkenntnismetaphysischem Sinne überhaupt niemals »draußen« *war.* Ist diese Frage jedoch ontologisch und echt metaphysisch gemeint und wird dann »draußen« nur »als ob«-haft gesagt, so müßte unsere Antwort lauten: das sogenannte Subjekt ist sozusagen draußen, beim sogenannten Objekt, immer schon gewesen.

Anders ausgedrückt: Jene klaffende Distanz, jenes Auseinanderbrechen und Auseinanderfallen von Subjekt und Objekt, das die Erkenntnistheorie durch ihre unrechtmäßige Verräumlichung aufkommen läßt, dürfen wir in einer Erkenntnismetaphysik gar nicht mitmachen, gar nicht erst einführen; nur dann bekommen wir den Ansatz zu einer echten Ontologie der Erkenntnis in die Hand, nur dann wird der Abgrund zwischen erkennendem geistigem Seienden einerseits und erkanntem anderem Seienden gar nicht erst aufgerissen. Alle Distanz zwischen »außerhalb« und »innerhalb«, »draußen« und »drinnen«, alle Ferne und Nähe, verdankt ja die ontisierende, die nichtontologische Erkenntnistheorie nur dem Räumlich-nehmen eben dieser Ausdrücke.

Ontologisch genommen, »in Wirklichkeit«, läßt sich also sagen, geistig Seiendes sei »bei« anderem Seienden; *dieses* Seiende ist nun seinerseits selbstverständlich ebenfalls weder »außerhalb« noch »innerhalb« des geistig Seienden – weder »draußen« noch »drinnen«.

Weder das eine noch das andere Seiende ist also »draußen« bzw. »drinnen«. Zumindest ist es das nicht in räumlich-ontischem Sinne; im ontologischen Sinne aber ist es immer beides zugleich. Dies macht ja auch jenes eigenartige reziproke Verhältnis aus, das seit altersher zwischen Welt und Bewußtsein gesehen wird: Die Welt ist nicht nur im Bewußtsein (buchstäblich »darin« – nämlich als Bewußtseins-»Inhalt«), sondern Bewußtsein ist auch in der Welt, in der Welt »enthalten«: »es gibt« so etwas wie Bewußtsein. Subjekt und Objekt sind auf diese eigentümliche Weise durchaus ineinander verschränkt – eine Verschränkung, für die sich uns übrigens ein einziges Symbol anbietet: das chinesische Yang-Yin. Hier kann man sich nämlich ebenso vorstellen, daß der schwarze Teil den weißen umgreift (»beinhaltet«) wie das Umgekehrte. Wir könnten aber an Stelle von Verschränkung ebensogut auch von Verkettung sprechen und für diese Verkettung ein anderes Gleichnis wählen: den Auf- und Grundriß zweier Kettenglieder, sagen wir eines weißen und eines schwarzen, wobei in der Ebene des weißen Kettengliedes die eine der zwei Schnittflächen des schwarzen Kettengliedes innerhalb des weißen Kettengliedes zu liegen kommt, während in der Ebene des schwarzen Kettengliedes die eine der zwei Schnittflächen des weißen Kettengliedes innerhalb des schwarzen Kettengliedes läge; je nachdem ist dann das Schwarze »Inhalt« des Weißen und umgekehrt. (AG 119)

*Sabbath in Permanenz*

Für uns ist nun wichtig zu wissen, daß jene beiläufig 14 Milliarden Neuronen der Großhirnrinde, über die (nach v. Economo) der rezente Mensch (homo sapiens recens) verfügt, zwar noch nicht den Anthropiden, also der Frühform der Gattung »Mensch«, wohl aber schon den Neandertaliden, also der Urform der Hominiden, und selbstverständlich auch deren Altform (dem homo sapiens fossilis), bereits zur Verfügung standen. Nun, mag demnach der Neandertaler auch schon im Besitz der gleichen Neuronenzahl wie wir gewesen sein – für ihn mußte sie gewiß gleichsam einen Luxus bedeuten: er hat sie gewiß noch nicht ausgenützt. Aber auch der Mensch von heute nützt sie noch immer nicht voll aus. Diese Behauptung ist dabei keineswegs eine Vermutung; vielmehr gelang es Pötzl, sie praktisch unter Beweis zu stellen. Hat er doch in diesem Zusammenhang darauf verwiesen, daß das Gehirn von Paralytikern, die durch eine Malariabehandlung klinischer Restitution zugeführt worden waren, also bereits wieder volle Leistungsfähigkeit gezeigt hatten, dennoch histologisch einen beträchtlichen Zellschwund aufwies (Sträußler und Koskinas). Daraus erhellt nicht mehr und nicht weniger, als daß die betreffenden, nach Malarisierung praktisch geheilt gewesenen (und nur an irgendwelchen interkurrenten Krankheiten zugrunde gegangenen) Patienten trotz dieses Zellschwundes Neuronen genug zur Verfügung hatten, mit denen sie beim alltäglichen Bedarf ihr Auslangen finden konnten. Mit anderen Worten: Seither wissen wir, daß der durchschnittliche Mensch – auch von heute – mit der »Mitgift« an Ganglienzellen, die ihm die »Natur« »mitgibt«, daß er mit diesem seinem »Talent« zu wenig »wuchert«.

Welche sind nun die Konsequenzen von alledem? – Die erste Konsequenz betrifft den individuellen Fall, den individuellen Krankheitsfall: In diesem Falle erklärt sich nämlich all das, was wir oben über die Möglichkeit des Vikariierens gesagt haben; denn nunmehr können wir es verstehen, wieso dem Menschen im Falle gewisser Läsionen seines zerebralen Apparates dennoch sozusagen ein nicht unerheblicher Spielraum gewahrt bleibt, innerhalb dessen sich die seelisch-geistigen Funktionen wiederherstellen können. Damit beantwortet sich jetzt auch unsere eingangs gestellte Frage, woher das Gehirn die »Reservearmee« vikariierend funktionierender Neuronen »nimmt«: sie waren tatsächlich »arbeitslos« und brachliegend.

Die zweite Konsequenz unserer obigen Feststellung bezieht sich jedoch nicht auf einen individuellen, sondern auf den generellen Fall, nämlich auf das »genus« Mensch. Folgt doch aus unserer Feststellung, daß die Menschheit im ganzen nach wie vor – zur Zeit wie zur Vorzeit des Neandertalers – noch immer eine Chance hat, um fortzuschreiten und sich weiter zu entwickeln.

Die »Menschwerdung« ist also durchaus noch unvollendet. Denn die letzte sprunghafte, eben mutationsmäßige Vermehrung der Ganglienzellen der Großhirnrinde gab der Gattung »Mensch« eine unerhörte Chance; aber noch liegt alles am Menschen, diese Chance zu nützen. Noch hat der Mensch aus sich nicht das Mögliche, daß Äußerste herausgeholt. Weit und breit ist keine Spur zu entdecken vom prophezeiten Übermenschen (zumindest nicht seit der Zeit der prophezeienden Übermenschen: der Propheten) – noch sind wir Zwischenmenschen.

Mit jener Mutation, die einen Hominiden plötzlich mit 14 Milliarden Neuronen »begabte«, können wir also diese unvollendete Menschwerdung datieren – oder, wenn Sie so wollen: den Anbruch des sechsten Schöpfungstages. Wenn es jedoch in der Genesis heißt, der Mensch sei am sechsten Tage der Schöpfung erschaffen worden, und am siebenten Tage habe Gott geruht, so können wir sagen: Am siebenten Tage legte Gott die Hände in den Schoß, und seither liegt es am Menschen, was er, der Mensch, aus sich macht – selber macht.

Gott? wartet ab – und sieht zu, wie der Mensch die geschaffenen Möglichkeiten schöpferisch verwirklicht. Noch sind diese Möglichkeiten, wie gesagt, nicht voll ausgeschöpft. Noch wartet Gott, noch ruht er, noch ist es Sabbath: Sabbath in Permanenz. (AG 132)

### *Einheit und Ganzheit*

Kehren wir zurück zur These: Jeder Mensch ist ein absolutes Novum. Nun wissen wir, daß sowohl Samenzellen als auch Eizellen summierbar sind; schließlich ist die Verschmelzung der Keimzellen das, wozu sie bestimmt sind. Andererseits wissen wir ebenso genau, daß – miteinander bereits verschmolzene – Keimzellen unter Umständen auch teilbar sind: war es doch Driesch, der den aufsehenerregenden experimentellen Nachweis hierfür erbracht hat. Während so jene leibliche Potenz, welche die Voraussetzung der geistigen Existenz ausmacht, sich durchaus als ebenso teilbar wie summierbar erweist, läßt sich von der geistigen Existenz selber dergleichen nicht aussagen. Wohl ist geistiges Sein individuiertes Sein, die Existenz eine personale; doch ist die existentielle Person wesenhaft Einheit und Ganzheit, und das heißt, daß sie wesentlich weder teilbar ist noch summierbar.

Als »wesentlich weder teilbar noch summierbar« bezeichneten wir vorhin die Person. Tatsächlich läßt ihre Einheitlichkeit ebensowenig Teilbarkeit zu, wie ihre Ganzheitlichkeit so etwas wie Summierbarkeit zulassen würde. Daraus erhellt jedoch in einem, daß jeder Mensch nicht nur ein absolutes Novum ist, sondern auch ein absolutes *In-dividuum* und ein absolutes *»In-summabile«*.

Als je eine ist Existenz unteilbar – als eine je ganze ist Existenz unverschmelzbar – und als eine je neue ist Existenz unübertragbar. (AG 166)

### *Bei-sich-sein*

Leiblich-seelisches Dasein ist allemal Dasein in Raum und Zeit; aber die Brücken von raumzeitlich Daseiendem zu raumzeitlich Daseiendem werden keineswegs selber durch Raum und Zeit hindurch geschlagen. Diese Brücken sind also nicht ihrerseits raumzeitlich. Ebenso wie ein 3dimensionales Kontinuum, das in die 2. Dimension hineinragt, in dieser Dimension diskontinuierlich erscheint, aber eben nur scheinbar diskontinuierlich ist, ebenso könnte der kontinuierliche

Zusammenhang geistiger Personen miteinander in der Dimension leiblich-seelischen Daseins ein verborgener sein. Das Sein selbst, das Sein jenseits von Raum und Zeit, könnte sehr wohl ein geistiges Kontinuum in diesem Sinne darstellen. Seine Kontinuität würde sich in dem spiegeln, was wir an anderer Stelle das Bei-sein genannt haben. So gesehen, würde *das Bei-sein von Seiendem* soviel bedeuten wie *ein Bei-sich-sein des Seins selbst.* (AG 193)

*Perspektivismus*

So liegt die einzige Absolutheit, welche die Wahrheit dem Menschen verstattet, in der absoluten Einzigkeit der Perspektive, in der sich die Wahrheit jedem einzelnen Menschen offenbart. Und so braucht der Perspektivismus keineswegs in einen Relativismus auszumünden. (AG 251)

*Das Selbst*

Im Gegensatz zum faktischen Ich ist das Selbst ein fakultatives. Es repräsentiert den Inbegriff der Möglichkeiten des Ich. Diese Möglichkeiten sind solche der Sinnerfüllung. Wer einen Menschen um diese Möglichkeiten betrügt, beraubt ihn des Selbst als des Spielraums, in dem das Ich atmet. (AG 253)

*Existenz*

Niemals steht Existenz als Objekt vor mir, vor meinen Augen; sie steht vielmehr immer hinter meinem Denken, hinter mir als Subjekt. So ist Existenz letzten Endes ein Mysterium. (AG 254)

*Selbstverständnis*

Existenz hat Selbstverständnis. Das Selbstverständnis der Existenz ist ein irreduzibles Urphänomen. Denn Existenz kann sich selbst, kann aber nicht ihr eigenes Selbstverständnis verstehen. *Dieses* Verständnis, dieses *potenzierte* Selbstverständnis, müßte sich nämlich in einer höheren Dimension abspielen als der des ursprünglichen Selbstverständnisses. Aus alledem erhellt die Notwendigkeit der *Unmittelbarkeit* des Selbstverständnisses. Vgl. Y. K. Suominen (Acta psychiatrica et neurologica 60, 1950, S. 17): »The perceiver, in order to be able to perceive, must necessarily possess one dimension more than the object he perceives.« (AG 255)

*Akt und Objekt*

Akte werden zum Objekt. Akte sind jedoch ihrem Wesen nach intentional, und das heißt nichts anderes, als daß sie ihrerseits Objekte haben. Im Augenblick, in dem die Akte nun selber zum Objekt gemacht werden, entschwinden ihre eigenen Objekte unseren Blicken. (AG 255)

*Reduktionismus*

Ich möchte nicht mißverstanden werden. In »The Modes and Morals of Psychotherapy« wird uns folgende Definition angeboten: »Man is nothing but a biochemical mechanism, powered by a combustion system, which energizes computers.« Nun, als Neurologe stehe ich dafür ein, daß es durchaus legitim ist, den Computer als ein Modell zu betrachten, sagen wir, für das Zentralnervensystem. Der Fehler liegt ja erst im nothing but, in der Behauptung, der Mensch sei *nichts als* ein Computer. Der Mensch *ist* ein Computer; aber er ist zugleich unendlich mehr als ein Computer. Daß sich die Werke eines Kant und eines Goethe letzten Endes aus denselben 26 Buchstaben des Alphabets zusammensetzen wie die Bücher der Courths-Mahler und der Marlitt, ist ja ebenfalls richtig. Aber darum ist es noch lange nicht wichtig. Vor allem läßt sich nicht sagen, die »Kritik der reinen Vernunft« sei ebenso wie »Das Geheimnis der alten Mamsell« nichts als eine Anhäufung ein und derselben 26 Lettern. Es wäre denn, wir besitzen eine Druckerei und nicht einen Verlag ...

Im Rahmen seiner Dimension hat der Reduktionismus recht. Aber auch *nur* dort. Und das unidimensionale Denken ist eben sein Verhängnis. Vor allem bringt es ihn um die Chance, einen Sinn zu finden. Daß nämlich der Sinn einer Struktur über die Elemente hinausgeht, aus denen sie sich zusammensetzt, bedeutet letzten Endes, daß der Sinn in einer höheren Dimension lokalisiert ist, als es die Elemente sind. (PL 20)

## *Psychophysik*

Mit Recht hat Klages darauf hingewiesen, daß die Aufgabe der Hirnforschung nicht darin besteht, den »Sitz der Seele« zu suchen, vielmehr im Aufsuchen der zerebralen Bedingungen für seelische Vorgänge. Er zeigt dies an Hand eines treffenden Gleichnisses auf: Jemand entfernt in einem elektrisch beleuchteten Raum die Sicherung, und das Licht erlischt; niemand, sagt Klages, wird nun die Stelle, an der die Sicherung stak, als den »Sitz« des Lichtes bezeichnen.

Noch weniger aber dürfte man aus der Tatsache, daß es unstatthaft ist, von einem Sitz der Seele im Gehirn zu sprechen, nun den Schluß ziehen: also gibt es keine Seele. Eine solche Argumentationsweise erinnert mich an folgendes Erlebnis: Im Rahmen einer öffentlichen Diskussion fragte mich einmal ein junger Handwerker, ob ich ihm die Seele beispielsweise bei der mikroskopischen Untersuchung des Gehirns zeigen könnte; denn andernfalls glaube er an keine Seele. Ich fragte zurück, warum er am mikroskopischen Nachweis interessiert sei, und er gab mir zur Antwort: Nun, aus dem Drang zur Erforschung der Wahrheit. Und nun brauchte ich ihn nur noch zu fragen: und dieses Ihr Streben nach Wahrheit – was ist es: etwas Leibliches oder etwas Seelisches? Und er mußte zugeben: etwas Seelisches. Mit einem Wort: was er gesucht hatte und nicht finden konnte, war bei all seinem Suchen längst schon die Voraussetzung gewesen. (PL 135)

## *Mens sana in corpore sano*

Nicht nur ein gesunder – nein: auch ein kranker Geist kann in einem gesunden Körper wohnen – dies vermag ich als klinischer Psychiater zu bezeugen – ebenso wie ich als klinischer Neurologe imstande bin, dafür Zeugnis abzulegen, daß auch umgekehrt in einem siechen (beispielsweise in einem gelähmten) Leib ein heiler Geist wohnen kann. (TT 85)

## *Pathologismus*

Wie es Wahrheit trotz Krankheit gibt, so gibt es Leiden trotz Gesundheit. Ersteres vergißt der Psychologismus, letzteres übersieht der Pathologismus. (TT 150)

*Projektionismus*

Der Mensch *ist* ein Computer, aber er ist zugleich unendlich mehr, *dimensional* mehr als ein Computer. Ein Würfel, der über einem Quadrat konstruiert wird, ist ja ebenfalls irgendwie dieses Quadrat, das ihm als Grund und Boden dient. Das Quadrat wird ja nur überhöht, bleibt aber im Würfel eingeschlossen. Auch in diesem Fall liegt der Fehler also erst dort, wo wir zu behaupten wagten, der Würfel sei nichts als ein Quadrat. Dann hätten wir nämlich den Würfel auf ein Quadrat »reduziert«, indem wir ihn aus einer höheren, der dritten, der Raumdimension, hinunterprojiziert hätten in eine tiefere, die zweite Dimension, in die Ebene, in der wir den Grundriß des Würfels konstruiert haben. So erweist sich denn der Reduktionismus als ein Projektionismus. Die menschliche Dimension, der »Raum« des Menschlichen, wird a priori ausgeklammert, und die menschlichen Phänomene werden in eine subhumane »Ebene« hinunterprojiziert. (TT 195)

*Hyper-Interpretation*

Eine reduktionistische Definition der Werte besagt, daß es sich um nichts als Reaktionsbildungen und Abwehrmechanismen handelt. Auf diese Interpretation habe ich selbst einmal »reagiert«, indem ich sagte, ich wäre nie und nimmer bereit, für meine Reaktionsbildungen zu leben oder gar für meine Abwehrmechanismen zu sterben. Bedenken wir jedoch, in welchem Ausmaß solche Hypothesen geeignet sind, den Enthusiasmus für Sinn und Werte zu unterminieren. Ich kenne den Fall eines jungen amerikanischen Ehepaars, das soeben aus Afrika zurückgekehrt war, wo die beiden im Rahmen des Peace Corps gedient hatten. Zurückgekommen waren sie enttäuscht und verbittert. Es stellte sich heraus, daß sie Monate hindurch an den Sitzungen einer Gruppe hatten teilnehmen müssen, die von einem Psychologen arrangiert worden war. Einleitend hatte anscheinend eine Art Inquisition stattgefunden. Der Psychologe: »Warum sind Sie dem Peace Corps beigetreten?« Das Ehepaar: »Wir wollten Leuten helfen, die es weniger gut haben als wir.« Er: »Das heißt, daß Sie ihnen überlegen sein müssen.« Sie: »Irgendwie.« Er: »Und das heißt, daß Sie es nötig haben, Ihre Überlegenheit unter Beweis zu stellen. Ihr wirkliches Motiv ist also das unbewußte Bedürfnis, sich selbst und den anderen zu beweisen, wie überlegen Sie ihnen sind.« Sie: »Wir haben es niemals von dieser Warte aus gesehen, aber Sie sind immerhin ein Psychologe, Sie müssen es also besser wissen.« Und auf diese Tour wurden die Gruppensitzungen fortgesetzt. Die Mitglieder der Gruppe lernten es, ihren Enthusiasmus für das Peace Corps, ihre opferbereite, mit Verzichten und Entbehrungen erkaufte Hingabe an eine Aufgabe, als einen bloßen Komplex zu verstehen und als bloßes »hangup« zu deuten. Das Schlimmste aber war, wie uns unser Gewährsmann versicherte, daß die jungen Leute, die einer solchen Indoktrination ausgesetzt und ausgeliefert waren, es lernten, ihre »wirklichen« Motive auch einander vorzuhalten, um nicht zu sagen, an den Kopf zu werfen. Ein gegenseitiges Psychoanalysespielen setzte ein. Ich möchte sagen, wir haben es mit einem typischen Fall von »Hyper-Interpretation« zu tun. Motive werden von vornherein nicht ernst genommen, nichts wird für echt gehalten, alles wird als Ergebnis und Ausdruck unbewußter Psychodynamik interpretiert. Die sogenannte Tiefenpsychologie wird gern auch als entlarvende Psychologie bezeichnet. Und das Entlarven ist durchaus legitim. Aber es muß innehalten, wo der »entlarvende Psychologe« auf etwas Echtes, auf das echt Menschliche im Menschen stößt, das sich eben nicht mehr entlarven läßt. Hält er auch dort nicht inne, dann entlarvt er nur noch eines, nämlich sein eigenes unbewußtes Motiv, das ihm selbst unbewußte Bedürfnis, das Menschliche im Menschen herabzusetzen und abzuwerten. (TT 195)

## *Der Lebenslauf als Zeitgestalt*

Denn die Biographie ist letzten Endes nichts anderes als die temporale Explikation der Person: Im Leben, das da abläuft, im Dasein, das da abrollt, expliziert sich die Person, entfaltet sie sich, wird sie aufgerollt wie ein Teppich, der erst dann sein unverwechselbares Muster enthüllt. (LL 87)

## *Psychologismus*

Zum Wesen des Psychologismus gehört, daß er aus der Entstehung eines geistigen Akts Rückschlüsse zieht auf die Geltung seines Inhalts – mit anderen Worten: dem Psychologismus ist es darum zu tun, etwas logisch abzutun, indem er es psychologisch ableitet. (LL 100)

*Verantwortung*

Was ist nun Verantwortung? Verantwortung ist dasjenige, wozu man »gezogen« wird, und – dem man sich »entzieht«. Damit deutet die Weisheit der Sprache bereits an, daß es im Menschen so etwas wie Gegenkräfte geben muß, die ihn davon abzuhalten suchen, die ihm wesensgemäße Verantwortung zu übernehmen. Und wirklich – es ist etwas an der Verantwortung, das abgründig ist. Und je länger und tiefer wir uns auf sie besinnen, um so mehr werden wir dessen gewahr – bis uns schließlich eine Art Schwindel packen mag. Denn sobald wir uns in das Wesen menschlicher Verantwortung vertiefen, erschauern wir: es ist etwas *Furchtbares* um die Verantwortung des Menschen – doch zugleich etwas *Herrliches! Furchtbar* ist es: zu wissen, daß ich in jedem Augenblick die Verantwortung trage für den nächsten; daß jede Entscheidung, die kleinste wie die größte, eine Entscheidung ist »für alle Ewigkeit«; daß ich in jedem Augenblick eine Möglichkeit, die Möglichkeit eben des einen Augenblicks, verwirkliche oder verwirke. Nun birgt jeder einzelne Augenblick Tausende von Möglichkeiten, ich aber kann nur eine einzige wählen, um sie zu verwirklichen. Alle andern aber habe ich damit auch schon gleichsam verdammt, zum Nie-sein verurteilt, und auch dies »für alle Ewigkeit«! Doch *herrlich* ist es: zu wissen, daß die Zukunft, meine eigene und mit ihr die Zukunft der Dinge, der Menschen um mich, irgendwie – wenn auch in noch so geringem Maße – abhängig ist von meiner Entscheidung in jedem Augenblick. Was ich durch sie verwirkliche, was ich durch sie »in die Welt schaffe«, das rette ich in die Wirklichkeit hinein und bewahre es so vor der Vergänglichkeit. (ÄS 48)

*Schuld*

Der Unterschied, der zwischen verantwortlich sein und frei sein besteht, läßt sich an Hand einer Gegenüberstellung von Schuld und Willkür exemplifizieren. Während wir nämlich Willkür als Freiheit ohne Verantwortlichkeit definieren können, ist Schuld gewissermaßen Verantwortlichsein ohne Freisein; trägt doch der schuldig Gewordene für etwas Verantwortung, ohne die Freiheit zu besitzen, es jemals wieder aus der Welt zu schaffen. (ÄS 81)

Das Schicksal gehört zum Menschen wie der Boden, an den ihn die Schwerkraft fesselt, ohne die aber das Gehen unmöglich wäre. Zu unserem Schicksal haben wir zu stehen wie zu dem Boden, auf dem wir stehen – ein Boden, der das Sprungbrett für unsere Freiheit ist. Freiheit ohne Schicksal ist unmöglich; Freiheit kann nur die Freiheit gegenüber einem Schicksal sein, ein freies Sich-verhalten zum Schicksal. Wohl ist der Mensch frei, aber er ist nicht gleichsam freischwebend im luftleeren Raum, sondern findet sich inmitten einer Fülle von Bindungen. Diese Bindungen sind jedoch die Angriffspunkte für seine Freiheit. Freiheit setzt Bindungen voraus, ist auf Bindungen angewiesen. Aber diese Angewiesenheit bedeutet keine Abhängigkeit. Der Boden, auf dem der Mensch geht, wird im Gehen jeweils auch schon transzendiert und ist ihm Boden letztlich eben nur so weit, als er transzendiert wird, Absprungbasis ist. Wollte man den Menschen definieren, dann müßte man ihn bestimmen als jenes Wesen, das sich je auch schon frei macht von dem, wodurch es bestimmt ist (als biologisch-psychologisch-soziologischer Typus bestimmt ist); jenes Wesen also, das alle diese Bestimmtheiten transzendiert, indem es sie überwindet oder gestaltet, aber auch noch während es sich ihnen unterwirft.

Diese Paradoxie zeichnet den dialektischen Charakter des Menschen ab, zu dessen Wesenszügen seine ewige Unabgeschlossenheit und Sich-selbst-Aufgegebenheit gehören: seine Wirklichkeit ist eine Möglichkeit, und sein Sein ist ein Können. Niemals geht der Mensch in seiner Faktizität auf. Mensch-sein – so könnten wir sagen – heißt nicht faktisch, sondern fakultativ sein!

Das menschliche Dasein ist Verantwortlich-sein, weil es Frei-sein ist. Der Tisch, der vor mir steht, ist und bleibt so, wie er nun einmal ist, zumindest von sich aus, d. h. wenn er nicht von einem Menschen verändert wird; der Mensch jedoch, der an diesem Tisch mir gegenüber sitzt, entscheidet jeweils noch, was er in der nächsten Sekunde »ist«, was er im nächsten Moment etwa zu mir sagen oder vielleicht mir verschweigen wird. (ÄS 92)

*Eigenverantwortung*

Der Arzt darf demnach niemals dem Kranken die Verantwortung abnehmen, sie auf sich abwälzen lassen, darf niemals Entscheidungen vorwegnehmen oder dem Kranken aufoktroyieren. Im Gegenteil, es ist gerade die Aufgabe der Existenzanalyse, den Menschen dahin zu bringen, wo er selbständig aus seiner bewußtgewordenen eigenen Verantwortung heraus zu den eigensten Aufgaben vordringt und den nun nicht mehr anonymen, vielmehr einmaligen und einzigartigen Sinn seines Lebens findet. (ÄS 227)

*Freiheit*

Die Freiheit »hat« man nicht – wie irgend etwas, das man auch verlieren kann –, sondern die Freiheit »bin ich«. (ÄS 247)

*Entscheidung*

Das Entscheidende ist immer der Mensch. Was aber ist der Mensch? Das Wesen, das immer entscheidet. Und was entscheidet es? Was es im nächsten Augenblick sein wird. (ÄS 247)

*Toleranz*

Toleranz besteht nicht darin, daß man die Ansicht eines anderen teilt, sondern nur darin, daß man dem anderen das Recht einräumt, überhaupt anderer Ansicht zu sein. Andererseits wird Toleranz aber auch dann mißverstanden, wenn man so weit geht, daß man dem anderen auch noch das Recht zugesteht, selber und seinerseits – intolerant zu sein (WS 80)

*Das Wozu und das Wovor*

Frei sein ist wenig, ist nichts – ohne ein Wozu; aber auch verantwortlich sein ist noch nicht alles – ohne ein Wovor. (UG 51)

### *Der Massenmörder vom »Steinhof«*

Das mephistophelischste Wesen, das mir persönlich jemals begegnete, war der Fachkollege Dr. J., bekannt und berüchtigt als der Massenmörder vom »Steinhof«. War er doch der Beauftragte für die Euthanasie in der genannten Wiener Heilanstalt für Psychotische. Sein Ehrgeiz ging dahin, daß ihm auch nicht ein einziger entkam. Er selbst jedoch schien nach der Beendigung des Zweiten Weltkriegs einer Bestrafung sehr wohl entgangen zu sein. Viele Jahre später erst suchte ein österreichischer Diplomat meine Ordination auf, um seine in jahrelanger Gefangenschaft und Lagerhaft zugezogenen Leiden behandeln und begutachten zu lassen. »Kannten Sie nicht Dr. J.?« fragte er mich ganz unvermutet, und auf mein Kopfnicken hin setzte er fort: »Mit ihm teilte ich die Zelle im berühmten Moskauer Gefängnis L., kurz vor meiner Entlassung. Er aber starb dort, ging dort elend zugrunde, an einem Blasenkrebs, in verhältnismäßig jungen Jahren. Wie schade ist es um ihn; er war der beste Kamerad, den man sich vorstellen, den man sich wünschen kann! Er half uns Mithäftlingen, wo er nur konnte, er richtete uns auf und tröstete uns, wann immer wir trostbedürftig waren, und ich möchte sagen, er war wie ein Heiliger.« Selbst in diesem unikalen Falle also hätte mich ein Rückschluß, ein Vorschluß, von der scheinbaren Inkarnation eines teuflischen Prinzips auf den weiteren Lebensweg und das Ende dieses Menschen nur irregeführt. (AG 56)

### *Tertium datur*

Immer wieder wird gesprochen von »Endo- und Exogenese«, von »Anlage und Milieu«, von »Erb- und Umweltbedingtheiten« – als ob es da kein Drittes gäbe; aber tertium datur. Nicht nur, daß sich vorhin zeigte, daß aus ein und derselben Anlage heraus der eine Mensch etwas anderes aufbaut, als der andere es tut; auch was nicht die Anlage anbelangt, sondern das Milieu, auch was Umweltbedingungen anbelangt, zeigt sich ebenfalls, daß eine garantiert identische Umwelt, daß ein und dasselbe Milieu die verschiedensten Einstellungen »zu« ihm zulassen. Diesbezüglich sind wir im Besitze zureichender Kenntnisse – man denke nur an das große experimentum crucis »Konzentrationslager«. (AG 173)

*Charakter*

Ich kann jeweils höchstens wissen, wie sich ein Mensch in einer bestimmten Situation aus seinen Charakteranlagen heraus verhalten würde. Niemals jedoch kann ich voraussehen oder vorhersagen, wie er sich dann auch tatsächlich verhalten wird; denn letzten Endes verhält sich der Mensch eben gar nicht »aus seinem Charakter heraus«, sondern nimmt seine Person zu allem und jedem und so denn auch zum eigenen Charakter erst noch Stellung. (AG 213)

*Person*

Die Freiheit der Person ist nun nicht nur eine Freiheit vom Charakter, sondern auch eine Freiheit zur Persönlichkeit. Sie ist Freiheit vom Sosein und Freiheit zum Anders-werden. (AG 214)

*Aus-reden*

Immer wieder hören wir, wie sich unsere Patienten auf ihren Charakter berufen; aber der Charakter, auf den ich mich berufe, wird im gleichen Augenblick zu einem Sündenbock: im Augenblick, da ich von ihm rede, rede ich mich auf ihn auch schon aus. (AG 215)

*Mysterium iniquitatis*

Angesichts dieser radikalen Freiheit läßt sich auch verstehen, mit welchem Recht die Theologie von einem mysterium iniquitatis spricht: da unsere Entscheidungen letzten Endes frei sind, können sie unmöglich von irgendwelchen Determinanten zur Gänze bestimmt und von ihnen her pandeterministisch erklärt werden, ohne einen unerklärlichen Rest, der eben ein Mysterium bleibt. Und gäbe es das Mysterium nicht, so wären wir weder frei noch verantwortlich, und dann gäbe es eben auch keine Schuld. Sie wäre dann hinwegerklärt. (AG 232)

## *Wo ein Ziel ist, dort ist auch ein Wille*

Was der Neurotiker an sich selbst feststellt – auf das legt er sich immer auch schon fest; was er in sich vorfindet – damit findet er sich immer auch schon ab. Spricht er beispielsweise von seiner Willensschwäche, so vergißt er, daß nicht nur gilt: wo ein Wille ist, dort ist auch ein Weg – sondern es gilt mehr als dies, es gilt nämlich auch: wo ein Ziel ist, dort ist auch ein Wille. Sobald jedoch ein Neurotiker von seinen Charakterzügen, überhaupt von seinem Charakter nur redet, redet er sich auf diesen Charakter auch schon aus. Aber wie sollte einer, der sein Schicksal für besiegelt hält, es besiegen können? (PL 30)

## *Blut und Boden*

Es entbehrt nicht einer tragikomischen Note, wenn man sieht, wie heutzutage versucht wird, der Misere der Zeit beizukommen und im besonderen dem geistigen Notstand des einzelnen sowie der Masse zu steuern. Denn wie versucht man vorzugehen? Man geht aus von der Feststellung, daß der Mensch letzten Endes ein Produkt sei von zwei Faktoren, von zwei Kräften und Mächten: einerseits der Vererbung und andererseits der Umgebung. Die beiden Faktoren heißen also mit anderen Worten: Erbe und Umwelt – oder, wie man es in vergangenen Zeiten umschrieben hat: Blut und Boden. Und siehe da, letztlich sind all die Versuche, von diesen beiden Seiten her das Problem des Menschen anzugehen, zum Scheitern verurteilt, und zwar deshalb, weil sich das Eigentliche am Menschen, weil sich der Mensch als solcher, derartigen Annäherungsversuchen entzieht. Er läßt sich nämlich auf diesem Wege gar nicht fassen – und noch weniger ändern. Denn vergessen wir nicht, daß das Menschliche am Menschen ebensolange ausgelassen bleibt aus dem Bild, das wir uns vom Menschen machen – ebensolange, wie wir eben nur vom Menschen als einem Produkt sprechen: als ob der Mensch in seinem Verhalten eine Resultante wäre eines Kräfteparallelogramms, dessen beide Komponenten eben Erbe und Umwelt heißen . . .

Selbstverständlich ist der Mensch abhängig sowohl von seinen Anlagen als auch von seinem Milieu, und nur im Rahmen jenes Spielraums, den ihm diese beiden gewähren, kann er sich frei bewegen. Aber innerhalb dieses Spielraums bewegt er sich eben frei, und diese

Freiheit außer acht zu lassen, sie in der Betrachtung und in der Behandlung des Menschen zu vergessen und gar erst den Menschen selbst daran vergessen zu lassen, daß er frei ist – all dies muß sich rächen. Denn die Anlage können wir nun einmal nicht ändern, das Milieu aber nur zum Teil und kaum sofort. Also würden wir glattwegs in einen Fatalismus hineinschlittern, falls wir nur Erbe und Umwelt als Triebkräfte eines Kräftespiels, genannt Mensch, in Rechnung stellten und gelten ließen: dies hieße nämlich genau, die Rechnung ohne den Wirt machen. (PL 153)

### *Angst und Zwang*

Stellt man sich den Bereich einer Phänomenologie der psychogenen Neurosen elliptisch umgrenzt vor, so stellen Angst und Zwang gleichsam die beiden Brennpunkte dieser Ellipse dar. Sind sie doch sozusagen zwei klinische Urphänomene. Und dies nicht zufällig; denn der Angst und dem Zwang entsprechen die beiden Grundmöglichkeiten des Menschseins »Angst« und »Schuld« (das Schuldgefühl spielt ja in der Psychologie der Zwangsneurose eine große Rolle). Die ontologischen Bedingungen aber für diese zwei Möglichkeiten, dasjenige also, woraus Angst und Schuld entspringen, sind Freiheit und Verantwortlichkeit des Menschen: Nur ein Wesen, das frei ist, kann Angst haben (Kierkegaard: »Die Angst ist der Schwindel der Freiheit«), und nur ein Wesen, das verantwortlich ist, kann schuldig werden. Daraus ergibt sich, daß ein Wesen, das zum Freisein und Verantwortlichsein begnadigt ist, zum Ängstlichwerden und Schuldigwerden verurteilt ist.

Selbstverständlich spielen Angst und Schuld auch bei Psychosen eine Rolle. Nun: sofern – beispielsweise in Fällen endogener Depression – in der Gegenwart im Gegensatz zu früher Angstgefühle gegenüber Schuldgefühlen überwiegen, läßt sich sagen: Schuld hatte ein Geschlecht, das nicht tat, was es sollte; Angst hat ein Geschlecht, das nicht *weiß*, was es soll. (TT 134)

## B DER WILLE ZUM SINN

### *Hedonismus*

In Wirklichkeit kommt es auf Lust oder Unlust im Leben herzlich wenig an. Für den Zuschauer im Theater ist es ja auch nicht wesentlich, ob er sich eine Komödie oder eine Tragödie ansieht; wichtig ist ihm vielmehr der Inhalt, der Gehalt des Dargebotenen. Und es wird gewiß niemand behaupten, daß gewisse Unlustgefühle, die sich angesichts eines traurigen Geschehens auf der Bühne in den Seelen der Zuschauer regen, das eigentliche Ziel ihres Theaterbesuches darstellen; denn dann müßten alle Besucher als verkappte Masochisten angesehen werden. Vollends läßt sich jedoch die Behauptung, Lust sei das Endziel aller – und nicht der bloße Endeffekt vereinzelter – Strebungen, dadurch widerlegen, daß wir diese Behauptung umkehren. Wäre es nämlich tatsächlich so, daß beispielsweise Napoleon seine Schlachten nur deshalb ausfocht, um mit ihrem siegreichen Ausgang Lustgefühle zu erlangen – die gleichen Lustgefühle, die irgendein anderer Soldat sich einfacher verschaffen konnte, etwa durch Fressen, Saufen und Huren –, dann müßte umgekehrt das »letzte Ziel« der letzten Napoleonischen Schlachten, der »Endzweck« von Napoleons Niederlagen in den Unlustgefühlen gelegen sein, die den Niederlagen doch ebenso folgten wie die Lustgefühle den Siegen.

Wollten wir wirklich in der bloßen Lust den ganzen Lebenssinn sehen, dann müßte das Leben letzten Endes sinnlos erscheinen. Wäre Lust wirklich der Sinn des Lebens, dann hätte das Leben eigentlich gar keinen Sinn. Denn was ist Lust schließlich? Ein Zustand. Der Materialist – und der Hedonismus geht mit Materialismus gewöhnlich einher – würde sogar sagen: Lust ist nichts anderes als irgendein Vorgang in den Ganglienzellen des Gehirns. Und um der Erreichung eines solchen Vorganges willen soll es dafürstehen zu leben, zu erleben, zu leiden und etwas zu tun? Stellen wir uns vor, ein zum Tode Verurteilter sollte sich wenige Stunden vor seiner Hinrichtung die Speisen zur Henkersmahlzeit auswählen. Er könnte sich dann fragen: Hat es überhaupt noch einen Sinn, angesichts des Todes in kulinarischen Genüssen zu schwelgen? Ist es nicht einerlei, ob der Organismus zwei Stunden später ein Kadaver geworden ist, nachdem oder ohne daß er zuvor rasch noch jenen Vorgang in den Ganglienzellen erhascht hat, den man Lust nennt? Angesichts des Todes steht aber alles Leben, und jede Lust jedes Menschen wäre gleichermaßen sinnlos. Diese trostlose Lebensauffassung müßte konsequenterweise schon mitten im Leben an dessen Sinn zweifeln lassen; sie könnte mit Recht eine Erkenntnis vorwegnehmen und verallgemeinern, zu der ein Patient gekommen war, der nach einem Selbstmordversuch interniert wurde und von folgendem Erlebnis erzählte: Zum Zweck des beabsichtigten Selbstmordes wollte er an eine entlegene Stelle der Stadt fahren, konnte jedoch keine Straßenbahnverbindung mehr bekommen; daraufhin entschloß er sich, ein Autotaxi zu nehmen. »Dann überlegte ich aber«, berichtete er, »ob ich die paar Schilling nicht lieber sparen sollte; darüber mußte ich nun unwillkürlich lächeln, daß ich noch unmittelbar vor meinem Tod ein paar Schilling ersparen wollte.« (ÄS 50)

*Voluntarismus*

Im geschlossenen System eines »seelischen Apparates«, der vom Lustprinzip beherrscht wird, ist kein Platz für den von uns so benannten Willen zum Sinn, der ja den Menschen auf die Welt hinordnet und ausrichtet. Dieses Konzept darf nicht in einem voluntaristischen Sinne mißverstanden werden. Daß wir von einem »*Willen* zum Sinn« sprechen und nicht etwa von einem »*Trieb* zum Sinn«, heißt noch lange nicht, einem Voluntarismus huldigen; vielmehr soll auf diesem Wege das Faktum der (primär) direkten Sinnintention – will heißen das Faktum, daß es dem Menschen zunächst und zuletzt um den Sinn *und nichts als den Sinn* geht – nicht aus dem Auge gelassen werden: würde es sich nämlich wirklich um einen Trieb handeln, dann würde der Mensch den Sinn nur erfüllen, um den Stachel des Triebes loszuwerden und sein Gleichgewicht wiederzugewinnen. Dann jedoch hätte der Mensch aufgehört, um des Sinnes selbst willen zu handeln, und unsere Motivationstheorie liefe wieder auf das Homöostaseprinzip hinaus. (ÄS 75)

*Wollen*

Die Idee eines Willens zum Sinn darf nicht im Sinne eines Appells an den Willen mißdeutet werden. Glaube, Liebe, Hoffnung lassen sich nicht manipulieren und fabrizieren. Niemand kann sie befehlen. Selbst dem Zugriff des eigenen Willens entziehen sie sich. Ich kann nicht glauben wollen, ich kann nicht lieben wollen, ich kann nicht hoffen wollen – und vor allem kann ich nicht wollen wollen. Darum ist es müßig, einen Menschen aufzufordern, »den Sinn zu wollen«. An den Willen zum Sinn appellieren heißt vielmehr den Sinn selbst aufleuchten lassen – und es dem Willen überlassen, ihn zu wollen. (ÄS 76)

## *Schrittmacher und Ruhestifter*

Aber nur in dem Maße, in dem der Mensch Sinn erfüllt, in dem Maße verwirklicht er auch sich selbst: Selbstverwirklichung stellt sich dann von selbst ein, als eine Wirkung der Sinnerfüllung, aber nicht als deren Zweck. Nur Existenz, die sich selbst transzendiert, kann sich selbst verwirklichen, während sie, sich selbst bzw. Selbstverwirklichung intendierend, sich selbst nur verfehlen würde. Zum Wesen des Menschen gehört das Hingeordnet-, Ausgerichtetsein, sei es auf etwas, sei es auf jemand, auf eine Idee oder auf eine Person! »Menschen sind stark, solange sie eine starke Idee vertreten; sie werden ohnmächtig, wenn sie sich ihr widersetzen.« (S. Freud, Gesammelte Werke, Band X, S. 113.) Tatsächlich läuft alles Sich-selbst-Verwirklichen letzten Endes hinaus auf die Verwirklichung eigener Möglichkeiten. Wollen wir uns doch einmal fragen, was hinter all diesen Lehren steht, die dem Menschen von heute gegeben werden: daß er bloß versuchen möge, seine inneren Möglichkeiten auszuleben, oder, wie ebenfalls gesagt wird, sich selbst zum Ausdruck zu bringen. Nun, meines Erachtens geht das verborgene Motiv, das da dahintersteckt, dahin, jene Spannung zu verringern, die durch die Spaltung zwischen dem, was ein Mensch ist, und dem, was er zu werden hat, hervorgerufen wird; die Spannung, wie wir ebensowohl sagen könnten, zwischen der Realität einerseits und jenen Idealen, die erst zu verwirklichen sind; oder, anders ausgedrückt, *die Spannung zwischen Existenz und Essenz, zwischen Sein und Sinn.* Tatsächlich bedeutet die Verkündigung, der Mensch brauche sich um keine Ideale und Werte zu kümmern, da sie ja nichts weiter als Ausdruck seiner selbst seien und er selbst daher ruhig sich darauf beschränken könne, sein Selbst und seine Möglichkeiten zu verwirklichen – solche Verkündigung bedeutet eine frohe Botschaft; denn auf diese Art und Weise erfährt der Mensch, daß er gar nicht erst nach Sinnerfüllung oder Wertverwirklichung zu langen braucht, da ja alles bereits längst in Ordnung ist, immer schon da ist, zumindest in Form jeweils eigener Möglichkeiten, die es zu verwirklichen gilt. Pindars Imperativ, daß der Mensch werden solle, was er ist, wird solcherart seines imperativen Charakters beraubt und in eine indikative These umgewandelt, dergestalt nämlich, daß sie nunmehr lautet: Was immer der Mensch werden soll – er ist es immer schon gewesen! Und ebendarum braucht er sich um keine Ideale zu sorgen – oder, um es bildlich auszudrücken: er braucht nicht erst nach den Sternen zu langen, um sie auf die Erde herabzuholen – denn, siehe: die Erde selbst ist ein Stern ...

Und ein erleichtertes Aufatmen geht durch die Reihen der Spießer, die in ihrer Pseudomoral ein Unbehagen gespürt hatten! Wir aber wissen, daß die Spannung zwischen Sein und Sinn unaufhebbar im Wesen des Menschen begründet ist. Die Spannung zwischen Sein und Sein-sollen gehört eben zum Mensch-sein mit dazu. Und darum ist sie auch unabdingbare Bedingung seelischen Gesund-seins.[1] Testuntersuchungen, die in den USA durchgeführt wurden, haben ergeben, daß der logotherapeutische Grundbegriff der Sinnorientiertheit sogar das vorzüglichste Kriterium psychischer Gesundheit darstellt.

Aber selbst in einem tieferen Sinne ist der Hiatus zwischen Sein und Sollen, zwischen Sein und Sinn wesentlich für alles Mensch-sein. Weder können noch sollen in einem endlichen Wesen wie dem Menschen Existenz und Essenz koinzidieren und kongruieren; im Gegenteil, der Sinn muß jeweils dem Sein voraus sein – nur dann nämlich kann der *Sinn* das sein, was sein eigener Sinn ist: *Schrittmacher des Seins* zu sein! Umgekehrt sackt Existenz in sich selbst zusammen, wofern sie nicht sich selbst transzendiert, indem sie über sich selbst hinauslangt auf etwas jenseits ihrer selbst.

Wie heißt es doch in der Bibel: Während der Wanderung Israels durch die Wüste schritt Gott in Form einer Wolke seinem Volk voran – und es mag nicht abwegig sein, diesen Bericht so zu deuten, daß wir sagen: Der (letzte) Sinn (der Übersinn, wie ich es zu formulieren pflege) schritt dem Sein voran, auf daß letzteres folge, auf daß ersterer letzteres mit sich reiße. Fragen wir uns aber einmal, was denn gesche-

1 Sich an von Carl Rogers angeregte Forschungsergebnisse anlehnend, erklärt Allport: »There is always a wholesome gap between self and ideal-self, between present existence and aspiration. On the other hand, too high a satisfaction indicates pathology.« Die normale Korrelation zwischen realem Selbstbild und idealem Selbstbild, behauptet er, sei durch einen Koeffizienten von + .58 gekennzeichnet.

hen wäre, wenn Gottes Herrlichkeit nicht Israel vorangeschritten wäre, vielmehr inmitten dieses Volkes geweilt hätte – es liegt auf der Hand, was geschehen wäre: die Wolke wäre nimmermehr imstande gewesen, Israel durch die Wüste zu geleiten und ans Ziel, an seinen Bestimmungsort zu bringen, sondern die Wolke hätte alles eingenebelt, niemand hätte sich zurechtgefunden, und Israel wäre irregegangen.

Haben wir einmal diese existentielle Dynamik eingesehen, dann können wir sehr wohl unterscheiden zwischen zweierlei Menschentypen, die ich bezeichnen möchte als Schrittmacher und Ruhestifter (im englischen Original: »pacemakers versus peacemakers«). Die Schrittmacher konfrontieren uns mit Werten und Sinn, sie offerieren sie unserem Willen zum Sinn. Die Ruhestifter hingegen versuchen, uns von der Bürde jeder Sinnkonfrontierung zu entlasten.

Ein Schrittmacher in diesem Sinne war beispielsweise Moses: er trachtete keineswegs, das Gewissen seines Volkes einzulullen, im Gegenteil, er forderte es heraus. Er brachte seinem Volk die Zehn Gebote mit, als er vom Berge Sinai herniederstieg, und ersparte ihm weder die Konfrontierung mit Idealen noch das Wissen um die ihnen nur nachhinkende Realität.

Und dann ist da der Typus des Ruhestifters, dem es ums innere Gleichgewicht geht, das nur ja nicht gestört werden darf und um dessentwillen nicht nur alle Mittel erlaubt sind, sondern die ganze Welt zu nichts anderem als einem Mittel denaturiert und degradiert wird: sei es nun einem Mittel zum Zweck der Triebbefriedigung oder aber der Selbstverwirklichung, der Abstillung von Bedürfnissen, der Besänftigung eines Über-Ichs oder der Ausfaltung eines Archetypus. So oder so, der Mensch wird mit sich selbst ausgesöhnt – der Mensch wird »ausgeglichen«. Was allein gilt, sind Tatsachen. Und Tatsache ist nun einmal, daß eine verschwindende Minorität an Ideale heranreicht – warum sollen wir uns also um sie scheren, warum sollen wir anders sein als der Durchschnitt? Wozu sollen wir ideal werden – bleiben wir normal! (ÄS 77)

### *Survival value*

Ohne die Sicht auf den einzigartigen Sinn seines einmaligen Seins muß der Mensch in schwierigen Situationen erlahmen. Es muß ihm so ergehen wie dem Bergsteiger, der in einen dichten Nebel gerät und, ohne Ziel vor Augen, der lebensgefährlichen Müdigkeit zu erliegen droht. Lichtet sich aber der Nebel, wird gar die Schutzhütte in der Ferne sichtbar, dann fühlt er sich auf einmal wieder frisch und bei Kräften. Welcher Kletterer kennt nicht das typische Erlebnis des Erschlaffens, wenn er »in der Wand« ist und nicht weiß, ob er sich nicht auf einer falschen Route befindet, vielleicht auf ein falsches Felsband geraten ist; bis er plötzlich den »Ausstiegskamin« erblickt und jetzt, wo er sich nur ein paar Seillängen unterhalb des Gipfels weiß, neue Kräfte in seine flott zugreifenden Arme einschießen fühlt. (ÄS 122)

*Pursuit of happiness*

Je mehr es dem Menschen um Lust geht, um so mehr vergeht sie ihm auch schon. Je mehr er nach Glück jagt, um so mehr verjagt er es auch schon. Um dies zu verstehen, brauchen wir nur das Vorurteil zu überwinden, daß der Mensch im Grunde darauf aus sei, glücklich zu sein; was er in Wirklichkeit will, ist nämlich, einen Grund dazu zu haben. Und hat er einmal einen Grund dazu, dann stellt sich das Glücksgefühl von selbst ein. In dem Maße hingegen, in dem er das Glücksgefühl *direkt* anpeilt, verliert er den Grund, den er dazu haben mag, aus den Augen, und das Glücksgefühl selbst sackt in sich zusammen. Mit anderen Worten, Glück muß er-folgen und kann nicht erzielt werden (im englischen Originaltext, und zwar im Zusammenhang mit dem Schlagwort »pursuit of happiness«: »happiness cannot be pursued. It must ensue«). (WS 20)

*Intentionaler Akt*

Selbstverständlich kann nicht davon die Rede sein, daß die Logotherapie dem Leben des Patienten einen Sinn gibt. Den muß der Patient selbst und selbständig finden. Es kann nicht einmal davon die Rede sein, daß die Logotherapie dem Patienten einen Willen zum Sinn einflößt. Der muß keimen, und er keimt, sobald sich ihm ein Sinn anbietet. Ich kann niemandem befehlen, von Herzen zu lachen. Wenn ich will, daß er von Herzen lacht, dann muß ich ihm wohl oder übel einen Witz erzählen. Ebensowenig kann ich jemandem aber auch befehlen, einen Willen zum Sinn zu haben. Der Wille zum Sinn ist vielmehr ein intentionaler Akt, der sich nicht selber und seinerseits intendieren läßt. Soll er zustande kommen, dann muß ein Objekt gegeben sein. (WS 183)

*Soziogene Neurose*

Auf die existentielle Frustration ist daher das medizinische Modell von vornherein nicht anwendbar. Wenn überhaupt eine Neurose, dann ist die existentielle Frustration eine soziogene Neurose. (PP 3)

*Bedürfnisse befriedigen*

Nun, wie wenig die Theorie vom Menschen als einem im wesentlichen Triebe und Bedürfnisse befriedigenden Wesen den anthropologischen Grundtatbeständen gerecht wird, ergibt sich wohl am eindeutigsten und eindringlichsten aus folgender Überlegung: Fragen wir uns doch nur, was wirklich das Resultat wäre, wenn ein menschliches Wesen sämtliche Bedürfnisse, die es im Zeitquerschnitt haben mag, voll zu befriedigen vermöchte – was wäre das Resultat: das Erlebnis der Erfüllung? Oder nicht vielmehr das Gegenteil, nämlich die Erfahrung einer abgründigen Langeweile – einer bodenlosen Leere – eben des existentiellen Vakuums? (AG 34)

*Hobby*

Aber nicht nur, daß der Sinnwille kein bloßes Theoretikum darstellt, er ist ein ausgesprochenes Therapeutikum; seine Erweckung ist nämlich das einzige, das dem Menschen von heute, und nicht nur unseren Kranken, über das existentielle Vakuum hinwegzuhelfen vermöchte.

Zu solcher Auffüllung innerer Leere will die Logotherapie als eine Therapie vom Logos, und das heißt: vom Sinn her – beitragen. Selbstverständlich genügt es nicht etwa, unseren Patienten im Sinne eines Daseinssinns das diesbezüglich so viel zitierte Hobby zu rezeptieren: ob jemand in seinem Land der so und sovielte oder aber der so und soviel plus erste Briefmarkensammler ist, wird existentiell wohl irrelevant sein. Vielmehr geht es jeweils um den personalen und konkreten Lebenssinn, dessen Erfüllung jedem einzelnen abverlangt und aufgetragen ist: er allein ist von therapeutischer Dignität. (AG 35)

*Politik*

Der Krieg wurde bekanntlich definiert als die Fortsetzung der Politik mit anderen Mitteln. Dies gilt jedoch nur von dem einen der zwei

Typen von Politik, die ich persönlich unterscheide. Für die eine Politik scheint der Zweck jedes Mittel zu heiligen. Die andere Politik hingegen weiß sehr wohl, daß es Mittel gibt, die selbst den heiligsten Zweck zu entweihen vermöchten. (AG 63)

### *Ein Lebens-Werk*

Nicht nur seine Eltern kann man sich nicht aussuchen: man kann sich ebensowenig seine Kinder aussuchen.

Wir sprechen vom Sosein, also nicht vom Dasein. Sein oder Nichtsein, das ist hier also nicht die Frage; denn das eigene Dasein liegt allemal in unserer Hand – wir können ja Selbstmord begehen –, und auch das Dasein unserer Kinder steht ebenfalls allemal in unserer Macht: wir können ja die Empfängnis verhüten. Was hier in Frage steht, ist vielmehr ausschließlich das Wie-sein von Kindern, und diese Frage ist schlechterdings eine unbeantwortbare; das Sosein eines Kindes ist absolut unvorhersehbar und in diesem Sinne absolut kontingent. Das Sosein eines Kindes ist eines von Zufalls gnaden, von gnaden eines Würfelspiels des Schicksals; denn selbst die von Mendel aufgestellten Erbgesetze sind solche »der großen Zahl«, entsprechen daher durchaus einer bloßen Wahrscheinlichkeitsrechnung. Damit ist aber auch schon gesagt, daß sie nicht auf den Einzelfall anwendbar sind und das Sosein eines Kindes im einzelnen Falle unberechenbar bleibt. Die Verurteilung des Menschen zum Leben ist insofern eine un-gesetzliche, als sie in Unkenntnis, bzw. in unvollständiger Kenntnis jener Naturgesetze erfolgt, die so etwas wie die Vererbung beherrschen.

Nun, wir sind schließlich damit vertraut, daß alles Menschenwerk irgendwie Stückwerk ist; oftmals bleibt es unvollendet – niemals wird es vollkommen. Denken wir aber doch einmal an die diesbezüglichen Verhältnisse dort, wo es sich um das »Werk« eines Menschen in jenem übertragenen Wortsinn handelt, mit dem man gemeiniglich ein literarisches Werk meint: In diesem Falle ist es immerhin so, daß sein Schöpfer – auch noch nachträglich – wenigstens Korrekturen anbringen kann: erst kommen die ersten, dann die zweiten Korrekturen, dann kommt der Umbruch und erst dann kommt das Imprimatur.

Ganz anders beim »Werk«, das ein Mensch selber darstellt, – beim Leben eines Kindes, das ja so recht ein Lebens-Werk seiner Eltern darstellt; denn während das literarische Werk zum Sosein bestimmt ist, noch bevor es zum Dasein bestimmt wird, ist es hier, im Falle des Kindes, doch so, daß umgekehrt die Daseinsbestimmung der Soseinsbestimmung vorgängig ist. Hier wird auf kein Imprimatur gewartet – hier wird ein Fiat gesprochen aufs Geratewohl, und dieses Geratewohl bedeutet wohl: – auf die Gefahr eines miß-ratenen Kindes hin.

Nun wird man einwenden, das Sosein eines Kindes sei zwar biologisch unkorrigierbar, psychologische Korrekturen seien jedoch denkbar – auf pädagogischem Wege lasse sich doch so manches korrigieren. Dem ist beizupflichten: tatsächlich ist auch hier ein »Umbruch« möglich, und zwar in Form einer Umerziehung des Kindes. Diese Umerziehung wandelt das Sosein in ein Anders-sein. Aber dieses Anderswerden richtet sich letztlich nicht nach dem Wollen der Eltern, sondern nach einem Sollen, das vom Kind als je eigenes erlebt wird. Mit anderen Worten: diese Nacherziehung eines Menschen ist eigentlich Selbsterziehung, Selbstbestimmung. Sofern wir unter Leben das leibliche Dasein verstehen, also biologisch, ist das Leben eines Kindes das Werk seiner Eltern; sofern wir mit Leben jedoch nicht das leibliche Dasein meinen, sondern das geistige Sosein (= Wesen), also nicht biologisch, sondern biographisch genommen ist das Leben eines Menschen recht eigentlich sein eigenes Lebens-Werk.[1] (AG 160)

### *Lust ohne Woran*

Denn ursprünglich, normalerweise, geht es dem Menschen niemals um bloße Lust, vielmehr immer um einen Sinn. Lust stellt sich jeweils von selber ein – und zwar mit dem Erreichen eines Zieles; Lust ist Folge – aber nicht selber Ziel. Lust muß er-folgen, kann aber nicht erzielt werden. Lust ist Sache des Effekts, aber nicht Sache einer Intention; sie läßt sich nur »effektuieren«, aber nicht intendieren. Ja, es ist sogar so, daß sie gerade dort, wo sie intendiert wird, immer auch schon verfehlt wird.

Man hat dann nicht mehr etwas, woran man Lust haben könnte, sondern man hat dann eben nur noch die Lust selbst; aber ohne Woran vergeht sie einem auch schon.

Was in solchem Verhalten zutage tritt, ist eine Verkehrung von Lust qua Folge in Lust qua Absicht. (AG 268)

1 Der »Roman«, den einer gelebt hat, ist noch immer eine unvergleichlich größere schöpferische Leistung als der, den jemand geschrieben hat. (ÄS 47)

*Sinnlosigkeitsgefühl*

Der Mensch von heute leidet nicht so sehr am Gefühl, daß er weniger Wert hat als irgendwer anderer, als vielmehr unter dem Gefühl, daß sein Sein keinen Sinn hat. (LL 75)

*Das medizinische Modell*

Das Bekümmertsein um so etwas wie die Sinnhaftigkeit menschlichen Daseins, auch das Zweifeln an ihr, ja sogar das Verzweifeltsein im Hinblick auf eine vermeintliche Sinnlosigkeit menschlicher Existenz ist nun keineswegs ein krankhafter Tatbestand, ein pathologisches Phänomen.

Im Gegenteil: mir ist der konkrete Fall eines Patienten bekannt, der – von Beruf Universitätsprofessor – an meine Klinik gewiesen worden war wegen seiner Verzweiflung hinsichtlich eines Daseinssinns. Im Gespräch nun ergab sich, daß es sich bei ihm eigentlich um einen endogen depressiven Zustand handelte, nicht um einen psychogenen, also einen neurotischen, sondern um einen somatogenen, nämlich einen psychotischen Zustand. Nun stellte sich heraus, daß die Grübeleien über den Sinn seines Lebens nicht etwa, wie man hätte vermuten können, zu den Zeiten der depressiven Phasen ihn überkommen wären; vielmehr war er zu diesen Zeiten dermaßen hypochondrisch präokkupiert, daß er an so etwas gar nicht hätte denken können. Nur in den gesunden Intervallen kam es zu diesen Grübeleien! Mit anderen Worten, zwischen geistiger Not einerseits und andererseits seelischer Krankheit bestand im konkreten Falle sogar ein Ausschließungsverhältnis. (LL 78)

*Monanthropismus*

Heute wenden sich Patienten an den Psychiater, weil sie am Sinn ihres Lebens zweifeln oder gar daran verzweifeln, einen Lebenssinn überhaupt zu finden. Eigentlich brauchte sich aber heute niemand über Mangel an Lebenssinn zu beklagen; denn er braucht nur seinen Horizont zu erweitern, um zu bemerken, daß zwar wir uns des Wohlstands erfreuen, andere aber im Notstand leben; wir erfreuen uns der Freiheit; wo aber bleibt die Verantwortlichkeit für die anderen? Vor Jahrtausenden hat sich die Menschheit zum Glauben an den einen

Gott durchgerungen: zum Monotheismus – wo aber bleibt das Wissen um die eine Menschheit, ein Wissen, das ich Monanthropismus nennen möchte? Das Wissen um die Einheit der Menschheit, eine Einheit, die hinausgeht über alle Mannigfaltigkeiten, sei es solche der Hautfarbe oder der Parteifarbe. (LL 97)

## C DER SINN DES LEBENS

### *Peak-experience*

Denn wenn es sich auch nur um einen Augenblick handelt – schon an der Größe eines Augenblicks läßt sich die Größe eines Lebens messen: die Höhe einer Bergkette wird ja auch nicht nach der Höhe irgendeiner Talsohle angegeben, sondern ausschließlich nach der Höhe des höchsten Berggipfels. So entscheiden aber auch im Leben über dessen Sinnhaftigkeit die Gipfelpunkte, und ein einziger Augenblick kann rückwirkend dem ganzen Leben Sinn geben[1]. (ÄS 60)

### *Sensory deprivation*

Bekanntlich führt der totale Entzug von Sinneseindrücken, wie er im Rahmen von Experimenten herbeigeführt wird, die der Vorbereitung von Weltraumfahrten dienen, zu Sinnestäuschungen. Untersuchungen an den Universitäten Yale und Harvard ergaben jedoch, daß »es nicht die Abwesenheit von Sinneserregung an sich ist, die die Wirkungen des Entzugs von Sinneseindrücken produziert, sondern die Abwesenheit *sinnvoller* Erregung«. Abschließend erklären die Autoren, was das Gehirn brauche, sei Sinn. Es zeigt sich, daß das elementare Sinnbedürfnis des Menschen bis in die biologischen Fundamente seines Daseins hinein verfolgt werden kann. (ÄS 81)

---

1 Stellen Sie sich vor, Sie sitzen in einem Konzertsaal und lauschen Ihrer Lieblingssymphonie, und an ihrem Ohr rauschen soeben die Lieblingstakte dieser Symphonie vorbei und Sie sind so ergriffen, daß es Ihnen kalt über den Rücken läuft; und jetzt stellen Sie sich vor, es wäre denkmöglich, was psychologisch so unmöglich ist: daß man Sie in diesem Augenblick fragt – ob Ihr Leben Sinn habe. Ich glaube, Sie werden mir recht geben, wenn ich behaupte: Sie würden in diesem Falle nur eine einzige Antwort geben können, und die würde etwa lauten: »Allein für diesen Augenblick gelebt zu haben – würde schon dafürgestanden sein!« (DV 23)

*Fortpflanzung*

Entweder das Leben hat einen Sinn, dann behält es ihn auch unabhängig davon, ob es lang oder kurz ist, ob es sich fortpflanzt oder nicht; oder das Leben hat keinen Sinn, dann erhält es auch keinen, wenn es noch so lange dauert oder sich unbegrenzt fortpflanzen könnte. Wäre das Leben einer kinderlos gebliebenen Frau aus diesem Grund allein wirklich sinnlos, dann hieße das, daß der Mensch nur für seine Kinder lebt und der ausschließliche Sinn seiner Existenz in der jeweils kommenden Generation gelegen ist. Damit wird aber das Problem nur verschoben. Denn jede Generation schiebt es dann ungelöst der nächsten Generation zu. Worin anders sollte dann der Lebenssinn der einen Generation liegen, als in der Aufzucht der nächsten? Etwas an sich Sinnloses zu perpetuieren ist aber selber sinnlos. Denn ein an sich Sinnloses wird nicht bloß schon dadurch sinnvoll, daß es verewigt wird.

So kommen wir zu der Paradoxie, daß ein Leben, dessen einziger Sinn in seiner Fortpflanzung bestünde, eo ipso ebenso an sich sinnlos würde, wie seine Fortpflanzung. Umgekehrt hat die Fortpflanzung des Lebens nur dann und erst dann Sinn, wenn bereits das Leben an sich etwas Sinnvolles darstellt. Wer also in der Mutterschaft den ausschließlichen und letzten Sinn eines Frauenlebens erblickt, nimmt in Wirklichkeit nicht dem Leben der kinderlos gebliebenen Frau den Sinn, sondern gerade dem Leben der Mutter gewordenen. (ÄS 86)

*Unvollendete Tatsachen*

Der Sinn des Lebens, haben wir gesagt, sei nicht zu erfragen, sondern zu beantworten, indem wir das Leben verantworten. Daraus ergibt sich aber, daß die Antwort jeweils nicht in Worten, sondern in der Tat, durch ein Tun zu geben ist.

Auch das Leben fragt uns nicht in Worten, sondern in Form von Tatsachen, vor die wir gestellt werden, und wir antworten ihm auch nicht in Worten, sondern in Form von Taten, die wir setzen; insofern, als wir auf die Tatsachen erst zu antworten haben, stehen wir vor unvollendeten Tatsachen. (ÄS 121)

*Liebe*

Daß der Mensch, sofern er wirklich liebt, im Lieben tatsächlich auf das Einmalige und Einzigartige der geistigen Person des Partners eingestellt ist, läßt sich auch dem schlicht erlebenden Menschen klarmachen. Lassen wir ihn nur sich vorstellen, er liebe einen bestimmten Menschen und dieser Mensch gehe ihm irgendwie für immer verloren, sei es nun durch den Tod oder etwa durch Abreise und dauernde Trennung; man biete ihm aber sozusagen ein Double des geliebten Menschen an – einen anderen Menschen, der dem ursprünglich geliebten psychophysisch aufs Haar gliche. Wir fragen nun, ob der Liebende seine Liebe auf diesen anderen Menschen einfach übertragen könnte, und er wird uns zugeben müssen, daß er dazu nicht fähig wäre. Tatsächlich ließe sich eine derartige »Übertragung« echter Liebe nicht vorstellen. »Meint« doch der wahrhaft Liebende in all seinem Lieben eben nicht irgendwelche psychischen oder physischen Eigentümlichkeiten »an« der geliebten Person, meint er doch nicht diese oder jene Eigenart, die sie »hat«, vielmehr das, was sie in ihrer Einzigartigkeit »ist«. Als einzigartige Person ist sie aber nie und nimmer und auch nicht durch ein noch so ähnliches Double vertretbar. Dem bloß »Verliebten« jedoch wäre durch ein Double wohl geholfen. Seine bloße Verliebtheit ließe sich auf ein Double ohne weiteres übertragen. Denn in seiner Verliebtheit ist er nur auf den seelischen Charakter eingestellt, den der Partner »hat«, nicht aber auf die geistige Person, die der Partner »ist«. (ÄS 135)

*Skeptizismus*

Die letzte oder, wenn man will, erste Frage der radikalen Skepsis gilt dem »Sinn des Seins«. Nach dem Sinn des Seins zu fragen ist aber insofern sinnlos, als das »Sein« dem »Sinn« vorgängig ist. Denn das Sein von Sinn ist bei der Frage nach dem Sinn von Sein immer schon vorausgesetzt. Das Sein ist gleichsam jene Mauer, hinter die wir nun einmal nicht zurücktreten können, wann immer wir es befragen. Unser Patient aber wollte anschauliche, unmittelbare Gegebenheiten, das Sein – beweisen; es mußte ihm vorgehalten werden, daß solche Gegebenheiten zu »beweisen« unmöglich – aber auch unnötig ist: als anschauliche Gegebenheiten sind sie evident. Sein Einwand, daß er trotzdem zweifle, ist im wahrsten Sinne gegenstandslos. Denn der logischen Unmöglichkeit des Zweifels am anschaulich evidenten, unmittelbar gegebenen Sein entspricht eine psychologische Unwirklichkeit insofern, als ein derartiges Zweifeln ein leeres Gerede darstellt. Der radikalste Skeptiker verhält sich nicht nur in seinem Handeln, sondern auch in seinem Denken in Wirklichkeit genauso wie derjenige, der die Gesetze der Realität und die Denkgesetze anerkennt.

Wie alle erkenntnistheoretische Skepsis bemüht sich auch die zwangsneurotische darum, einen archimedischen Punkt zu finden, eine absolut sichere Grundlage, von der ausgehend, auf der aufbauend sie in unbedingtem Wahrheitswillen und mit logischer Konsequenz eine Weltanschauung errichten könne. Hier ist der Mensch auf der Suche nach einem radikalen Anfang. Das Ideal einer solchen philosophia prima wäre als deren prima sententia ein Satz, der erkenntnistheoretisch sich selbst rechtfertigt. Dieser Forderung könnte begreiflicherweise nur ein Satz gerecht werden, der die unumgängliche Notwendigkeit, sich des begrifflichen Denkens in und trotz seiner ganzen Fragwürdigkeit zu bedienen, zum eigenen Inhalt hat, also ein Gedanke, der sich insofern selber trägt, als die Angewiesenheit des Denkens auf Begriffe (demnach auf etwas anderes als evidente Anschauungen) eben zu seinem Inhalt wird.

Einer solchen Selbstbegründung des Rationalismus entspricht – dessen Selbstaufhebung. Der rationale Weg ist hierbei eine »goldene Brücke«, die wir dem Skeptiker bauen müssen. Als solche goldene Brücke kann etwa die These dienen: *»Das Allervernünftigste ist, nicht allzu vernünftig sein zu wollen.«* (ÄS 182)

## *Transzendentale Kategorie*

Kurz, der Sinnglaube des Menschen ist, im Sinne von Kant, eine transzendentale Kategorie. Genauso, wie wir seit Kant wissen, daß es irgendwie sinnlos ist, über Kategorien wie Raum und Zeit hinauszufragen, einfach darum, weil wir nicht denken und so denn auch nicht fragen können, ohne Raum und Zeit immer schon vorauszusetzen, genauso ist das menschliche Sein immer schon ein Sein auf den Sinn hin, mag es ihn auch noch so wenig kennen: es ist da so etwas wie ein Vorwissen um den Sinn, und eine Ahnung vom Sinn liegt auch dem in der Logotherapie sogenannten »Willen zum Sinn« zugrunde. Ob er es will oder nicht, ob er es wahrhat oder nicht – der Mensch glaubt an einen Sinn, solange er atmet. Noch der Selbstmörder glaubt an einen

Sinn, wenn auch nicht des Lebens, des Weiterlebens, so doch des Sterbens. Glaubte er wirklich an keinen Sinn, keinerlei Sinn mehr – er könnte eigentlich keinen Finger rühren und schon darum nicht zum Selbstmord schreiten. (ÄS 221)

### *Sinn-Universalien*

Andererseits sind wir doch davon ausgegangen, daß dem existentiellen Vakuum im Sinne einer Teilursache ein Traditionsverlust zugrunde liegt – muß nicht mit den Traditionen auch der Sinn dahinschwinden, den sie vermitteln? Aus dem einfachen Grunde nicht, weil das Dahinschwinden der Traditionen keineswegs den Sinn, sondern nur die Werte affiziert. Der Sinn bleibt vom Zusammenbrechen der Traditionen verschont. Der Sinn ist nämlich jeweils etwas Einmaliges und Einzigartiges, jeweils erst zu Entdeckendes, während die Werte Sinn-Universalien sind, wie sie nicht einmalig-einzigartigen Situationen, sondern typischen, sich wiederholenden Situationen innewohnen, also die menschliche Kondition auszeichnen. Jedenfalls kann das Leben auch dann sinnvoll bleiben, wenn alle Traditionen der Welt dahinschwänden und kein einziger allgemeiner Wert übrig bliebe. (WS 25)

### *Die Welt verändern*

Sinn läßt sich also nicht verschreiben; aber was wir sehr wohl zu tun vermöchten, ist eine Be-schreibung dessen, was da im Menschen vorgeht, wann immer er auf die Suche nach Sinn geht. Es stellt sich nämlich heraus, daß die Sinnfindung auf eine Gestaltwahrnehmung hinausläuft – ganz im Sinne von Max Wertheimer und Kurt Lewin, die bereits von einem »Aufforderungscharakter« sprechen, der bestimmten Situationen innewohne. Nur daß es sich bei einer Sinngestalt nicht um eine »Figur« handelt, die uns vor einem »Hintergrund« in die Augen springt, sondern was bei der Sinnfindung jeweils wahrgenommen wird, ist – auf dem Hintergrund der Wirklichkeit – eine Möglichkeit: die Möglichkeit, die Wirklichkeit – so oder so – zu verändern. (PP 11)

### *Der Antwortcharakter des Daseins*

Wollen wir mit wenigen Worten den Weg rückschauend überblicken, auf dem die Existenzanalyse zum Verantwortlichsein als dem wesentlichen Grundzug menschlichen Daseins gelangte, so hätten wir auszugehen von jener Inversion, die wir an der Fragestellung nach dem Sinn des Daseins vornehmen mußten[1]: Wir bemühten uns darum, den Aufgabencharakter des Lebens aufzuzeigen, mit ihm aber zugleich den Antwortcharakter des Daseins: Nicht der Mensch sei es, so erklärten wir, der die Frage nach dem Sinn des Lebens zu stellen habe, vielmehr sei es umgekehrt so, daß der Mensch selber der Befragte ist; daß er selber zu antworten hat; daß er die jeweiligen Fragen, die sein Leben an ihn stellt, zu beantworten hat; nur daß solche Beantwortung immer eine Beantwortung »in der Tat« ist: Nur im Handeln lassen sich die »Lebens-Fragen« wahrhaft beantworten – ihre Beantwortung erfolgt in der Ver-antwortung je unseres Daseins. Ja, »unser« ist das Dasein überhaupt nur, soweit es verantwortetes Dasein ist. (UG 13)

### *Werte*

Während nun der Sinn an eine einmalige und einzigartige Situation gebunden ist, gibt es darüber hinaus Sinn-Universalien, die sich auf die condition humaine als solche beziehen, und diese umfassenden Sinnmöglichkeiten sind es, die Werte genannt werden. Die Erleichterung, die der Mensch erfährt von mehr oder weniger allgemein geltenden Werten, moralischen und ethischen Prinzipien, wie sie sich im Rahmen der menschlichen Gesellschaft im Laufe ihrer Geschichte herauskristallisieren – diese Erleichterung wird ihm um den Preis, daß er in Konflikte gestürzt wird. Eigentlich handelt es sich aber nicht um Gewissenskonflikte – solche gibt es in Wirklichkeit nicht; denn was einem das Gewissen sagt, ist eindeutig. Der Konfliktcharakter wohnt vielmehr den Werten inne, so zwar, daß im Gegensatz zum jeweils einmaligen und einzigartigen konkreten Sinn von Situationen Werte per definitionem abstrakte Sinn-Universalien sind. Als solche gelten sie nicht bloß für unverwechselbare Personen, die in unwiederholbare Situationen hineingestellt sind, vielmehr erstreckt sich ihre Geltung

1 Vgl. mein Buch: Ärztliche Seelsorge, [1]1946, S. 48.

über weite Areale sich wiederholender, typischer Situationen, und diese Areale überschneiden sich. Es gibt also Situationen, in denen der Mensch vor eine Wertwahl gestellt ist, vor die Wahl zwischen einander widersprechenden Prinzipien. Soll dann die Wahl nicht willkürlich getroffen werden, so ist er wieder auf das Gewissen zurückgeworfen und angewiesen – auf das Gewissen, das allein es ausmacht, daß er frei, aber nicht willkürlich, sondern verantwortlich eine Entscheidung trifft. Gewiß ist er selbst gegenüber dem Gewissen noch frei; aber diese Freiheit besteht einzig und allein in der Wahl zwischen zwei Möglichkeiten, nämlich: auf das Gewissen zu hören oder dessen Warnung in den Wind zu schlagen. Wird das Gewissen systematisch und methodisch unterdrückt und erstickt, dann kommt es entweder zum westlichen Konformismus oder zum östlichen Totalitarismus – je nachdem, ob die von der Gesellschaft übertrieben verallgemeinerten »Werte« einem angeboten oder aber aufgezwungen werden.

Daß der Konfliktcharakter den Werten innewohnt, ist bei alledem nicht einmal so gesichert; denn die möglichen Überschneidungen zwischen den Geltungsbereichen von Werten könnten ja auch bloß scheinbare sein, indem sie durch eine Projektion, also durch einen Dimensionsverlust, zustande kommen. Erst dann nämlich, wenn wir die hierarchische Höhendifferenz zweier Werte ausklammern, scheinen sie sich zu überschneiden und im Bereich dieser Überschneidun-

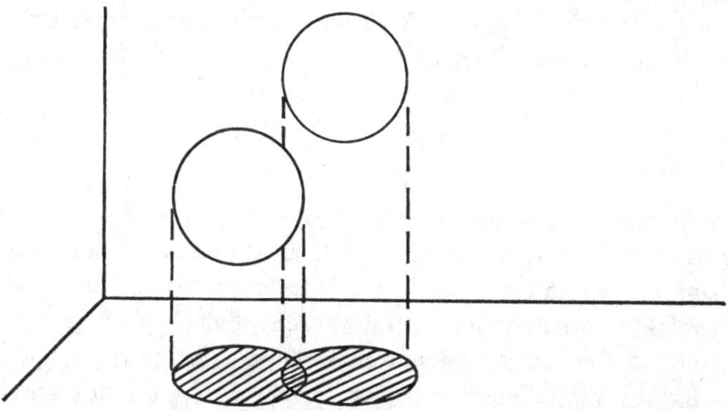

Aus: Viktor E. Frankl: The Will to Meaning. New York 1970, S. 57.

gen miteinander zu kollidieren – wie zwei Kugeln, die aus dem dreidimensionalen Raum in die zweidimensionale Ebene hineinprojiziert werden, nur scheinbar einander durchdringen. (UG 86)

### *Werturteile*

Es gibt keine Lebenssituation, die wirklich sinnlos wäre. Dies ist darauf zurückzuführen, daß die scheinbar negativen Seiten menschlicher Existenz, insbesondere jene tragische Trias, zu der sich Leid, Schuld und Tod zusammenfügen, auch zu etwas Positivem, zu einer Leistung gestaltet werden können, wenn ihnen nur mit der rechten Haltung und Einstellung begegnet wird. Um all dies weiß der Mann auf der Straße, mag er auch noch so wenig imstande sein, es zu verbalisieren. Aus einem ursprünglichen Selbstverständnis heraus hält der Mann auf der Straße sich nicht, sagen wir, für einen Kriegsschauplatz, auf dem sich der Bürgerkrieg zwischen Ich, Es und Über-Ich abspielt; sondern für ihn ist das Leben eine Kette von Situationen, in die er hineingestellt ist, die er je nachdem so oder so zu meistern hat, die jeweils einen ganz bestimmten Sinn haben, der ihn allein angeht und in Anspruch nimmt. Und das ursprüngliche Selbstverständnis sagt ihm, daß er alles daransetzen muß, diesen Sinn herauszufinden und aufzuspüren. Die Phänomenologie übersetzt dieses Selbstverständnis nur in die wissenschaftliche Sprache; sie fällt keine Werturteile über irgendwelche Tatsachen, sondern macht Tatsachenfeststellungen über das Werterleben des Mannes auf der Straße. Die Logotherapie übersetzt dann das von der Phänomenologie erarbeitete Wissen um die Möglichkeiten, im Leben einen Sinn zu finden, wieder zurück in die Sprache des schlichten und einfachen Menschen, um auch ihn instand zu setzen, im Leben einen Sinn zu finden. (UG 90)

### *Drei Wertkategorien*

Es gibt drei Wertkategorien, und zwar »schöpferische Werte«, »Erlebniswerte« und »Einstellungswerte«. Es ist nun interessant, daß die genannte Trichotomie anhand eines Materials von 1340 Versuchspersonen faktorenanalytisch bestätigt werden konnte – mehr als dies: die Hierarchie, die zwischen den drei Wertkategorien herrscht, und der zufolge die Einstellungswerte höher stehen als die schöpferischen Werte und die Erlebniswerte, konnte auf demselben Wege bestätigt werden. (AG 23)

*Wert und Würde*

Wert, Sachwert, hat eine Sache für mich. Würde hat jedoch eine Person, und diese Würde ist ein Wert an sich. Mit diesem Wert der Person, mit deren Würde, darf nicht verwechselt werden der Nutzwert, den die Person auch über ihre Würde hinaus haben kann. Der soziale Nutzwert eines Menschen hat nichts zu tun mit dessen personaler Würde.

Würde-blind muß jede Behandlung sein, sobald sie die Person zur Sache macht. Wo ist nun die Person versachlicht, vergegenständlicht, objektiviert worden wie nie? Im KZ. Im KZ wurden aus Menschen Objekte. Erinnern wir uns doch daran, wie dort die Menschen zu medizinisch-experimentellen Studienobjekten gemacht wurden. Nun, dieses Studium war, wenn man so sagen darf, ein Studium sine ira: von Haß konnte da keine Rede sein – und zwar aus begreiflichen Gründen: hassen kann man nur ein Subjekt, aber nicht etwas, das man zum bloßen Objekt herabgewürdigt hat. Die Menschen im KZ hat man nicht einmal gehaßt, wie man etwa Ungeziefer haßt – das man ja ebenfalls vertilgt, vergast. Nicht einmal gehaßt hat man diese Menschen, ja nicht einmal strafen hat man sie gewollt – so wie man beispielsweise Verbrecher bestrafen will. Hier wurde vielmehr der letzte Rest von Personalität ausradiert. So kam es, daß dort, wo die Würde von Personen hätte gesehen werden müssen, nur mehr der Nutzwert von Sklaven gesehen wurde – solange diese Sklaven am Leben waren und zur Arbeit taugten: sobald sie gestorben waren, langte nämlich ihr Sachwert nur noch zur Verarbeitung zu Seife. (AG 264)

*Liebe macht sehend*

Lieben heißt Du sagen können zu jemandem: lieben heißt aber nicht nur Du sagen können zu einem, sondern auch ein anderes: Ja sagen können zu ihm; also nicht nur einen Menschen in seinem Wesen erfassen, in seiner Einmaligkeit und Einzigartigkeit, wie wir es vorhin nannten, sondern auch ihn in seinem Wert bejahen. Nicht nur also einen Menschen in seinem So-und-nicht-anders-Sein sehen, sondern zugleich auch mehr als das: sein Seinkönnen – sein Sein*sollen* mitsehen, das heißt, sehen nicht nur, wie er wirklich ist, sondern auch was alles er werden kann bzw. was er werden soll. Mit anderen Worten, nach einem schönen Wort Dostojewskijs: Lieben heißt den anderen Menschen so sehen, wie Gott ihn gemeint hat.

Es kann also gar nicht die Rede davon sein, daß wirkliche Liebe etwa blind macht – dies gälte höchstens von der Verliebtheit; sondern wirkliche Liebe macht den Menschen recht eigentlich erst sehend, ja nicht nur dies, sondern sie macht ihn hellsichtig, sie macht ihn geradezu seherisch; denn die Wertmöglichkeiten des geliebten Wesens sehen, heißt ja sehen, was bloße Möglichkeit ist, also noch gar keine Wirklichkeit, noch nichts Verwirklichtes, sondern noch zu Verwirklichendes. (PL 86)

### *Das Leben einer Frau wird entwürdigt*

Solche Einschränkung des Wertgesichtsfelds, eine solche Abblendung der Sinnfülle menschlichen Daseins, mit einem Wort: eine solche »Verblendung« – führt, wie jede Verblendung, mitten hinein in die Verzweiflung; denn aller Verzweiflung liegt Verblendung zugrunde, das heißt Überbewertung eines Wertes, der einen eben blendet, so daß man »blind« wird für alle anderen Werte.

Wie arm wäre jedoch das Leben, würde es nicht auch noch andere Möglichkeiten bieten, um es sinnvoll zu gestalten, um es mit Sinn zu erfüllen, und ich muß sagen, was wäre das auch schon für ein Leben, dessen Sinn damit stünde und fiele, daß man heiratet und Kinder kriegt! Durch eine solche Auffassung wird das Leben eigentlich entwertet, und im besonderen wird das Leben einer Frau entwürdigt. (PL 87)

### *Die Sexwelle*

Paradox ist nur, daß sich auch der junge Mensch von heute dazu hergibt, sich solcherart vom Industriekapital gängeln und von der Sexwelle schaukeln zu lassen, ohne es zu bemerken, wer ihn da manipuliert. Wer gegen die Heuchelei auftritt, sollte es auch dort tun, wo die Pornographie, damit es zu keiner Geschäftsstörung kommt, je nachdem für Kunst oder Aufklärung ausgegeben wird. (LL 66)

## a) Der Sinn des Leidens

### *Altern*

Wollten wir aber versuchen, es im Gleichnis auszudrücken, dann könnten wir sagen: Der Pessimist gleicht einem Mann, der vor einem Wandkalender steht und mit Furcht und Trauer sieht, wie der Kalender – von dem er tagtäglich je ein Blatt abreißt – immer schmächtiger und schmächtiger wird; während ein Mensch, der das Leben im Sinne des oben Gesagten auffassen würde, einem Manne gliche, der das Blatt, das er vom Abreißkalender soeben entfernt hat, fein säuberlich und behutsam zu den übrigen, schon früher abgerissenen legt, nicht ohne auf der Rückseite des Blattes eine tagebuchmäßige Notiz zu machen und nun, voll Stolz und Freude, dessen zu gedenken, was da alles in diesen Notizen festgelegt ist – was da alles in seinem Leben »festgelebt« wurde. Was ist's selbst, wenn dieser Mensch merkte, wie er altert? Sollte er – könnte er deshalb mit neidvollem Herzen auf die Jugend anderer Menschen oder mit wehmütigem auf die eigene blikken? Um was sollte er einen jungen Menschen denn beneiden – so wird er sich vielmehr denken müssen –, vielleicht um die *Möglichkeiten,* die ein junger Mensch noch hat, um dessen *Zukunft*? »Danke schön«, wird er sich denken, »ich habe statt dessen *Wirklichkeiten* – in meiner *Vergangenheit*; nicht nur die Wirklichkeit der gewirkten Werke, sondern auch die der geliebten Liebe und auch noch die der gelittenen Leiden. Und auf die bin ich am meisten stolz – mag ich auch um sie am wenigsten beneidet werden ...« (ÄS 47)

### *Selbstmord*

Wohl wäre es rein theoretisch denkbar, daß ein Selbstmord als bewußt gebrachtes Opfer gelegentlich einmal gerechtfertigt ist. Empirisch wissen wir jedoch, daß die Motive auch solcher Selbstmorde in Wirklichkeit nur allzu oft einem Ressentiment entspringen, oder daß sich auch in solchen Fällen zuletzt noch irgendein anderer Ausweg aus der scheinbar aussichtslosen Situation hätte zeigen lassen. Praktisch kann man wohl sagen, daß der Selbstmord sonach niemals gerechtfertigt ist. Auch als Sühne nicht. Denn ebenso, wie er es unmöglich macht – im Sinne der Verwirklichung von Einstellungswerten –, am eigenen Leid zu wachsen und zu reifen, macht er es ja auch unmöglich, ein Leid, das wir einem andern zugefügt haben, so oder so je wiedergutzumachen. Damit aber perenniert der Selbstmord das Vergangene, statt ein geschehenes Unglück oder begangenes Unrecht aus der Welt zu schaffen – er schafft nur das Ich aus der Welt.

Denn wir müssen dem zum Selbstmord Entschlossenen vor allem und immer wieder vorhalten, daß ein Selbstmord kein Problem lösen kann. Wir müssen ihm vor Augen führen, wie sehr er einem Schachspieler gleicht, der vor ein ihm allzu schwierig erscheinendes Schachproblem gestellt ist und – die Figuren vom Brett wirft. Damit löst er kein Schachproblem. Aber auch im Leben wird kein Problem dadurch gelöst, daß man das Leben wegwirft. Und so wie jener Schachspieler sich nicht an die Spielregeln hält, genau so verletzt ein Mensch, der den Freitod wählt, die Spielregeln des Lebens. Diese Spielregeln verlangen ja von uns nicht, daß wir um jeden Preis siegen, wohl aber, daß wir den Kampf niemals aufgeben. (ÄS 66)

*Der Aufgabencharakter des Lebens*

Nun wird es Menschen geben, die zwar den jeweils einzigartigen Aufgabencharakter des Lebens anerkennen, die auch zur Verwirklichung seiner konkreten, einmaligen Situationswerte entschlossen sind, jedoch ihre persönliche Situation für »aussichtslos« halten. Da müssen wir fürs erste fragen: Was heißt aussichtslos? Der Mensch kann doch seine Zukunft nicht vorhersagen; er wird es schon deshalb niemals können, weil sein Wissen um die Zukunft sein zukünftiges Verhalten sofort beeinflussen würde: je nach seiner entweder mehr trotzigen oder suggestiblen Einstellung; damit würde er aber die Zukunft auch schon auf jeden Fall anders gestalten, so daß die ursprüngliche Vorhersage nicht mehr richtig wäre. Solange nun der Mensch nicht prophezeien kann, vermag er auch nie zu beurteilen, ob seine Zukunft die Möglichkeit zur Verwirklichung von Werten birgt. Einst wurde ein Neger, der zu lebenslänglicher Zwangsarbeit verurteilt worden war, in Marseille nach den Teufelsinseln eingeschifft. Auf hoher See brach auf dem Dampfer – es handelte sich um den damals untergegangenen »Leviathan« – ein Brand aus. Der Sträfling, ein außergewöhnlich kräftiger Mann, wurde von seinen Handschellen befreit und rettete zehn Menschen das Leben. Später wurde er daraufhin begnadigt. Wenn man diesen Menschen noch am Hafenkai von Marseille gefragt hätte, ob seiner Ansicht nach sein weiteres Leben Sinn haben könne – er hätte wohl mit dem Kopf schütteln müssen. Es kann aber überhaupt kein Mensch wissen, ob er vom Leben noch etwas zu erwarten hat und welche große Stunde auf ihn vielleicht noch wartet. (ÄS 69)

### *Der Tod*

Wie oft hält man uns nicht vor, daß der Tod den Sinn des ganzen Lebens in Frage stelle. Daß alles letzten Endes sinnlos sei, weil der Tod es schließlich vernichten müsse. Kann nun der Tod der Sinnhaftigkeit des Lebens wirklich Abbruch tun? Im Gegenteil. Denn was geschähe, wenn unser Leben nicht endlich in der Zeit, sondern zeitlich unbegrenzt wäre? Wären wir unsterblich, dann könnten wir mit Recht jede Handlung ins Unendliche aufschieben, es käme nie darauf an, sie eben jetzt zu tun, sie könnte ebensogut auch erst morgen oder übermorgen oder in einem Jahr oder in zehn Jahren getan werden. So aber, angesichts des Todes als unübersteigbarer Grenze unserer Zukunft und Begrenzung unserer Möglichkeiten, stehen wir unter dem Zwang, unsere Lebenszeit auszunützen und die einmaligen Gelegenheiten – deren »endliche« Summe das ganze Leben dann darstellt – nicht ungenützt vorübergehen zu lassen.

Die Endlichkeit, die Zeitlichkeit ist also nicht nur ein Wesensmerkmal des menschlichen Lebens, sondern für dessen Sinn auch konstitutiv. Der Sinn menschlichen Daseins ist in seinem irreversiblen Charakter fundiert. Die Lebensverantwortung eines Menschen ist daher nur dann zu verstehen, wenn sie als eine Verantwortung im Hinblick auf Zeitlichkeit und Einmaligkeit verstanden wird. Wollen wir also im Sinne der Existenzanalyse unsere Patienten zum Bewußtsein ihres Verantwortlichseins bringen, wollen wir sie ihrer Verantwortlichkeit wirklich innewerden lassen, dann müssen wir an Hand von Gleichnissen versuchen, den geschichtlichen Charakter des Lebens und damit die menschliche Verantwortung im Leben zu vergegenwärtigen. Dem schlichten Menschen, der einem in der Sprechstunde gegenübersitzt, empfehle man z. B., einmal so zu tun, als ob er an seinem Lebensabend in seiner eigenen Biographie blätterte und eben jenes Kapitel aufgeschlagen hätte, das den jeweils gegenwärtigen Lebensabschnitt behandelt; durch ein Wunder hätte er nun Gelegenheit, zu entscheiden, was das nächste Kapitel bringen soll, es stünde sonach in seiner Macht, an einem entscheidenden Kapitel seiner ungeschriebenen, inneren Lebensgeschichte gleichsam noch Korrekturen anzubringen. Man könnte überhaupt die existenzanalytische Maxime in folgende Imperativform kleiden: *Lebe so, als ob du zum zweiten Mal lebtest und das erste Mal alles so falsch gemacht hättest, wie du es zu machen – im Begriffe bist.* Gelingt es einem, sich dieser Phantasievorstellung hinzugeben, dann wird ihm im gleichen Augenblick die ganze Größe der Verantwortung bewußt, die der Mensch in jedem Moment seines Lebens hat: die Verantwortung dafür, was aus der jeweils folgenden Stunde werden soll, dafür, wie er den nächsten Tag gestaltet.

Oder wir weisen den Patienten an, sich sein Leben so vorzustellen, als ob es ein Film wäre, der gerade »gedreht« wird, aber nicht »geschnitten« werden darf; d. h. daß nichts von dem, was einmal »aufgenommen« wurde, jemals rückgängig gemacht werden kann. Auch so wird es das eine oder andere Mal gelingen, den irreversiblen Charakter des menschlichen Lebens, die Geschichtlichkeit des Daseins sehen zu lassen.

Im Anfang ist das Leben noch ganz Substanz, noch unverbraucht; im Ablauf jedoch verliert es immer mehr an Substanz, wird es immer mehr in Funktion umgewandelt, um am Ende nur mehr darin zu bestehen, was von seinem Träger, dem jeweiligen Menschen, an Taten, Erlebnissen und Erleidnissen gezeitigt worden ist. So erinnert das Menschenleben an das Radium, das bekanntlich auch nur eine beschränkte »Lebensdauer« hat, da seine Atome zerfallen und seine Materie sich immer mehr in Energie umwandelt, die ausgestrahlt wird, nie mehr zurückkehrt und sich nie wieder in Materie umsetzt. Denn der Prozeß des Atomzerfalls ist irreversibel, »gerichtet«; auch beim Radium weicht also die ursprüngliche Substantialität in zunehmendem Maße. Ähnliches gilt nun vom Leben auch insofern, als sein ursprünglicher Materialcharakter immer mehr zurücktritt, bis es am Ende zu reiner Form geworden ist. Denn der Mensch gleicht einem Bildhauer, der den ungeformten Stein mit Meißel und Hammer so bearbeitet, daß das Material immer mehr an Form gewinnt. Der Mensch wieder verarbeitet den Stoff, den das Schicksal ihm liefert: bald schaffend, bald erlebend oder leidend, versucht er, aus seinem Leben an Werten »herauszuschlagen«, soviel er kann, an schöpferischen oder Erlebniswerten oder Einstellungswerten. In dieses Gleichnis vom Bildhauer können wir aber auch das Zeitmoment einführen; wir brauchen uns nur vorzustellen, daß ihm für die Fertigstellung seines Kunstwerks eine beschränkte Zeit zur Verfügung gestellt ist, daß ihm aber jener Termin nicht bekanntgegeben wurde, an dem er das Werk wird abliefern müssen. So weiß er niemals, wann er »abberufen« wird und ob nicht die Abberufung gar im nächsten Augenblick erfolgt. So ist er aber auch gezwungen, auf jeden Fall die Zeit zu nützen – auf die Gefahr hin, daß sein Werk als Torso zurückbleibt. Daß er es nicht vollenden konnte, macht es noch lange nicht wertlos. Nie können wir aus der Länge eines Menschenlebens auf seine Sinnfülle schließen. Eine Biographie pflegen wir doch auch nicht nach ihrer »Länge« zu beurteilen, nach der Zahl der Buchseiten – sondern nach ihrem Inhaltsreichtum. Wie manche »Unvollendete« gehört zu den schönsten Symphonien! (ÄS 83)

*Vergänglichkeit*

Für gewöhnlich sieht der Mensch nur das Stoppelfeld der Vergänglichkeit; was er übersieht, sind die vollen Scheunen der Vergangenheit. Im Vergangensein ist nämlich nichts unwiederbringlich verloren, vielmehr alles unverlierbar geborgen. Nichts läßt sich aus der Welt schaffen, was einmal geschehen ist; kommt nicht alles nur um so mehr darauf an, daß es in die Welt geschaffen wird? (ÄS 95)

*Leiden*

Erfolglosigkeit bedeutet nicht Sinnlosigkeit. Dies wird auch deutlich, wenn man die eigene Lebensvergangenheit beispielsweise in bezug auf das Liebesleben betrachtet. Fragt einer sich ehrlich, ob er bereit wäre, die unglücklichen Liebeserlebnisse zu missen, das unlustbetonte und leidvolle Erleben aus seinem Leben gestrichen zu wissen – dann wird er wohl verneinen; die Leidfülle war ihm nicht Unerfülltheit. Im Gegenteil, im Leiden ist er gereift, an ihm ist er gewachsen, es hat ihm mehr gegeben als so mancher erotische Erfolg ihm hätte geben können.

Wieder ist es so, daß die Kunst einen Hinweis gibt auf die Art, in der das schlichte, unbefangene und unmittelbare Erleben den Sachverhalt richtig sieht; man denke bloß daran, wie irrelevant für den künstlerischen Gehalt die Frage ist, ob eine Melodie in Dur oder Moll gesetzt ist. Nicht nur unvollendete Symphonien gehören trotzdem zu den wertvollsten Musikstücken, worauf wir in einem anderen Zusammenhang schon hingewiesen haben, – sondern auch die »Pathétiques«. (ÄS 114)

*Das Leiden schafft eine revolutionäre Spannung*

Im Leiden unter einer Sache rücken wir innerlich von ihr ab, schaffen wir Distanz zwischen unserer Person und dieser Sache. Solange wir unter einem nicht seinsollenden Zustand noch leiden, ebensolange stehen wir in der Spannung zwischen dem faktischen Sein einerseits und dem Seinsollenden andererseits. Das Leiden schafft also eine fruchtbare, man möchte sagen: eine revolutionäre Spannung, indem es den Menschen das, was nicht sein soll, als solches überhaupt empfinden läßt. In dem Maße, in dem er sich mit dem Gegebenen gleichsam identifiziert, eliminiert er die Distanz zum Gegebenen und schaltet die fruchtbare Spannung zwischen Sein und Seinsollen aus. (ÄS 115)

*Die seelische Totenstarre*

Das, wovor das Leiden den Menschen bewahren soll, ist die Apathie, die seelische Totenstarre. Solange wir leiden, bleiben wir seelisch lebendig. (ÄS 116)

*Trauer*

Der Mensch, der sich von einem Unglück abzulenken oder sich zu betäuben versucht, löst kein Problem, schafft ein Unglück nicht aus der Welt; was er aus der Welt schafft, ist vielmehr eine bloße Folge des Unglücks: der bloße Gefühlszustand der Unlust. Durch Ablenkung oder Betäubung »macht er sich nichts wissen«. Er versucht, der Wirklichkeit zu entfliehen. Er flüchtet sich etwa in den Rausch. Damit begeht er einen subjektivistischen, ja geradezu psychologistischen Fehler: den Fehler, so zu handeln, als ob mit dem emotionalen Akt, den man durch die Betäubung zum Schweigen bringt, auch der Gegenstand der Emotion aus der Welt geschafft würde; als ob das, was man in die Ungewußtheit bannt, damit auch schon in die Unwirklichkeit gebannt würde. Aber der Akt des Hinsehens erzeugt nicht den Gegenstand, der Akt des Wegsehens vernichtet ihn nicht – und so annulliert auch die Unterdrückung einer Regung der Trauer nicht den

Sachverhalt, der betrauert wird. Das gesunde Empfinden eines Trauernden pflegt auch tatsächlich sich dagegen aufzulehnen, beispielsweise Schlafmittel zu nehmen – »statt die Nächte durchzuweinen«; der banalen Verordnung von Schlafmitteln wird vom Trauernden jeweils entgegengehalten: damit, daß er selbst besser schlafe, werde der Tote, dem sein Weinen gilt, nicht erweckt. Der Tod – dieses Paradigma eines irreversiblen Geschehens – wird also keinesfalls dadurch ungeschehen gemacht, daß er in die Ungewußtheit verjagt wird; aber ebensowenig auch dadurch, daß der Trauernde selber in die absolute Unbewußtheit flieht – in die Unbewußtheit des eigenen Todes. (ÄS 117)

### *Das Leiden am Schicksal*

Erst unter den Hammerschlägen des Schicksals, in der Weißglut des Leidens an ihm, gewinnt das Leben Form und Gestalt. (ÄS 118)

### *Der Leistungscharakter des Leidens*

Der Leistungscharakter des Leidens ist aber auch dem schlichten Empfinden des alltäglichen Menschen nicht fremd. Auch er hat Verständnis beispielsweise für folgendes Ereignis: Als vor vielen Jahren englische »Pfadfinder« für höchste Leistungen prämiiert werden sollten, wurden die Auszeichnungen drei Knaben zuteil, die wegen unheilbarer Krankheiten im Spital lagen und trotzdem tapfer und mutig geblieben waren und ihr Leiden standhaft ertrugen. So wurde ihr Leiden als höhere »Leistung« anerkannt als so manchen anderen Pfadfinders Leistung im engeren Wortsinn. (ÄS 119)

### *Kadaver*

Wer wirklich glaubt, er könne den Tod eines Menschen fassen, belügt irgendwie sich selbst; so letzten Endes unfaßlich ist das, was er meint und glauben machen will: daß ein personales Wesen einfach damit, daß der von ihm getragene Organismus zu einem Kadaver geworden, schlechterdings aus der Welt geschafft worden sei, also keinerlei Form von Sein mehr zugehöre. (ÄS 138)

*Masochismus*

Es gibt nun keine Lebenssituation, die wirklich sinnlos wäre. Dies ist darauf zurückzuführen, daß die scheinbar negativen Seiten der menschlichen Existenz, insbesondere jene tragische Trias, zu der sich Leid, Schuld und Tod zusammenfügen, auch in etwas Positives, in eine Leistung verwandelt werden können, wenn ihnen nur mit der rechten Haltung und Einstellung begegnet wird. Es versteht sich von selbst, daß nur das unabwendbare und unabänderliche Leiden eine Sinnmöglichkeit in sich birgt, während es sich anderenfalls weniger um Heroismus als um bloßen Masochismus handeln würde. (ÄS 236)

*Die dritte Säule*

Der Freiheit des Willens und dem Willen zum Sinn gesellt sich solcherart der Sinn des Leidens als die dritte Säule zu, auf der das Lehrgebäude der Logotherapie aufruht. (ÄS 250)

*Beinamputation*

Daß ein Sinnverlust nicht notwendig eintreten muß auch dort, wo ein Mensch körperlich, an seinem Leib, einen Verlust erleidet, möge aus folgendem Fall hervorgehen: Eines Tages wurde einer der angesehensten Juristen Österreichs in ein Spital eingeliefert, in dem ich damals tätig war. Durch Arterienverkalkung war ein »Brand« aufgetreten, und man mußte den Patienten einer Beinamputation unterziehen. Nachdem er die Operation gut überstanden hatte, war es eines Tages so weit, daß er die ersten einbeinigen Gehversuche unternehmen sollte. Unter meiner Assistenz stieg er aus dem Bett heraus und begann nun mühselig und armselig, auf einem Bein, wie ein Spatz, im Zimmer herumzuhüpfen. Da brach er plötzlich in Tränen aus und der ehrwürdige, weltberühmte Greis, den ich da mit meinen Händen hielt, weinte leise wie ein kleines Kind. »Das werd ich nicht aushalten – so ein Leben als Krüppel hat doch keinen Sinn!« so wimmerte er. Da schaute ich ihm in die Augen und fragte ihn eindringlich doch spöttisch: »Sagen Sie, Herr Präsident, haben Sie die Absicht, Kurz- oder Langstreckenläufer zu werden und als solcher noch Karriere zu machen?« Erstaunt blickte er auf. »Dann nämlich«, fuhr ich fort, »aber auch nur dann würde ich Ihre Verzweiflung und Ihre vorige

Äußerung verstehen können: denn dann hätten Sie ausgespielt, dann allerdings wäre Ihr weiteres Leben, wäre ein Weiterleben für Sie sinnlos: weder als Kurz- noch als Langstreckenläufer kommen Sie noch in Frage. Sollte aber darüber hinaus, für einen Menschen, der ein ganzes Leben höchst sinnvoll gestaltet hat, der gewirkt hat und sich einen Namen geschaffen hat in der Fachwelt, wie Sie, sollte für so einen Menschen das Leben bloß deshalb den Sinn verloren haben, weil er ein Bein verloren hat?« Der Mann verstand sofort, was ich meinte, und ein Lächeln huschte über sein verweintes Gesicht. (DV 44)

*Mitschuld*

Ich möchte dies an Hand einer Briefstelle illustrieren. Ein Medizinstudent aus den Vereinigten Staaten schreibt mir: »Ringsum bin ich hier in Amerika umgeben von jungen Leuten meines Alters, aber auch von älteren Leuten, die verzweifelt nach einem Sinn ihres Daseins suchen. Einer meiner besten Freunde starb unlängst, weil er eben einen solchen Sinn nicht hatte finden können. Heute weiß ich, daß ich ihm sehr wohl hätte helfen können, dank der Logotherapie, wenn er noch am Leben wäre. Aber er ist es nun einmal nicht mehr. Sein Tod jedoch wird mir immer dazu dienen, all jenen beizustehen, die Not leiden. Ich glaube, einen tieferen Beweggrund kann es nicht geben. Trotz meiner Trauer um den Tod meines Freundes, trotz meiner Mitschuld an diesem seinem Tode ist sein Dasein – und sein Nicht-mehr-Sein! – ungemein sinnvoll. Wenn ich jemals die Stärke aufbringe, als Arzt zu arbeiten und meiner Verantwortung gewachsen zu sein, dann wird er nicht umsonst gestorben sein. Mehr als alles andere in der Welt will ich eines tun: verhüten, daß eine solche Tragödie nochmals geschieht – einem anderen geschehe.« (UG 90)

*Eine kopernikanische Wendung*

In diesem Zusammenhang möchte ich den Fall einer Krankenschwester zitieren, die mir im Rahmen eines Seminars, das ich für das Department of Psychiatry an der Stanford University zu halten hatte, vorgestellt wurde: Diese Patientin litt an einem nicht operierbaren Krebs, und sie wußte darum. Weinend trat sie ins Zimmer, in dem die Stanford-Psychiater versammelt waren, und mit von Tränen erstickter Stimme sprach sie von ihrem Leben, von ihren begabten und erfolgreichen Kindern und davon, wie schwer es ihr nun falle, von alledem Abschied zu nehmen. Bis zu diesem Zeitpunkt hatte ich, offen gesagt, noch keinen Ansatzpunkt gefunden, um logotherapeutisches Gedankengut in die Diskussion zu werfen. Nunmehr ließ sich das in ihren Augen Negativste, daß sie das für sie Wertvollste in der Welt zurücklassen mußte, in etwas Positives umsetzen, als etwas Sinnvolles verstehen und deuten: Ich brauchte sie nur zu fragen, was denn eine Frau sagen soll, die keine Kinder hätte. Ich sei zwar überzeugt, daß auch das Leben einer kinderlos gebliebenen Frau keineswegs sinnlos bleiben muß. Aber ich könnte mir sehr wohl vorstellen, daß eine solche Frau zunächst einmal verzweifelt, weil eben nichts und niemand da ist, den sie »in der Welt zurücklassen muß«, wenn es dazu kommt, von der Welt Abschied zu nehmen. In diesem Augenblick hellten sich die Züge der Patientin auf. Plötzlich war sie sich dessen bewußt, daß es nicht darauf ankommt, ob wir Abschied nehmen müssen, denn früher oder später muß es jeder von uns. Sehr wohl kommt es aber darauf an, ob überhaupt etwas existiert, von dem wir Abschied nehmen müssen. Etwas, das wir in der Welt zurücklassen können, mit dem wir einen Sinn und uns selbst erfüllen an dem Tag, an dem sich unsere Zeit erfüllt. Es läßt sich kaum beschreiben, wie erleichtert die Patientin war, nachdem das sokratische Gespräch zwischen uns eine kopernikanische Wendung genommen hatte. (UG 91)

### *Letzte Hilfe*

Wenn ich im rechten, nämlich aufrechten Leiden noch eine letzte und doch die höchste Möglichkeit zur Sinnfindung sichtbar mache, dann leiste ich nicht erste, sondern letzte Hilfe. Ein Tonband, von dem ein Fragment wiedergegeben werden soll, hält ein Gespräch zwischen einer Patientin und mir fest – es wurde während einer meiner klinischen Vorlesungen aufgenommen. Ich sprach mit der Patientin vor meinen Hörern – Studenten der Medizin, Philosophie und Theologie. Es versteht sich von selbst, daß dieses Gespräch von A bis Z improvisiert wurde. Die Patientin war 80 Jahre alt und litt an einem Krebs, der nicht mehr zu operieren war.

Frankl: »Nun, liebe Frau Kotek, was halten Sie von Ihrem langen Leben heute, wenn Sie darauf zurückblicken? War es ein schönes Leben?«

Patientin: »Ach, Herr Professor, ich muß wirklich sagen, es war ein gutes Leben. Das Leben war so schön. Und ich muß dem Herrgott danken für all das, was er mir geschenkt hat. Ich bin ins Theater gekommen. Ich habe Konzerte gehört. Wissen Sie, die Familie, in deren Haus ich in Prag gedient habe – soviel Jahrzehnte hindurch –, die hat mich manchmal mitgenommen in Konzerte. Und für all das Schöne muß ich nun meinem Herrgott danken.«

Aber ich mußte ihre unbewußte, verdrängte Verzweiflung ins Bewußtsein heben. Sie sollte mit ihr ringen, wie Jakob mit dem Engel gerungen hatte, bis der Engel ihn segnete. Ich mußte sie so weit bringen, daß sie ihr Leben segnen konnte, daß sie »ja« sagen konnte zu ihrem Schicksal, das sich nicht ändern ließ. Ich mußte sie – das klingt paradox – also dazu bringen, daß sie am Sinn ihres Lebens zunächst einmal zweifelte, und zwar auf bewußter Ebene und nicht, wie sie es sichtlich getan hatte, ihre Zweifel verdrängend.

Frankl: »Sie sprechen von so schönen Erlebnissen, Frau Kotek. Aber das wird doch nun alles aufhören?«

Patientin (nachdenklich): »Ja, das wird nun alles aufhören.«

Frankl: »Wie ist es nun, Frau Kotek, glauben Sie, daß damit all die schönen Dinge, die Sie erlebt haben, aus der Welt geschafft sind? Daß sie ungültig geworden – vernichtet sind?«

Patientin (noch immer nachdenklich): »Diese schönen Dinge, die ich erlebt habe . . .«

Frankl: »Sagen Sie mir, Frau Kotek, kann irgend jemand das Glück ungeschehen machen, das Sie erlebt haben? Kann jemand das auslöschen?«

Patientin: »Sie haben recht, Herr Professor, niemand kann das ungeschehen machen.«

Frankl: »Kann jemand die Güte auslöschen, der Sie im Leben begegnet sind?«

Patientin: »Nein, auch das kann niemand.«

Frankl: »Kann jemand auslöschen, was Sie erreicht und errungen haben?«

Patientin: »Sie haben recht, Herr Professor, das kann niemand aus der Welt schaffen.«

Frankl: »Oder kann jemand aus der Welt schaffen, was Sie tapfer und mutig durchgestanden haben? Kann jemand all das aus der Vergangenheit herausschaffen? Aus der Vergangenheit, in die Sie das alles hineingerettet, hineingeerntet haben? In der Sie es aufgespart und aufgestapelt haben?«

Patientin (jetzt zu Tränen gerührt): »Niemand kann das. Niemand!« (Nach einer Weile:) »Sicher, ich habe viel zu leiden gehabt. Aber ich habe auch versucht, die Schläge einzustecken, die das Leben mir versetzt hat. Verstehen Sie, Herr Professor, ich glaube, daß das Leiden eine Strafe ist. Ich glaube nämlich an Gott.«

Von mir aus hätte ich selbstredend niemals das Recht gehabt, die Sinndeutung in irgendeinem religiösen Sinne zu beleuchten und von der Kranken beurteilen zu lassen; sobald jedoch die positive religiöse Einstellung der Patientin zum Vorschein gekommen war, stand nichts mehr im Wege, sie als gegebenes Faktum auch in die Psychotherapie einzubauen.

Frankl: »Aber sagen Sie, Frau Kotek, kann das Leiden denn nicht auch eine Prüfung sein? Kann es denn nicht auch sein, daß Gott hat sehen wollen, wie die Frau Kotek das Leiden trägt? Und zum Schluß hat er vielleicht zugeben müssen: jawohl, sie hat es tapfer getragen. Und jetzt sagen Sie mir, was meinen Sie jetzt, kann jemand solche Leistungen ungeschehen machen?«

Patientin: »Nein, das kann niemand.«

Frankl: »Das bleibt doch, nicht wahr?«

Patientin: »Bestimmt: das bleibt!«

Frankl: »Wissen Sie, Frau Kotek, Sie haben nicht nur allerhand geleistet in Ihrem Leben, sondern auch aus Ihrem Leiden das Beste gemacht! Und Sie sind in dieser Hinsicht für unsere Patienten ein Vorbild. Ich gratuliere Ihren Mitpatienten, daß sie sich Sie zum Beispiel nehmen können!« In diesem Augenblick geschah etwas, das sich noch in keiner Vorlesung ereignet hatte: Die 150 Hörer brechen in einen spontanen Applaus aus! Ich aber wende mich wieder der alten Frau zu: »Sehen Sie, Frau Kotek, dieser Applaus gilt Ihnen. Er gilt Ihrem Leben, das eine einzige große Leistung war. Sie können stolz sein auf dieses Leben. Und wie wenig Menschen gibt es, die stolz sein können auf ihr Leben! Ich möchte sagen, Frau Kotek: Ihr Leben ist ein Denkmal. Ein Denkmal, das kein Mensch aus der Welt schaffen kann!«

Langsam ging die alte Frau aus dem Hörsaal. Eine Woche später starb sie. Sie starb wie Hiob: satt an Jahren. Während ihrer letzten Lebenswoche aber war sie nicht mehr deprimiert. Im Gegenteil, sie war stolz und gläubig. Anscheinend hatte ich ihr zu zeigen vermocht, daß auch ihr Leben sinnvoll war, ja daß noch ihr Leiden einen tieferen Sinn hatte. Vorher war die alte Frau, wie gesagt, bedrückt von der

Sorge, daß sie nur ein nutzloses Leben geführt habe. Ihre letzten Worte aber, wie sie in der Krankengeschichte eingetragen stehen, waren die folgenden: »Mein Leben ist ein Denkmal, hat der Professor gesagt. Zu den Studenten im Hörsaal. Mein Leben war also nicht umsonst...« (UG 94)

### *Was heißt Da-sein?*

Wollen wir von einem phänomenologischen Faktum ausgehen: Es will uns – es will niemandem, der sich ein unverbildetes Gemüt oder, durch alle Halbbildung hindurch, den gesunden Menschenverstand bewahrt hat, – es will einfach niemandem eingehen, daß mit dem Tode eines Menschen alles aus sein soll. Es will uns nicht eingehen, daß der Mensch ein Wesen sein soll, das von einem Tag zum andern »da ist« und – »siebzig oder, wenn es hoch geht, achtzig Jahre« später –, ebenso von einem Tag zum andern, ein Kadaver ist.

Wie selbstverständlich die Ablehnung, solches anzunehmen, dem natürlichen Empfinden des Menschen ist, wie sehr sich das natürliche Selbstverständnis des Menschen dagegen auflehnt, möge aus folgender Tatsache hervorgehen: Immer wieder zeigt es sich, daß der Mensch – etwa ein Redner an einem Grabe – ohne weiteres imstande ist, zu einem Toten »du« zu sagen. Nun, zum Leibe des Gestorbenen, zu diesem »entseelten« Leibe, zur Leiche, sagt er es gewiß nicht; vielmehr sagt er es jeweils eben nur von Geist zu Geist. Nur zu einer geistigen Person kann ich »du« sagen; aber wo ist das Du – wo ist »er«, ist »sie« hin?

Diese Frage nach dem Wo-sein läßt sich nicht beantworten, sofern wir nicht ganz allgemein die Frage beantworten: Was heißt Da-sein? – Das Dasein einer geistigen Person heißt zunächst soviel wie, daß sie sich leiblich ausdrückt und, in einem damit, auf mich einen Sinneseindruck macht; aber durch den Sinneseindruck, durch einen Bewußtseinsinhalt hindurch ist mir jeweils mehr gegeben als er selbst: durch den Inhalt hindurch intendiere ich einen Gegenstand. Im konkreten Falle handelt es sich bei diesem Gegenstand um die geistige Person, und so ist mir denn auch von ihr mehr gegeben als bloß Leibliches, bloß Sinnliches, und zwar auch schon bei Lebzeiten einer Person: schon bei Lebzeiten eines Menschen – oder, besser gesagt: bei Lebzeiten seines Organismus, erfasse ich die Person (nicht »seine« Person – als ob er, der Mensch, eine »hätte« –, sondern eben »die« Person – die

Person, die er »ist«), und ich erfasse sie durch das leiblich und sinnlich Gegebene hindurch.

Denken wir doch bloß einmal an den Tatbestand des Liebens: Auch Liebe ist, sofern sie echte Liebe ist, immer Liebe von Person zu Person, also ebenfalls »von Geist zu Geist«. Nicht liebt da mein Organismus einen andern, sondern das Ich ein Du. Darum und nur darum vermag Liebe auch das Altern – wesentlich das Altern eines Organismus – und das Sterben des Geliebten zu überdauern. Hat Binswanger dem »sorgenden« »In-der-Welt-sein« Heideggers das »liebende« »In-der-Welt-über-die-Welt-hinaus-sein« gegenübergestellt, so können wir der Geschlechtlichkeit des Menschen, dessen »Sinnlichkeit«, im Sinne eines »In-der-Leiblichkeit-seins« die Liebe als »In-der-Leiblichkeit-über-die-Leiblichkeit-hinaus-sein« entgegensetzen. Tatsächlich »meint« der Liebende den andern selbst, meint er ihn eben über alles Sinneseindrucksmäßige hinaus – wenn auch durch es hindurch. Damit jedoch, daß der Liebende über die Leiblichkeit des Geliebten hinaus »ist«, ist er auch über dessen Sterblichkeit hinaus. (AG 87)

*»Unsterblichkeit«*

In bloßen Bewußtseinsinhalten läßt sich nie und nimmermehr der transzendente Gegenstand ausfindig machen. Solches Beginnen und Bemühen gleicht dem eines Kindes, das den Sänger im Grammophon oder den Sprecher im Telephon sucht. Solange ich über einen intentionalen Akt nur reflektiere, kann ich niemals den transzendenten Gegenstand erfassen; dies kann ich vielmehr erst, sobald ich ihn, durch den immanenten Bewußtseinsinhalt hindurch, intendiere – mit einem Wort: sobald ich den intentionalen Akt vollziehe. Auch eine Brille kann ich niemals als solche beurteilen, solange ich »über« sie bloße Betrachtungen anstelle; erst dann, wenn ich durch sie hindurchsehe, durch sie hindurch einen Gegenstand betrachte – erst dann kann ich die Brille beurteilen. Solange ich einem Menschen, der »rot« sieht, nur zusehe, sein Sehen nur mitansehe – ebensolange bleibt mir fremd, was »rot« sei: ich muß (sofern ich dessen fähig, sonach nicht gerade farbenblind bin) schon selber »rot« sehen, um darum zu wissen, was es sei.

So hätte sich denn die geistige Person als etwas erwiesen, das bereits zeitlebens in einem Jenseits der Leiblichkeit und Sinnlichkeit

»ist«. In dieses Jenseits hinein folgen wir ihr, indem wir, sie intendierend, über das Sinneseindrucksmäßige »hinaus« sind. Immer »haben« wir – durch den Sinneseindruck hindurch, den wir von ihr haben, – die Person selbst; somit haben wir immer auch schon mehr als bloße Sinneseindrücke: durch alles Optische, Akustische usw. hindurch »peilen« wir immer auch schon das Geistige »an«. Die geistige Person selbst gelangt zur Gegebenheit. Diese Gegebenheit ist jedoch je nachdem eine mehr oder weniger mittelbare bzw. unmittelbare. Es gibt Grade der Mittelbarkeit bzw. Unmittelbarkeit; aber die verschiedenen Weisen der Gegebenheit unterscheiden sich eben nur durch diese Grade – die Unterschiede sind nur graduelle, aber keine prinzipiellen.

Wählen wir ein Beispiel: Ich spreche mit jemandem – unmittelbar; ich habe dann diverse Sinneseindrücke optischer, akustischer Art. Nehmen wir nun an, ich spreche mit ihm telephonisch; dann ist er mir weniger unmittelbar »gegeben« – die Mittelbarkeit hat zugenommen. Schreiten wir auf dieser Stufenleiter der Mittelbarkeit fort, so ließe sich anreihen der Sachverhalt im Falle einer Übertragung durch Rundfunk: in diesem Falle würde jedoch wieder nur der Raum überwunden; an diesen Fall ließe sich anschließen der Fall einer Wiedergabe durch Schallplatten: in diesem Falle würde auch die Zeit überwunden. Auf diesem Wege ist es beispielsweise möglich, den verstorbenen Richard Tauber auch heute noch singen zu hören. Durch die Schallplatten-»Wiedergabe« seiner Stimme ist aber auch er selber wieder »gegeben« – er ist uns wiedergegeben, zurückgegeben; denn es ist nicht wahr, daß wir Schallwellen hören: wir hören keine Schallwellen, weder von einem persönlich anwesenden oder in einem Radio-Studio befindlichen lebenden Sänger noch von der Schallplatte eines toten Sängers her. Vielmehr hören wir in jedem einzelnen dieser Fälle den Sänger selbst. Durch die Stimme Richard Taubers hindurch – mag sie nun so oder so vermittelt sein –, durch all diese unterschiedlichen Sinneseindrücke bzw. durch die verschiedentlichen Grade der Mittelbarkeit hindurch, sind wir immer auch schon über alles Sinneseindrucksmäßige hinaus, »haben« wir immer auch schon die den Sinneseindruck »machende«, die »sich ausdrückende« geistige Person selbst, gelangt sie selber zu einer wenn auch noch so mittelbaren Gegebenheit, ist uns das Einmalige und Einzigartige der Person, der »Zauber« einer Stimme eben als persönlicher »gegeben«.

Auch übers Grab hinaus haben wir den Sänger, als Persönlichkeit, wieder.

So hätte sich denn gezeigt, daß die geistige Person bereits zeitlebens nicht unmittelbar gegeben ist – mittelbar aber auch nach dem Tode. Oben hieß es jedoch ausdrücklich, daß sie, nach dem Tode, »uns« wiedergegeben, zurückgegeben sein könne. Diese »Unsterblichkeit« – abgesehen von der Zufälligkeit, die einen Gestorbenen ihrer teilhaftig werden ließe – ist selbstredend eine nur allzu subjektive. Darum hätten wir uns nun mit der Frage auseinanderzusetzen, ob es, darüber hinaus, nicht auch eine objektive Unsterblichkeit gebe: mit der Frage des Fortlebens des Geistigen im Menschen nach dessen Tode, des Weiterlebens der geistigen Person nach dem Absterben des psychophysischen Organismus. (AG 191)

*»Seelen«-Wanderung*

Dieses Geistige jedoch kann nicht »wandern«; denn im Augenblick seines Absterbens verliert der Mensch nicht nur das Bewußtsein, nicht nur das Bewußtsein der Zeit, sondern er verliert auch die Zeit selbst. Er verliert sie im Tode ganz genau so, wie er sie im Zeitpunkt seiner Geburt überhaupt erst gewinnt. Nur Dasein in Raum und Zeit und, in einem damit, im Leibe – nur solches Dasein »hat« die Zeit, »hat« eine Vergangenheit und eine Zukunft. Geistiges Sein jedoch, als geistiges, »ist« nicht »da«; es ist, im Gegensatz zum »da-sein«, ein Sein jenseits von Raum und Zeit. Ist es nicht so, als ob eine Ahnung davon, daß das reine Sein nicht der Zeit, keiner Vergangenheit und keiner Zukunft unterstellt ist –, als ob eine Ahnung davon bereits in dem Umstand zum Ausdruck käme, daß wir von »sein« weder ein Perfektum noch ein Futurum bilden können, ohne unsere Zuflucht zum Hilfszeitwort »wesen« bzw. »werden« zu nehmen?

Wo es keine Zeit, wo es weder Vergangenheit noch Zukunft gibt, dort verliert aber auch alles Gerede von »früher« oder »später«, »vor« oder »nach«, »prä« oder »post« seinen Sinn. Was »Prä-« oder »Post-« ist, ist eo ipso nicht »Existenz«. Damit erledigt sich alles Gerede von wiederholten Existenzen von selbst. *Geistige Existenz ist uns nicht anders bekannt als in Ko-existenz mit dem Psychophysicum.* Jede Aussage über geistige Existenz jenseits dieser Ko-existenz, jenseits von Leib, Raum und Zeit, entbehrt des Sinnes. Wir können um geistige Existenz nur wissen, sobald und solange sie mit Leib und Seele ver»ein«t, sobald und solange sie durch Leib und Seele er»gänz«t ist zur Einheit und Ganzheit des Wesens »Mensch«. Was darüber hinaus ist, was jenseits von Leib, Raum und Zeit ist, was sich im Bereich des reinen Seins abspielt – darum zu wissen ist unmöglich.

Daß so etwas wie eine »Seelen«-Wanderung unmöglich ist, haben wir gehört: wir sehen aber auch, daß ein Fortleben des Geistigen un»denkbar« ist: es kann nicht gedacht werden, es läßt sich nicht vorstellen. Dennoch könnte es möglich sein – und es ist nicht nur möglich, sondern auch notwendig; denn das Gegenteil davon wäre ja keinesfalls möglich: daß nämlich dasjenige, was wesentlich jenseits von Raum und Zeit ist, jemals sterben können sollte. In diesem Sinne schlage ich vor, an Stelle von Fortleben der Person von *Überleben* zu sprechen – aber nicht so, als ob damit gemeint wäre, daß die geistige Person ihren leiblich-seelischen Tod überlebt, sondern in dem Sinne, in welchem wir bereits einmal von »Übersinn« gesprochen haben – worunter wir »einen über menschliches Fassungsvermögen wesentlich hinausgehenden Sinn« verstanden haben –, also *im Sinne eines Über-Lebens,* das heißt eines Modus des Lebens, von dem wir uns keinen Begriff mehr machen, den wir nicht mehr fassen können. (AG 194)

## *Das Geschehen gerinnt zur Geschichte*

Hier müssen wir Halt machen und, in diesem Zusammenhang, uns dem Problem der Vergänglichkeit zuwenden: Die Zeit vergeht, die Zeit verfließt – so sagt man doch? Auch spricht man substantivisch vom »Fluß der Zeit«, und wenn von ihm die Rede ist, dann stellt man sich vor, die Zeit fließe aus der Zukunft durch die Gegenwart in die Vergangenheit. Hierbei unterlaufen den meisten Menschen jedoch zwei Täuschungen:

Fürs erste einmal wird immer wieder nur gesehen, daß dieser »Fluß« sich sein Bett – und uns unser Grab gräbt: man sieht nur jenes Moment am Zeitfluß, das die Geologen Erosion nennen. Tatsächlich geht auch die Rede vom »nagenden Zahn der Zeit«. Bei alledem wird nun übersehen, daß der Fluß der Zeit nicht nur fortnagt, sondern auch aufhäuft; in der Vergangenheit reichert sich das Geschehene und Geschaffene fortwährend an, in ihr sedimentiert sich das Vergangene, im Schoße der Vergangenheit sinkt das Vergangene ständig zu Boden und bleibt dort aufbewahrt. *Die Zeit verfließt; aber das Geschehen gerinnt zur Geschichte. Nichts Geschehenes läßt sich ungeschehen machen – nichts Geschaffenes läßt sich aus der Welt schaffen. In der*

*Vergangenheit ist nichts unwiederbringlich verloren: im Vergangensein ist alles unverlierbar geborgen.* Um es wieder im Jargon der Geologie zu sagen: wir leben in einem ewigen Alluvium.

Zum zweiten wäre von jener »optischen Täuschung« zu sprechen, der wir im allgemeinen unterliegen und die uns vortäuscht, die Zeit fließe an uns vorbei, wir stünden am Ufer dieses Flusses und gingen einer Zukunft entgegen. In Wirklichkeit wirken wir jedoch niemals in die Zukunft – im Gegenteil: immer wirken wir in die Vergangenheit. In die Vergangenheit hinein retten wir die Möglichkeiten – indem wir sie verwirklichen, indem wir Werte verwirklichen. Die Furcht bangt davor, was in der Zukunft verborgen ist; aber der Trost weiß darum, was in der Vergangenheit geborgen ist. (AG 198)

### *Einstellungswerte*

Wer – im Sinne schöpferischer Wertverwirklichung – das Schicksal nicht gestalten, nicht mehr gestalten kann, der kann es trotzdem bewältigen, anders bewältigen, und zwar dadurch, daß er eben Einstellungswerte verwirklicht, d. h. dem Schicksalhaften gegenüber durch rechtes Leiden eine richtige Einstellung einnimmt. Dies setzt voraus, daß er sich die Leidensfähigkeit erworben hat. So erweist sich diese innere Bewältigung – unter Verzicht auf äußere Gestaltung – letztlich dennoch als Gestaltung: als *Selbstgestaltung.* Denn die Erwerbung der Leidensfähigkeit ist ein Akt der Selbstgestaltung. (AG 312)

### *Eine Selbstverständlichkeit*

Anhand eines Beispiels wollen wir dies erläutern: Ein Mensch springt von einer Brücke ins Wasser. Ein anderer springt ihm nach, um ihn zu retten. Nachdem ihm das geglückt ist, fragen wir ihn, wie ihm diese Entscheidung innerlich möglich gewesen sei. Er antwortet uns aber, von einer Entscheidung könne keine Rede sein, vielmehr sei der Versuch einer Lebensrettung für ihn eine Selbstverständlichkeit gewesen. Die Frage, auf die all dies nunmehr hinausläuft, lautet: Ist eine Handlung deshalb, weil sie für einen eine Selbstverständlichkeit ist, keine Leistung? Gingen nicht so und so viele andere Leute im selben Augenblick wie unser Gewährsmann über die Brücke und waren nicht sie gleich ihm Zeuge der Lebensgefahr, ohne daß es ihnen eingefallen wäre, dem Gefährdeten nachzuspringen, also ohne daß dieses Nachspringen für sie die gleiche Selbstverständlichkeit gewesen wäre wie für den andern?

Wir sehen: Daß das Nachspringen für jemanden eine Selbstverständlichkeit ist, *ist* die Leistung. Denn daß so etwas für einen selbstverständlich ist, ist durchaus keine Selbstverständlichkeit. Das ist ja die Leistung: daß es dazu kommt – daß es einer dahin bringt, daß so etwas für ihn selbstverständlich ist. Nichts *ist* eine Selbstverständlichkeit – alles *wird* eine Selbstverständlichkeit. Aus dem immer wieder Gutes-tun wird schließlich das Gutsein.

Was Handlung war, ist nun Haltung. (AG 313)

### *Leiden heißt reicher werden*

Nehmen wir wieder einmal einen Brief – den Brief einer Patientin vor, die an einer schweren Lungentuberkulose leidet und sich dessen bewußt ist, daß sie keinerlei Aussicht mehr auf Genesung hat, vielmehr allen Grund, an den Tod zu denken. Sie schreibt: »Wann war mein Leben reicher? Damals, als ich (sie war Buchhalterin) furchtbar nützlich war und vor lauter Pflichten nicht mehr zu mir selbst kam? Oder in diesen letzten Jahren geistiger Auseinandersetzung mit tausenderlei Problemen? Noch das Ringen um die Überwindung der Todesangst, die mich gepeinigt, gehetzt, gejagt hat, in unvorstellbarem Ausmaß – selbst dies scheint mir wertvoller gewesen zu sein, als ein ganzes Dutzend noch so schöner Bilanzen.« (AG 319)

### *Die tragische Struktur des Daseins*

Das Leiden macht den Menschen hellsichtig und die Welt durchsichtig. Das Sein wird durchsichtig: der Mensch durchschaut es, es eröffnen sich ihm, dem Leidenden, Durchblicke auf den Grund. Vor den Abgrund gestellt, sieht der Mensch in die Tiefe, und wessen er auf dem Grunde des Abgrunds gewahr wird, das ist die tragische Struktur des Daseins. Was sich ihm erschließt, das ist: daß menschliches Sein zutiefst und zuletzt Passion ist – *daß es das Wesen des Menschen ist, ein Leidender zu sein: homo patiens.* (AG 319)

Das Opfer vermag auch noch dem Sterben Sinn zu geben – während etwa der Selbsterhaltungstrieb an sich, als solcher, nicht einmal imstande ist, dem Leben Sinn zu geben: Wir leben in einer Zeit der eisernen Lungen, der künstlichen Herzen und der elektronischen Gehirne. Schon steht die Vision vor uns – sie wurde vorweggenommen, vorweggeschaut im Buche eines Krankenhausseelsorgers –, daß in Pflegeanstalten der Zukunft die abgetrennten Köpfe jener Insassen, deren übriger Organismus nicht mehr weiterleben kann, auf Röhrensystemen angebracht diesen Organismus überleben, indem sie durch künstlichen Blutkreislauf am »Leben« erhalten werden. Nun ist dies Zukunftsmusik, und schon ist es ein Alptraum. Denn es ist nicht wünschenswert, das Leben um jeden Preis zu erhalten, d. h. auf die Gefahr hin, daß es sich um kein Leben mehr im eigentlichen Wortsinn handelt. Vielmehr wehrt sich alles in uns dagegen, daß unser Dasein aufs bloß Animalische reduziert werde, sei es in der Theorie einer biologistischen Psychotherapie, sei es in der Praxis einer Lebenserhaltung à tout prix. Ludwig Binswanger nennt das nur noch physiologische Dasein, mit dem wir es dann zu tun hätten, »das nackte Grauen«.

Woher kommt es, daß sich alles in uns dagegen sträubt? Das rührt daher, daß es gar nicht wahr ist, daß dem Menschen daran liegt, leiblich zu vegetieren; worum es ihm lediglich zu tun ist, das ist letztlich: geistig zu existieren. Er will nicht da sein, da sein um jeden Preis; sondern das, was er wirklich will, ist: sinnvoll sein. Nicht die Dauer der Existenz ist maßgebend und ausschlaggebend, sondern die Sinnfülle der Existenz. Kann doch ein kurzes Leben sinnvoll sein, während ein langes Leben sinnlos bleiben kann. Ja, mehr als dies: gäbe es gar keinen Tod, wäre das Leben also überhaupt endlos, so wäre es eben darum auch schon sinnlos. Der Mensch könnte alsdann alles und jedes immer wieder aufschieben: Ebensogut wie heute könnte er etwas ja auch morgen und übermorgen tun. Es gäbe keinerlei Verpflichtung dazu und keinerlei Verantwortung dafür, den Augenblick zu nützen, um Werte zu verwirklichen und das Dasein mit Sinn zu erfüllen. (AG 325)

Halten wir uns an das zweifache ärztliche Gebot: »wo möglich helfen – wenn nötig lindern«, so erhellt von selbst, daß das zweite Gebot auf eine Gefahr hin erfüllt werden muß; nämlich auf die Gefahr hin, daß das Leben eines Kranken vielleicht um Stunden verkürzt werde. Freilich wird es sich hierbei wohl um Stunden agonaler Bewußtlosigkeit, Stunden terminalen Lungenödems handeln und nicht um mehr. Dieser Gefahr haben wir jeweils ins Auge zu sehen, sie haben wir auf uns zu nehmen, auf unser Gewissen. Daß es sich bei solcher geringfügigen Lebensverkürzung im allgemeinen nur um Patienten »in ultimis« handelt bzw. um eine Verkürzung um die »letzten« Lebensstunden, ist selbstverständlich. Fraglich ist nur, und zwar eine Frage an das eigene Gewissen, wann der Arzt diese Stunden für gekommen hält, wann er dafürhält, daß der Augenblick gekommen ist, in dem das erste Gebot ins zweite umschlägt. Für gewöhnlich ist es so, daß die Möglichkeit zu helfen in dem Maße abnimmt, in dem die Notwendigkeit zu lindern zunimmt. Der Augenblick, von dem die Rede ist, entspricht somit dem Schnittpunkt dieser absteigenden bzw. ansteigenden Kurven. So etwa in einem von uns selbst erlebten Falle, in dem sich dieses Geschehen recht dramatisch abgespielt hat: Für eine an Myasthenia gravis leidende Patientin ließ sich – es war im Krieg – kein Prostigmin mehr auftreiben. Schon kündigte sich eine Zwerchfellähmung an. Daraufhin veranlaßten wir, daß die letzten noch vorhandenen Ampullen Prostigmin bedenkenlos verabreicht wurden – und im Augenblick, in dem wieder Atemnot auftreten würde, ebenso bedenkenlos Morphium.

Man wird fragen, wodurch sich solches Vorgehen von Euthanasie unterscheide. Der Unterschied beruht darauf, daß in diesem Falle – gemäß dem zweiten, dem Linderungsgebot des Arztes – dem Kranken ein Leiden genommen wird, während im Falle einer Euthanasie dem Kranken das Leben genommen wird –, und zwar in der Absicht, ihn um keinen Preis leiden zu lassen. Es ist klar und zuzugeben, daß es hier fließende Grenzen gibt – Übergänge vom einen zum andern. Aber es wäre verfehlt, wie es so oft geschieht, Grenzfälle zu konstruieren, um anhand solcher konstruierter Fälle eine Theorie ad absurdum zu führen. Im Leben, in der ärztlichen Praxis, »versteht sich« auch dieses »Moralische von selbst«.

Den Schnittpunkt der beiden Kurven: Möglichkeit des Helfens

und Notwendigkeit des Linderns – die Umschlagstelle des einen ins andere vermag der Arzt nur zu erraten. Darüber hilft ihm kein Gesetz, keine Regel hinweg. Ganz und gar ist er da angewiesen aufs Individualisieren und Improvisieren. Kein Gesetz vermöchte, ihm diese Entscheidungen abzunehmen. Er kann sie nur nach bestem Wissen und Gewissen treffen.

Wie sollten da Gesetze, wie da Paragraphen helfen? Sosehr sich das Gewissen – dieses Unbürokratischste, das es gibt – all dem entzieht, so verläßlich ist trotzdem seine Exaktheit und Strenge. Kein Tribunal der Welt könnte so genau fahnden und so streng ahnden. Aber es kann dies nur in der Stille und Einsamkeit, nicht in der Öffentlichkeit. (AG 331)

### *Doktor Dubois*

Selbstverständlich: Irgendwie kann man auch Arzt sein, ohne sich um dergleichen zu scheren; aber dann gilt, was in analogen Zusammenhängen Paul Dubois gemeint hat: daß man sich dann nämlich vom Tierarzt nur mehr noch durch eines unterscheidet – durch die Klienten. (PL 25)

### *Schwester Herma*

Anhand eines Beispiels möchte ich dies belegen: Eine äußerst fleißige Krankenschwester erkrankt an einem Krebs, der sich bei der versuchsweisen Operation als nicht entfernbar erweist. Kurze Zeit vor ihrem Tod besuche ich sie und finde sie im Zustand äußerster Verzweiflung vor. Sie leidet, mehr noch als an allem andern, darunter, daß sie jetzt ihren über alles geliebten Beruf nicht ausüben kann. Was hätte ich dieser nur allzu begreiflichen Verzweiflung gegenüber sagen sollen? War doch die Situation dieser Schwester einfach aussichtslos. (Eine Woche später starb sie.) Dennoch versuchte ich, ihr folgendes klarzumachen: Daß sie acht oder weiß Gott wieviel Stunden am Tag arbeitet, ist noch keine Kunst – das kann ihr bald jemand nachmachen; aber so arbeitswillig zu sein wie sie und dabei arbeitsunfähig und trotzdem nicht zu verzweifeln – das wäre eine Leistung, die ihr nicht so bald jemand nachmachen könnte. Und, so fragte ich sie, begehen Sie denn nicht ein Unrecht an all jenen Tausenden von Kranken, denen Sie als Krankenschwester doch Ihr Leben geweiht haben –

begehen Sie kein Unrecht, wenn Sie jetzt so tun, als ob das Leben eines kranken oder siechen, also arbeitsunfähigen Menschen sinnlos wäre? Sobald Sie in Ihrer Situation verzweifeln, tun Sie so, als ob der Sinn eines Menschenlebens damit stünde und fiele, daß der Mensch soundso viele Stunden arbeitet. Damit aber würden Sie allen Kranken und Siechen jedes Lebensrecht und alle Daseinsberechtigung absprechen. In Wirklichkeit haben Sie aber gerade jetzt eine einmalige Chance: während Sie bisher all diesen Menschen gegenüber, die Ihnen anvertraut waren, nicht *mehr* leisten konnten als dienstlichen Beistand, haben Sie nunmehr die Chance, mehr zu sein: menschliches Vorbild.

In diesem Falle zeigt sich übrigens eines: wie sehr alle Verzweiflung letzten Endes in einer Vergötzung besteht, in der Verabsolutisierung eines einzigen Wertes, im alleinigen Geltenlassen einer einzigen Sinnmöglichkeit, im konkreten Falle: der Arbeitsfähigkeit, also eines gewiß relativen Wertes und keineswegs der einzigen Möglichkeit, dem Dasein einen Sinn zu verleihen. (PL 45)

### *Wertrang*

Wenn auch die Sinnmöglichkeit, die das Leiden birgt, dem Wertrang nach überlegen ist der Sinnmöglichkeit des Schaffens, also wenn auch noch so sehr dem Leidenssinn der Primat zukommt – dem Schaffenssinn eignet die Priorität; denn nicht schicksalhaft notwendiges, sondern unnötiges Leiden auf sich zu nehmen wäre keine Leistung, vielmehr Mutwille. (LL 82)

### *Ein Leiden »um ... willen«*

An mich wendet sich ein alter praktischer Arzt; vor einem Jahr ist ihm seine über alles geliebte Frau gestorben, und über diesen Verlust kann er nicht hinwegkommen. Ich frage den schwerst deprimierten Patienten, ob er sich überlegt habe, was geschehen wäre, wenn er selbst früher als seine Frau gestorben wäre. »Nicht auszudenken«, antwortete er, »meine Frau wäre verzweifelt gewesen.« Nun brauchte ich ihn nur darauf aufmerksam zu machen: »Sehen Sie, dies ist Ihrer Frau erspart geblieben, und Sie haben es ihr erspart, freilich um den Preis, daß nunmehr Sie ihr nachtrauern müssen.« Im gleichen Augenblick hatte sein Leiden einen Sinn bekommen: den Sinn eines Opfers.

Am Schicksal konnte nicht das geringste geändert werden; aber die Einstellung hatte sich gewandelt! Das Schicksal hatte ihm abverlangt, sich von der Möglichkeit, durch Lieben Sinn zu erfüllen, zurückzuziehen; aber die Möglichkeit war ihm geblieben, sich auch diesem Schicksal zu stellen, sich richtig einzustellen. (LL 83)

### *Ärztliche Seelsorge*

Worum es sich in solchen Fällen handelt, wäre als Seelsorge zu bezeichnen, und zwar eine Seelsorge, mit der der Arzt täglich und sprechstündlich konfrontiert wird, die also eine legitime Aufgabe innerhalb des ärztlichen Bereichs darstellt. »Ärztliche Seelsorge« ist Sache des Internisten, der es mit Unheilbaren, des Geriaters, der es mit Siechen zu tun hat, des Dermatologen, der es mit Entstellten, des Orthopäden, der es mit verkrüppelten Menschen zu tun bekommt, gar erst des Chirurgen, der einen Menschen oft operativ zu verstümmeln gezwungen ist, sie alle haben es mit Patienten zu tun, die sich einem unabänderlichen, vielleicht unabwendbar gewesenen Schicksal gegenübergestellt finden. Und in solcher Situation, wo sie nicht mehr heilen, ja nicht einmal mehr lindern können, bleibt ihnen nichts anderes übrig, als zu trösten. Daß auch dies noch ihres Amtes ist, dafür mag ein rührendes Zeugnis die Inschrift sein, die über dem Haupttor des Allgemeinen Krankenhauses von Wien prangt und mit der Kaiser Joseph II. dieses Krankenhaus der Öffentlichkeit gewidmet hat: saluti et solatio aegrorum – nicht nur der Heilung, sondern auch der Tröstung von Kranken[1]. (LL 85)

### *Logodrama*

Statt theoretischer Ausführungen möchte ich lieber auf praktische Erfahrungen zurückgreifen, insbesondere auf ein konkretes Erlebnis: Eines Tages stolpere ich in eine von meinem Assistenten Dr. K. Kocourek veranstaltete gruppentherapeutische Sitzung hinein. Soeben bespricht die Gruppe den Fall einer Frau, der vor kurzem ihr 11jähri-

1 Ein chirurgischer Primarius, der auf jede ärztliche Seelsorge verzichten wollte, dürfte sich nur nicht wundern, wenn er einen Patienten nicht vor der Operation auf dem Operationstisch vorfindet, sondern nach dem Suizid auf dem Obduktionstisch, beim »Ultimarius«, dem Arzt, der es mit den Patienten zuletzt zu tun hat. (TT 189)

ger Junge an einem Blinddarm-Durchbruch zugrunde gegangen war, während ein 20jähriger Sohn zurückblieb, der an Morbus Little leidet und im Rollstuhl fortbewegt werden muß. Die Mutter hatte versucht, sich das Leben zu nehmen, und war daraufhin zu mir in die Klinik gebracht worden. Da schalte ich mich in die Diskussion des Falles ein und greife eine junge Frau heraus, die ich improvisierend auffordere, sich vorzustellen, sie sei an die 80 Jahre alt, ihr Tod stehe bevor, und sie blicke auf ihr Leben zurück, und zwar ein Leben voll von gesellschaftlichem Prestige und erotischem Erfolg, aber auch nicht mehr als alledem: Was würde sie zu sich selbst sagen? »Ich hatte es gut im Leben, war reich, wurde verwöhnt, hielt die Männer zum Narren, indem ich mit ihnen flirtete, und ließ mir nichts abgehen. Nunmehr bin ich alt, ich lasse keine Kinder zurück und muß sagen, daß mein Leben strenggenommen ein Fehlschlag war; denn ins Grab kann ich mir nichts mitnehmen. Wozu war ich auf der Welt?« Nun lade ich die Mutter des Krüppels ein, sich in dieselbe Lage zu versetzen und zu sagen, was sie sich dächte: »Ich hatte mir Kinder gewünscht, und dieser mein Wunsch ging in Erfüllung. Das jüngere starb, und mit dem älteren blieb ich zurück. Wenn nicht ich gewesen wäre, hätte aus ihm nichts Rechtes werden können. Es wäre in irgendeiner Anstalt für Idioten gelandet; aber so war ich es, die aus ihm einen Menschen machte. *Mein* Leben war *kein* Fehlschlag. Mag es auch noch so schwer gewesen sein, es war voll von Aufgaben, und wenn es mir gelungen sein sollte, sie zu bewältigen, war es sinnvoll. Nunmehr kann ich ruhig sterben.« Nur schluchzend brachte sie diese Worte hervor. Die Mitpatienten jedoch hatten ihnen entnommen, daß es wohl weniger darauf ankommt, ob das Leben eines Menschen lust- oder leidvoll als vielmehr darauf, ob es sinnvoll ist. (LL 89)

## b) Der Übersinn des Lebens

### *Der Sinn des Ganzen*

Die Frage nach dem Sinn des Lebens kann verschieden gemeint sein. Aus ihrer weiteren Diskussion wollen wir daher gleich eingangs jenes Problem ausscheiden lassen, das sich mit dem fraglichen Sinn alles Geschehens beschäftigt, so etwa mit dem fraglichen »Ziel und Zweck« der Welt im ganzen befaßt, oder mit der Frage nach dem Sinn des Schicksals, das uns widerfährt, der Dinge, die uns zustoßen. Denn die möglichen positiven Antworten auf all diese Fragen sind eigentlich ein Reservat des Glaubens. Für den religiösen Menschen, der an eine Vorsehung glaubt, mag daher diesbezüglich überhaupt keine Problematik vorliegen. Für die übrigen müßte die Fragestellung in der angegebenen Form erst erkenntniskritisch überprüft werden. Müssen wir doch prüfen, ob es überhaupt erlaubt sei, nach dem Sinn des Ganzen zu fragen, ob also diese Frage selbst sinnvoll sei. Eigentlich können wir nämlich jeweils nur nach dem Sinn eines Teilgeschehens fragen, nicht nach dem »Zweck« des Weltgeschehens. Die Zweckkategorie ist insofern transzendent, als der Zweck jeweils außerhalb dessen liegt, das ihn »hat«. Wir könnten daher den Sinn des Weltganzen höchstens in der Form eines sogenannten Grenzbegriffes fassen. Man könnte diesen Sinn sonach vielleicht als Über-Sinn bezeichnen, womit in einem ausgedrückt würde, daß der Sinn des Ganzen nicht mehr faßbar und daß er mehr als faßbar ist[1]. (ÄS 43)

### *Die sogenannte Weisheit der Instinkte*

Nehmen wir an, ich will eine Maschine konstruieren, deren Funktion darin bestehen soll, eine bestimmte Ware in einer bestimmten Weise zu verpacken; es leuchtet dann ohne weiteres ein, daß ich zu dieser konstruktiven Aufgabe eine gewisse Intelligenz benötigen werde – von der eines feststeht: daß sie auf jeden Fall von einem wesentlich höheren Grade wird sein müssen als jene Intelligenz, die bloß dazu notwendig wäre, daß ich die Verpackung der betreffenden Ware selber vornehme! Was liegt nun näher, als diesen graduellen Vergleich auf das Problem der Instinkte zu übertragen; und müssen wir dann nicht, mit Bezug auf die sogenannte Weisheit der Instinkte, zu dem Schlusse gelangen, daß jene Weisheit, die einer Tierart oder -gattung einen bestimmten Instinkt verliehen hat, jene Weisheit also, welche diesen Instinkt doch gleichsam gestiftet haben muß, daß jene Weisheit, die demnach *hinter* den Instinkten steht, von einem unvergleichlich höheren Range wird sein müssen als die »Weisheit« der Instinkte selber, aus denen heraus das betreffende Tier so »weise« reagiert. Und es mag sein, daß der eigentliche Unterschied zwischen Mensch und

1 »Übersinn« hat aber nicht das geringste zu tun mit »übersinnlich«, sondern heißt soviel wie »übersinnvoll«. (AG 307)

Tier letztlich nicht sosehr darin besteht, daß das Tier Instinkte hat und der Mensch Intelligenz (schließlich läßt sich ja, insbesondere sofern wir das aller menschlichen Vernunft zugrunde liegende, selber aber durch Vernunft nicht mehr begründbare a priori ins Auge fassen, die ganze menschliche Intelligenz als bloßer »höherer« Instinkt auffassen); vielmehr wäre die wesentliche Unterscheidung zwischen Mensch und Tier darin gelegen, daß die Intelligenz des Menschen so hoch ist, daß der Mensch – nun im entscheidenden Gegensatz zum Vermögen der Tiere – sogar auch noch eines kann: einsehen, daß es eine Weisheit, und zwar von einem die seinige grundsätzlich überragenden Range – eine übermenschliche Weisheit – geben muß, die ihm die Vernunft und den Tieren die Instinkte eingepflanzt hat; eine Weisheit, die alle Weisheit, gleichermaßen die menschliche Weisheit wie die »weisen« Instinkte der Tiere, geschaffen und auf je ihre Welt abgestimmt hat. (ÄS 45)

### *Homo religiosus*

Während der seiner Verantwortung nicht bewußte Mensch das Leben als eine bloße Gegebenheit hinnimmt, lehrt die Existenzanalyse, das Leben in seiner Aufgegebenheit sehen. Hierzu müssen wir aber folgendes bemerken: Es gibt Menschen, die einen Schritt weiter gehen, das Leben gleichsam in einer weiteren Dimension erleben. Für sie ist Aufgabe sozusagen etwas Transitives. Sie erleben gleichzeitig eine Instanz, von der die Aufgabe kommt, sie erleben jene Instanz hinzu, welche die Aufgabe stellt. Sie erleben die Aufgabe als Auftrag. Das Leben erscheint dann in der Transparenz auf einen transzendenten Auftraggeber hin. Damit wäre unseres Erachtens ein Wesenszug des homo religiosus umrissen; als eines Menschen, für dessen Bewußtsein und Verantwortlichsein mit dem Lebensauftrag der Auftraggeber mitgegeben ist. (ÄS 71)

### *Offenbarung*

Insofern, als wir Menschsein definieren können als Verantwortlichsein, ist der Mensch für die Erfüllung eines Sinnes verantwortlich. Im Gegensatz zur Frage nach dem Wofür muß aber in der Psychotherapie die Frage nach dem Wovor unseres Verantwortlichseins offengelassen werden. Die Entscheidung muß dem Patienten überlassen bleiben, wie er sein Verantwortlichsein interpretiert, als Verantwortlichsein vor der Gesellschaft, vor der Menschheit, vor dem Gewissen oder überhaupt nicht vor etwas, sondern vor jemandem, vor der Gottheit[1].

Es mag nun eingewendet werden, daß die Frage nach dem Wovor des Verantwortlichseins des Patienten ja gar nicht offengelassen werden muß. Vielmehr sei in Form der Offenbarung die Antwort ja längst schon gegeben worden; der Beweis hinkt aber. Er läuft nämlich auf eine petitio principii hinaus; denn daß ich die Offenbarung als solche überhaupt anerkenne, setzt eine Glaubensentscheidung immer schon voraus. Es verfängt also nicht im geringsten, wenn man einem Ungläubigen gegenüber darauf verweist, daß es eine Offenbarung gibt; wäre sie für ihn eine solche, so wäre er ja auch schon gläubig. (ÄS 220)

*Der Grund des Seins*

Wenn man die Tiefe des Meeresbodens an irgendeiner Stelle des Ozeans bestimmen will, dann pflegt man eine sogenannte Echolotung vorzunehmen. Sie ist nichts anderes als die Urform des Radar-Prinzips. Es werden Schallwellen gegen den Meeresboden hin ausgesandt und die Zeit gemessen, die bis zum Eintreffen eines Echos verstreicht. Nun: die Metaphysiker wollen, wie gesagt, dem Dasein ebenfalls »auf den Grund kommen«. Aber das Dasein ist bodenlos. Und all unser Fragen nach dem letzten Seinsgrund, gerade nach ihm, findet keinen Widerhall im grenzenlosen Ozean des Seins. Aber es kommt alles darauf an, diesen Tatbestand richtig zu deuten und sich zu fragen: Was wäre das denn für ein Absolutes, das so ohne weiteres uns Rede und Antwort stünde? Und was wäre das für eine merkwürdige Unendlichkeit, an deren endlichen Grundmauern sich die Stimme brechen sollte, mit der unsere letzten Fragen hinausgesandt werden in den unendlichen Seinsraum? Wir wissen: Vom unendlich fernen, unendlich tiefen Grund des Seins her wird uns nur dann keine Ant-

1 Es fragt sich nur, ob sich überhaupt von Gott und nicht vielmehr nur zu ihm sprechen läßt. Den Satz von Ludwig Wittgenstein: »whereof one cannot speak, thereof one must be silent« – wovon man nicht sprechen kann, davon muß man schweigen –, können wir ja nicht nur aus dem Englischen ins Deutsche, sondern auch aus dem Agnostischen ins Theistische übersetzen – von dem man nicht sprechen kann, zu dem muß man beten. (ÄS 220)

wort zuteil, wenn wir unsere Fragen – richtig adressiert haben. Denn dann bleiben wir gerade deshalb ohne Antwort, weil unsere Fragen – das Unendliche erreicht haben. (WS 69)

*Das Amt des Priesters*

Denn weder ist der Arzt als solcher befugt, noch ist er berufen dazu, auf die Frage seines Patienten nach dem Sinn des Daseins eine religiöse Antwort zu geben. Er ist hierzu nicht befugt, weil er nicht dazu da ist, sich das Amt des Priesters anzumaßen; und er ist hierzu nicht berufen, weil weder der religiöse noch der nicht-religiöse Patient zu ihm gekommen ist, um von ihm eine religiöse Antwort zu erhalten. Vor dem Arzt als solchem muß sonach der religiöse Kranke dem nicht religiösen gleichgestellt erscheinen. (WS 74)

*Black hole*

Aber wir sprechen vom Religiösen, als ob er – dem Nicht-Religiösen gegenüber – der Sehende wäre. Und dies ist falsch. Wie falsch, das möge an folgendem Gleichnis erhellt werden: Wenn es wahr ist, daß die Menschen im Leben so stehen wie die Schauspieler auf einer Bühne, dann erinnern wir uns doch daran, daß der Schauspieler – geblendet vom Rampenlicht – an Stelle des Zuschauerraums nichts sieht als ein großes schwarzes Loch. Er sieht nie, »vor wem« er spielt. Und ergeht es dem Menschen nicht ähnlich? Auch er – geblendet vom »Schein« der Alltäglichkeit – sieht nicht, »vor wem« er die Verantwortung seines Daseins »trägt« (wie der Schauspieler seine Rolle trägt): er sieht nicht, vor wem er agiert! Und doch gibt es immer wieder Menschen, die meinen: Genau dort, wo wir »nichts« sehen, genau dort sitzt der große Zuschauer und sieht uns zu, unverwandt. Diese Menschen sind es, die uns zurufen: Gebt acht – ihr steht vor offenem Vorhang! (WS 107)

*Teleologie*

Sich für die Möglichkeit von Teleologie in einer über die Naturwissenschaft hinausliegenden Dimension nicht offenzuhalten, sondern diese Möglichkeit zu verleugnen, sie zu bestreiten und auf der Unmöglichkeit von Teleologic zu beharren hat nichts mehr mit Empirie zu tun, sondern ist Philosophie, und zwar nicht kritisch reflektierte Philosophie, sondern dilettantische, antiquierte, apriorische Philosophie. (AG 19)

### *Selbst-kritische Reflexion*

So hätte sich denn auch hier wieder einmal gezeigt, wie sehr alle menschliche Erkenntnis gleichsam nur für ein Zwischenreich gilt: für das Menschliche – und für das, was sozusagen knapp darunter und knapp darüber liegt: Gegenüber den Elektronen etwa versagt unser Verständnis notwendig ebenso wie andererseits gegenüber Gott.

Was diese Letztheiten, diese Extreme eines unter dem Menschlichen, bzw. über ihm Liegenden, in Wirklichkeit sind, als was sie sich also einem vollen Verständnis darböten, das wissen wir einfach nicht, und das können wir, als Menschen, auch niemals wissen. Und all unsere Weisheit vermag hier kaum mehr auszurichten, als – in höchster Bewußtheit ihrer eigenen Begrenztheit – Anführungszeichen anzubringen: »Materie« ... »Gott« ... (AG 126)

### *»Lücken« des Kausalgesetzes*

Gewiß; es ist nicht wahrscheinlich, daß mir heute, nach Verlassen dieses Hörsaales, auf dem Heimweg ein Ziegelstein auf den Kopf fallen wird – mit dieser Unwahrscheinlichkeit kalkuliert nur ein Angstneurotiker; grundsätzlich wäre es jedoch möglich. Nun, prinzipiell ist es ebenso möglich – nur viel weniger wahrscheinlich, daß ein Ziegelstein, statt herabzufallen, lotrecht hinauffällt. Dies ist dermaßen unwahrscheinlich, daß nicht einmal ein Angstneurotiker diese Möglichkeit einkalkuliert; aber der moderne Physiker tut es sehr wohl.

Es gibt angesichts der grundsätzlichen Möglichkeit auch des Unwahrscheinlichsten zwar Grade aber keine Grenzen der Wahrscheinlichkeit. So erscheint es denn gerechtfertigt, vom Unwahrscheinlichen als vom Wunder zu sprechen, bzw. aufgrund dieser Identifizierung das Wunder zu definieren als das Unwahrscheinliche schlechthin. Daraus ergibt sich nun nicht mehr und nicht weniger, als daß auch das Wunder in keinem Widerspruch zu den Naturgesetzen steht; es durchbricht sie keineswegs – es zerreißt nicht die Kausalketten. Es ist, unseres Erachtens, daher auch gar nicht nötig, im Zusammenhang mit dem Problem des Wunders von »Lücken« des Kausalgesetzes zu sprechen, sonach anzunehmen, daß im Falle eines Wunders eine höhere Gesetzlichkeit etwa *einbricht* in die Natur, daß sie also die Naturgesetze durchbricht. Das Wunder, die Übernatur, denkt einfach gar nicht daran, sich's mit den Gesetzen der Natur zu verscherzen: das Wunder braucht sie, die Übernatur bedarf ihrer – sie *bedient* sich des Kausalgesetzes; die Übernatur hebt es nicht auf, sondern sie spielt auf ihm, wie auf einer Klaviatur. (AG 177)

### *Die Differentialdiagnose »Zufall oder mehr«*

Die Kausalketten bleiben demnach durchaus und durchwegs geschlossene. Nur daß sie in einer höheren Dimension zugleich offen sind, offen für eine höhere »Kausalität«. Auch ein in sich geschlossener Kreis bleibt geschlossen, während er – aufgefaßt als die Projektion einer hohlen Halbkugel (Projektion aus dem 3dimensionalen Raum in die 2dimensionale Ebene) – gleichzeitig offen ist. In der Offenheit der niederen Seinsschicht »inseriert« jeweils eine höhere.

Um den einfachsten Fall einer höheren Gesetzlichkeit heranzuziehen: auch *die Finalität reißt keine Lücken in die Kausalität.* Wir brauchen uns den Sachverhalt der Überbauung, Überhöhung, Überordnung der einen Gesetzlichkeit durch die andere keineswegs so vorzustellen, als ob da Lücken gerissen würden; denn was in 1dimensionaler Betrachtung wie »zerrissen« imponiert, zeigt bei 2dimensionaler Betrachtung, daß es ein Kontinuum ist und dennoch offen:

1dimensional: – –     2dimensional: 

Nach wie vor ist der Kausalnexus ein Kontinuum. Analog dem »gekrümmten« Raum im Sinne von Einstein ist auch dieses raumzeitliche Kontinuum der Kausalgesetzlichkeit gebogen, zurechtgebogen von der höheren Gesetzlichkeit. Identifizieren wir die einzelnen Kausalzusammenhänge mit den dimensionalen »Weltlinien« im Sinne von Minkowski, dann erweisen sie sich demnach als stellenweise eingedellt, streckenweise eingenischt.

Die betreffenden Stellen bzw. Nischen sind die Gelegenheiten, welche die Kausalität der Finalität gibt. An diesen Stellen ist die Natur für die Übernatur offen; an ihnen, bei diesen »Gelegenheiten«, ist die Übernatur in der Natur »gelegen«, in sie eingebettet, eingenistet.

Der Zufall ist der Ort, an dem das Wunder nistet – oder besser gesagt: nisten kann; denn immer kann etwas nur – niemals muß es mehr als bloßer Zufall sein. Darauf suspekt ist alles; aber es ist eben nur suspekt. Allemal kann nur das natürliche Sein Träger sein eines übernatürlichen Sinns, eines Übersinns; aber der Übersinn ist diskret: er drängt sich einem nicht auf und kann ebensogut auch unbemerkt bleiben.

Wie kommen wir nun zu jener Differentialdiagnose, die uns nunmehr so sehr am Herzen liegt: zur Differentialdiagnose »Zufall oder mehr«?

Zuletzt lautet die »Differentialdiagnose« – die Frage, radikal gestellt, ganz anders: »Ist das Sein ein einziger großer Unsinn oder ein einziger großer Übersinn?« Allein, diese Frage kann von der Naturwissenschaft her nicht beantwortet werden. Sie ist überhaupt nicht beantwortbar, dieses Problem ist überhaupt nicht lösbar – sondern es muß entschieden werden. Alles Sein ist zweideutig: beide Deutungen – sowohl die Deutung »Unsinn« als auch die Deutung »Übersinn« – sind möglich. Beides ist denkbar: sowohl daß das Sein ein totaler Unsinn sei, als auch daß es ein totaler Übersinn sei; aber wir haben es hierbei eben nur mit zwei Denkbarkeiten, zwei Denkmöglichkeiten zu tun und nicht etwa mit Denknotwendigkeiten. Bei der von uns abverlangten »Entscheidung« stehen wir unter keinerlei logischem Zwang; keineswegs sind wir logisch gezwungen, logisch verpflichtet zur einen oder andern Entscheidung. Beide Deutungen sind logisch gleichberechtigt. Logisch spricht ebensoviel für wie gegen die eine bzw. andere Deutung.

Die Gleichberechtigung beider Antworten: der Antwort »absoluter Unsinn« ebenso wie der Antwort »absoluter Übersinn« – macht die Verantwortung des Antwortenden aus. Er wird nicht nur vor eine Frage gestellt – nein: der Gefragte wird vor eine Entscheidung gestellt, und zwar eine existentielle, aber nicht eine intellektuelle Entscheidung. Was er zu leisten hat, ist nicht das »intelligere«, nicht eine sachliche Einsicht – sondern ein persönlicher Einsatz.

Gründe und Gegengründe halten einander die Waage; aber in die Waagschale wirft der Entscheidende das Gewicht seines Seins.

Nicht das Wissen entscheidet diese Entscheidung, sondern der Glaube; aber *der Glaube ist nicht ein Denken, vermindert um die Realität des Gedachten, sondern ein Denken, vermehrt um die Existentialität des Denkenden.* (AG 178)

*Die Unbeweisbarkeit des Übersinns*

Auf den Schultern des an einen Übersinn Glaubenden ruht nicht die Beweislast, sondern nur die Last der Unbeweisbarkeit dieses Übersinns. Es ist also nicht so, wie vielfach behauptet wird: daß es der Sinn unseres Lebens sei, die Sinnlosigkeit dieser Welt auf sich zu nehmen, und daß es der Sinn des Daseins sei, der »Absurdität« des Seins sich zu stellen; sondern es ist bloß so: Die Unüberschaubarkeit des Ganzen, die Uneinsehbarkeit der Sinnfülle dieses Ganzen, die Unbeweisbarkeit des Übersinns – dies auf sich zu nehmen, gehört zum Dasein wesentlich mit dazu. (AG 308)

*Der Übersinn setzt sich durch*

Das Durchsetzen eines Sinnes, der mir vorschwebt, ist abhängig von meinem Tun und Lassen: je nachdem, *was* ich tue und lasse, geschieht etwas entweder – oder es geschieht nichts; aber der Übersinn setzt sich durch unabhängig von meinem Tun und Lassen: entweder mit oder ohne mein Dazutun, entweder mit meiner Mitwirkung oder unter Umgehung meiner. Mit einem Wort: Die Geschichte, in der sich der Übersinn erfüllt, geschieht entweder durch meine Unternehmungen hindurch – oder über meine Unterlassungen hinweg. (AG 310)

*Der Partner unserer intimsten Selbstgespräche*

So bliebe denn nur noch, wenn schon kein Bekenntnis so doch wenigstens ein Geständnis anzuschließen: In letzter Zeit bin ich in zunehmendem Maße auf etwas zurückgekommen, das ich bereits als etwa 14jähriger erlebt und erfahren hatte, dann aber erst im Rahmen der »Ärztlichen Seelsorge«, also 1946, erstmalig zu publizieren Gelegenheit hatte: meine These nämlich, daß sich Gott vielleicht am treffendsten definieren ließe als der Partner unserer intimsten Selbstgespräche. Das heißt praktisch: was einer in seiner äußersten Einsamkeit – damit aber auch in letzter Ehrlichkeit sich selbst gegenüber – bedenkt und in »innerer Sprache« bespricht – das alles spricht er eigentlich zu Gott (»tibi cor meum loquitur«); mag er nun Theist oder Atheist sein – irgendwie wird es unwesentlich, da sich Gott nunmehr – »operational« – definieren ließe als derjenige, mit dem er, so oder so, spricht. Der Theist unterscheidet sich dann vom Atheisten nur noch dadurch, daß er die Hypothese, der Partner sei er selbst, nicht mitmacht, sondern diesen Partner für jemanden hält, der mit ihm selbst eben *nicht* identisch ist. Für eine operationale Definition spielt das aber keine Rolle mehr. Denn im Sinne einer solchen Definition haben wir auf jeden Fall das Recht, einfach *übereinzukommen*, daß wir diesen Jemand Gott nennen. (AG 340)

### *»Not lehrt beten«*

Im übrigen soll man nicht geringschätzig davon sprechen, daß so manchen Menschen die »Not beten lehrt«. Es ist nicht einzusehen, warum das Beten in der Not weniger echt, weniger eigentlich, weniger ursprünglich sein sollte. Die Religion, die man erst hat, sobald es einem schlecht geht – in den USA heißt sie Fox Hole Religion –, ist mir lieber als die Religion, die man nur hat, solange es einem gut geht – ich möchte sie nennen die Business Men Religion. Wie oft sind es erst die Ruinen, die den Blick freigeben auf den Himmel! (AG 370)

### *Die Gefahr*

Liegt die Gefahr für die Religion in der Verschwommenheit, im Vagen, im Zerfließen, in der Form- und Uferlosigkeit, so die Gefahr für die Konfession (welche die erste Gefahr bannen soll) im Gerinnen des religiösen Gehalts in der Form, bzw. im Erstarren der Form selbst. Blut ohne Adern verblutet – Adern ohne Blut verkalken. (AG 373)

### *Pathodizee*

Ein letztes Problem: das Problem der Theodizee. Welch ein Anthropomorphismus ist doch die bloße Fragestellung der Theodizee! Während sich die Frage einer Pathodizee darauf beschränkt, zu fragen, welchen Sinn das Leiden habe, stellt die Theodizee die Frage, welchen Grund Gott gehabt habe, das Leiden und das Übel zuzulassen. Aber steckt nicht im Ausdruck »zulassen« die Insinuation eines Kompromisses, das der Schöpfer mit seiner Schöpfung zu schließen gezwungen war? Es heißt beispielsweise: Das Übel dient zur Kontrastwirkung; wenn der Mensch nicht leiden müßte, dann könnte er sich auch nicht freuen ... als ob Gott nicht imstande gewesen wäre, eine Schöpfung zu schaffen, die auch ohne Kontrastwirkung ausgekommen wäre, eine Schöpfung, in der es solcher Kontrastwirkung gar nicht erst bedurft hätte. Oder es heißt: Der Mensch wird durch das Leiden geläutert ... als ob Gott nicht auch Menschen hätte schaffen können, die des Leidens gar nicht bedurft hätten, um lauter zu sein, oder des Schadens, um klug zu werden. Solche Antworten auf die Theodizeefrage sind nichts anderes als ein einziger großer Anthropomorphismus. Mit der Kontrastwirkung, mit der Läuterung kommen, heißt menschliche Maßstäbe anlegen an die Motivation des Schöpfers.

Wir wissen keine bessere Antwort auf die Theodizeefrage als jene Antwort, die sich in einem Witz spiegelt: In der Schule spricht der Religionslehrer von der Wundertätigkeit Gottes und erzählt: »Es war einmal ein armer Mann; seine Frau starb im Wochenbett, und er selbst hatte nun nicht das Geld, um sich eine Amme zu leisten. Da tat Gott ein Wunder und ließ diesem armen Manne Brüste wachsen, so daß er den Säugling nunmehr selber stillen konnte.« Woraufhin sich der kleine Moritz meldet: »Offen gesagt, Herr Lehrer, versteh ich das nicht ganz. Wäre es denn nicht einfacher gewesen, wenn Gott es so gefügt hätte, daß dieser arme Mann – scheinbar zufällig – auf der Straße Geld findet: dann hätte er sich eine Amme leisten können – und Gott hätte kein Wunder zu tun brauchen.« Daraufhin der Lehrer: »Du dummer Bub! Wenn Gott ein Wunder tun kann, wird er doch kein Bargeld ausgeben!«

Warum lachen wir über diesen Witz? Weil die Pointe zeigt, wohin es führt, wenn man an die Motive Gottes menschliche Maßstäbe anlegt – wenn man versucht, jene Beweggründe nachzuvollziehen, aus denen Gott Brüste wachsen ließ, und hierbei die Kategorien eines Geschäftsmannes anzuwenden – oder, mit anderen Worten: aus der Businessmentalität heraus Gottes Gedanken nachzudenken. (AG 374)

### *Extrapolieren*

Versuchen wir es nun, auch im Hinblick auf die Theodizeefrage zu extrapolieren: Wenn ich einem Hund etwas zeige, mit dem Finger auf etwas weise, dann blickt er nicht in die Richtung, in die der Finger zeigt, sondern auf den Finger selbst; wenn er böse ist, schnappt er nach dem Finger. Mit einem Wort: die Zeichenfunktion des Zeigens ist ihm unbekannt, ist in seiner Welt unverständlich.

Und der Mensch? Aus seiner Welt heraus ist er ebenso außerstande, die Zeichen zu deuten, die aus der Überwelt heraus geschehen mögen, – den Sinn zu verstehen, auf den etwa das Leiden verweisen mag, – den Fingerzeig zu erfassen, den es ihm gibt: auch er schnappt nach dem Finger – er hadert mit dem Schicksal. (AG 376)

*Worte*

Wo alle Worte zu wenig wären, dort ist jedes Wort zuviel. (AG 377)

*Ein document humain*

Unseres Erachtens eignet auch noch dem psychotischen Dasein ein Freiheitsgrad. Tatsächlich kann auch noch der im Sinne einer endogenen Depression leidende Mensch dieser Depression trotzen. Es sei mir gestattet, dies an Hand des Auszugs aus einer Krankengeschichte zu illustrieren, die ich für ein document humain halte. Die Patientin war Karmelitin, und in ihrem Tagebuch schilderte sie den Verlauf der Erkrankung und der Behandlung – wohlgemerkt: einer auch pharmakotherapeutisch und nicht nur logotherapeutisch orientierten Behandlung. Ich beschränke mich auf das Zitat einer Stelle aus diesem Tagebuch: »Die Traurigkeit ist mein ständiger Begleiter. Was immer ich auch tue, sie lastet wie ein Bleigewicht auf meiner Seele. Wo sind meine Ideale, all das Große, Schöne, all das Gute, dem einst mein Streben galt? Nur gähnende Langeweile hält mein Herz gefangen. Ich lebe wie hineingeworfen in ein Vakuum. Denn es gibt Zeiten, da selbst der Schmerz sich mir versagt.« Wir haben es also mit der Andeutung einer Melancholia anaesthetica zu tun. Die Patientin setzt ihre Schilderung fort: »In dieser Qual ruf' ich zu Gott, dem Vater aller. Doch auch er schweigt. So möchte ich eigentlich nur noch eines: sterben – heute noch, wenn möglich gleich.« Und nun folgt ein Umschwung: »Wenn ich nicht das gläubige Bewußtsein hätte, daß ich nicht Herr über mein Leben bin – ich hätte es wohl schon oftmals fortgeworfen.« Triumphierend fährt sie fort: »In diesem Glauben beginnt die ganze Bitterkeit des Leidens sich zu wandeln. Denn wer da meint, ein Menschenleben müsse ein Schreiten von Erfolg zu Erfolg sein, der gleicht wohl einem Toren, der kopfschüttelnd an einer Baustelle steht und sich wundert, daß da in die Tiefe gegraben wird, da doch ein Dom entstehen soll. Gott baut sich einen Tempel aus jeder Menschenseele. Bei mir ist ER gerade daran, die Fundamente auszuheben. Meine Aufgabe ist es nur, mich willig Seinen Spatenstichen hinzuhalten.«

Ihr Beichtvater hatte ihr immer wieder vorgehalten, eine gute Christin dürfe nicht an einer Depression leiden. Aber das war Wasser auf die Mühle der für die endogene Depression so charakteristischen Tendenz zu Selbstvorwürfen. In Wirklichkeit ist Religiosität keine Garantie gegen eine neurotische oder gar eine psychotische Erkrankung. Umgekehrt garantiert Freisein von Neurose noch lange nicht, daß jemand religiös ist. Mit anderen Worten: Es wäre kurzschlüssig, anzunehmen, Freiheit von Neurose garantiere mehr oder weniger automatisch wahre Religiosität. Nicht weniger kurzschlüssig wäre jedoch die Annahme, daß wahre Religiosität vor neurotischer Krankheit schützt. In diesem Sinne wird einen weder die Wahrheit frei noch die Freiheit wahr machen. (LL 103)

# Quellennachweis

## TEIL I

*1. Das Buch als Therapeutikum*
Festvortrag zur Eröffnung der Buchwoche '75 in der Wiener Hofburg.
In: »Psychotherapie für den Laien«. Verlag Herder, Freiburg 1978, 7. Aufl., S. 163–171 (Herderbücherei 387).

*2. Der Pluralismus der Wissenschaften und die Einheit des Menschen*
Festvortrag, gehalten anläßlich der 600-Jahrfeier der Universität Wien am 13. Mai 1965.
In: »Der Wille zum Sinn«. Verlag Hans Huber, Bern–Stuttgart–Wien 1978, 2. Aufl., S. 135–150.

*3. Zeit und Verantwortung*
Auszug aus einem Vortrag, gehalten in Innsbruck am 19. Februar 1947 unter dem Titel »Der seelisch kranke Mensch vor der Frage nach dem Sinn des Daseins«.
In: »Der Wille zum Sinn«, a. a. O., S. 55–56.

*4. Kritik der reinen Begegnung*
In englischer Sprache zuerst in: »The Journal of the American Academy of Psychoanalysis«, 1. Jg., H. 1, 1973, S. 73–83.
In deutscher Sprache in: »Der Wille zum Sinn«, a. a. O., S. 217–233.

*5. Das Leiden am sinnlosen Leben*
Festvortrag, gehalten anläßlich der Verleihung des Donauland-Sachbuchpreises am 8. November 1976.
In: »Der Wille zum Sinn«, a. a. O., S. 235–244.

*6. Determinismus und Humanismus*
Zuerst in: »Jahrbuch für Psychologie, Psychotherapie und medizinische Anthropologie«, 18. Jg., H. 1/2, 1970, S. 3–15.
Wiederabgedruckt in: »Der Wille zum Sinn«, a. a. O., S. 151–171.

*7. Das Unbewußte*
In: »Der unbewußte Gott«. Kösel-Verlag, München 1977, 2. Aufl., S. 22–49 (gekürzt).

*8. Psychotherapie und Religion*
In: »Der unbewußte Gott«, a. a. O., S. 73–78 (gekürzt).

*9. Potentialismus und Kaleidoskopismus*
Zuerst in: »Der Nervenarzt«, 31. Jg., H. 9, 20. 9. 1960, S. 385–398.
Wiederabgedruckt in: »Anthropologische Grundlagen der Psychotherapie«. Verlag Hans Huber, Bern–Stuttgart–Wien 1975, S. 41–48, S. 334–338 (jeweils gekürzt).

*10. Aus dem Grenzgebiet zwischen Psychotherapie und Philosophie*
Zuerst in: »Forschungen und Fortschritte«, Bd. 35, H. 2, Februar 1961, S. 36–38.
Wiederabgedruckt in: »Anthropologische Grundlagen der Psychotherapie«, a. a. O., S. 50–53.

*11. Zur Anthropologie des Sports*
Koreferat auf einem Internationalen wissenschaftlichen Symposion, veranstaltet vom Olympischen Organisationskomitee im Rahmen der Olympischen Spiele, München 1972.
Zuerst in: »Österreichische Ärztezeitung«, 29. Jg., 1974, S. 1064.
Wiederabgedruckt in: »Anthropologische Grundlagen der Psychotherapie«, a. a. O., S. 65–73 (gekürzt).

*12. Liebe und Sex*
Deutsche Übersetzung eines Beitrags zu einem japanischen Sammelband, hrsg. von Sadayo Ishikawa (Seishin Shobo), bzw. zu einem dänischen Sammelband, hrsg. von Knud Simon Christensen (1973).
In: »Anthropologische Grundlagen der Psychotherapie«, a. a. O., S. 76–81 (gekürzt).

*13. Was ist der Mensch?*
Zuerst veröffentlicht in: »Wiener klinische Wochenzeitschrift«, 61. Jg., Nr. 15, 1949, S. 1–4.
Wiederabgedruckt in: »Anthropologische Grundlagen der Psychotherapie«, a. a. O., S. 334–338.

*14. Der Mensch auf der Suche nach Sinn*
Öffentlicher Vortrag im Rahmen des XIV. Internationalen Kongresses für Philosophie (Wien 1968).
In: »Psychotherapie für den Laien«. Verlag Herder, Freiburg 1978, 7. Aufl. (Herderbücherei 387).

*15. Psychische Hygiene des Reifens*
Zuerst in: »Die Psychotherapie im Alltag. Sieben Radiovorträge«. Verlag Psyche, Berlin 1952.
Wiederabgedruckt in: »Psychotherapie für den Laien«, a. a. O., S. 58–61 (gekürzt).

*16. Hypnose*
Zuerst in: »Pathologie des Zeitgeistes. Rundfunkvorträge über Seelenheilkunde«. Verlag Franz Deuticke, Wien 1955.
Wiederabgedruckt in: »Psychotherapie für den Laien«, a. a. O., S. 62–67.

*17. Gnadentod oder Massenmord?*
Zuerst in: »Pathologie des Zeitgeistes«, a. a. O.
Wiederabgedruckt in: »Psychotherapie für den Laien«, a. a. O., S. 119–124.

*18. Theorie und Therapie der Neurosen*

Auszüge in:

1. »Theorie und Therapie der Neurosen«. Ernst Reinhardt Verlag, München 1975, 4. Aufl., S. 9–42, S. 162–177, S. 120–121 (gekürzt) (UTB 457).
2. »Die Psychotherapie in der Praxis«. Franz Deuticke Verlagsgesellschaft m.b.H., Wien 1982, 4. Aufl., S. 158.
3. »Ärztliche Seelsorge«. Kindler Verlag, München 1975, 8. Aufl., S. 166–167. (Lizenzausgabe der Franz Deuticke Verlagsgesellschaft m.b.H. Wien).
4. »Das Leiden am sinnlosen Leben«. Herder Verlag, Freiburg 1978, 4. Aufl., S. 60–62 (Herderbücherei 615).

*19. Der Mensch vor der Frage nach dem Sinn*

In: »Das Leiden am sinnlosen Leben«, a. a. O., S. 11–34 (gekürzt).

*20. Experimentum crucis*

In: »... trotzdem ja zum Leben sagen (Drei Vorträge)«. Verlag Franz Deuticke, Wien 1947, 2. Aufl., S. 65–66.

*21. Ein Psychologe erlebt das Konzentrationslager*

In: »... trotzdem ja zum Leben sagen. Ein Psychologe erlebt das Konzentrationslager«. Vorwort von Hans Weigel. Kösel-Verlag, München 1979, 3. Aufl., S. 24–139 (gekürzt).

*22. Kunst*

In: »Anthropologische Grundlagen der Psychotherapie«, a. a. O., S. 300–301.

*23. Was sagt der Psychiater zur modernen Literatur?*

Vortrag, gehalten auf Einladung des Internationalen PEN-Clubs am 18. November 1975 in englischer Sprache unter dem Titel »A Psychiatrist Looks at Literature«.
In: »Das Leiden am sinnlosen Leben«, a. a. O., S. 106–112.

## TEIL II

Die Textauszüge sind jeweils am Ende mit einem Titel-Kürzel und Seitenangabe versehen (z. B. ÄS 20 = »Ärztliche Seelsorge«, S. 20). Die bibliographischen Angaben sind im Quellennachweis zu Teil I enthalten.

| | |
|---|---|
| ÄS | »Ärztliche Seelsorge« (1946) |
| KZ | »Trotzdem ja zum Leben sagen. Ein Psychologe erlebt das Konzentrationslager« (1946) |
| DV | »Trotzdem ja zum Leben sagen. Drei Vorträge« (1946) |
| WS | »Der Wille zum Sinn« (1972, Teile davon 1947) |
| PP | »Die Psychotherapie in der Praxis« (1947) |
| UG | »Der unbewußte Gott« (1948) |
| AG | »Anthropologische Grundlagen der Psychotherapie« (1975, Teile davon 1949) |
| PL | »Psychotherapie für den Laien« (1971, Teile davon 1952) |
| TT | »Theorie und Therapie der Neurosen« (1956) |
| LL | »Das Leiden am sinnlosen Leben« (1977, Teile davon 1959) |

# Personenregister

# Sachregister

# Weitere Werke von Viktor E. Frankl

**Im Anfang war der Sinn**
Franz Kreuzer im Gespräch mit Vikor Frankl, 3. Auflage
Serie Piper 520, München 1994

**Der leidende Mensch**
Anthropologische Grundlagen der Psychotherapie, 2. Auflage
Huber, Bern 1984 (3. Auflage, Serie Piper 1223, München 1990)

**Die Psychotherapie in der Praxis**
Eine kasuistische Einführung für Ärzte, 6. Auflage
Serie Piper 475, München 1991

»Das psychotherapeutische Brevier eines Praktikers, der sich nicht scheut, die Tatsachen über die Autoritäten zu stellen.«

»Zentralblatt für die gesamte Neurologie und Psychiatrie«

»Mit imponierender Klarheit, einer einprägsamen Sprache und einem überlegenen Humor stellt der Begründer der Logotherapie seine Methode in einem Lehrbuch für die Praxis dar. Dabei kommt dem Einfallsreichtum und dem Improvisationstalent besondere Bedeutung zu. Insgesamt sind das humanistische Anliegen, die relativ leichte Anwendbarkeit und die oft prompten Erfolge nach kurzer Zeit bestechende Vorzüge der Logotherapie.«

»Psychiatrie, Neurologie und medizinische Psychologie« (DDR)

**Die Sinnfrage in der Psychotherapie**
Serie Piper 577, 5. Auflage, München 1994

»Ich glaube, daß die Arbeiten von Frankl der wichtigste Beitrag zur Psychotherapie seit Freud sind.«

Professor Dr. F. Hoff in »Therapiewoche«

**Der Wille zum Sinn**
Ausgewählte Vorträge über Logotherapie, 3. Auflage
Huber, Bern 1982 (Erweiterte Neuausgabe: Serie Piper 1238, München [2]1994)

»Vollgepackt mit empirischen Ergebnissen – in einer gut lesbaren und verständlichen Sprache verfaßt – eine Seltenheit bei wissenschaftlicher Literatur.«

»Die Tat«

**Logotherapie und Existenzanalyse**
Texte aus sechs Jahrzehnten. Mit einer Einführung von Giselher Guttmann.
Piper, München 1987. 2. Auflage, Quintessenz, München 1994

**Ärztliche Seelsorge**
Grundlagen der Logotherapie und Existenzanalyse, 14. Auflage
Fischer Taschenbuch 42302, Frankfurt am Main 1987

»Perhaps, the most significant thinking since Freud and Adler.«
»The American Journal of Psychiatry«

»Wohl der entschiedenste Vorstoß, den die analytische Therapie seit Freud gemacht hat.« Professor Dr. H. Kranz im »Zentralblatt für die gesamte Neurologie und Psychiatrie«

**... trotzdem Ja zum Leben sagen**
Ein Psychologe erlebt das Konzentrationslager, 16. Auflage
(Eine Sonderausgabe für den Deutschunterricht an japanischen Schulen erschien in Tokyo), dtv 10023, München 1992

»Dieses meisterhafte Werk gehört zum kostbaren Bestand jener säkularen Literatur, in der Grundwahrheiten unseres Jahrhunderts manifest werden.«
»Deutschland-Berichte«

»Kann zu dem Schönsten und Zartesten deutscher Prosa gezählt werden.«
»Geist und Leben«

**Der unbewußte Gott**
Psychotherapie und Religion, 7. Auflage
Kösel, München 1988

**Psychotherapie für den Alltag**
Rundfunkvorträge über Seelenheilkunde, 14. Auflage
Herderbücherei 387, Freiburg 1989

»Die Darstellungen sind in allgemeinverständlicher Form gehalten, ohne die eigene Schulrichtung in den Vordergrund zu rücken.«
»Psychologie und Praxis«

»In diesem Band sind im besten Sinne allgemeinverständliche Rundfunksendungen des weltbekannten Wissenschaftlers sehr glücklich zusammengestellt. Sie vermitteln nicht nur ohne jede Effekthascherei Einblick in die moderne Psychiatrie, der Band enthält auch echte Lebenshilfe für fragende, suchende, leidende Menschen.« »Die Zeit im Buch«

**Theorie und Therapie der Neurosen**
Einführung in Logotherapie und Existenzanalyse, 6. Auflage
UTB 457, München 1987

»Das ganze Buch zeichnet sich aus durch eine heute selten gewordene Klarheit des Ausdrucks, durch Brillanz und zwingende Logik der Gedankenführung.«
»Der praktische Arzt«

»Frankls blendende Diktion und die reiche Kasuistik aus eigener Praxis und der seiner Schüler in Europa und Übersee machen die Lektüre des Buches zum Vergnügen.« »Österreichische Krankenhaus-Zeitschrift«

**Das Leiden am sinnlosen Leben**
Psychotherapie für heute, 12. Auflage
Herderbücherei 515, Freiburg 1991

»Dieser Band ist so dicht, so erfüllt von glühendem Humanismus, so reich an Dokumentation, und seine kritischen Stellungnahmen sind so besonnen, daß er minutiös gelesen zu werden verdient, Seite für Seite.«
»Annales médico-psychologiques«

**Bergerlebnis und Sinnerfahrung**
Tyrolia-Verlag, Innsbruck 1992

**Man's Search for Meaning**
An Introduction to Logotherapy, 80. Auflage
Simon and Schuster, New York 1992

»I regard this book as one of the outstanding contributions to psychological thought in the last fifty years.« Professor Dr. Carl R. Rogers

»I can only state that if you read one book this year, Dr. Frankl's book should be that one. It is the most important contribution to psychiatry since the writings of Freud.« »Los Angeles Times«

**Psychotherapy and Existentialism**
Selected Papers on Logotherapy, 12. Auflage
Simon and Schuster, New York 1985

**The Will to Meaning**
Foundations and Applications of Logotherapy, 11. Auflage
New American Library, New York 1988

**The Unheard Cry for Meaning**
Psychotherapy and Humanism, 7. Auflage
Simon and Schuster, New York 1986

»Frankl developed his ideas now generally known as the Third School of Viennese Psychiatry – the School of Viennese Psychiatry – the School of Logotherapy. The incredible attempts to dehumanize man at the concentration camps of Auschwitz and Dachau led Frankl to commence the humanization of psychiatry through logotherapy.«

Professor Dr. Gerald F. Kreyche

# Konrad Lorenz

**Der Abbau des Menschlichen**
294 Seiten. Serie Piper 2029

**Die acht Todsünden der zivilisierten Menschheit**
112 Seiten. Serie Piper 50

**Denkwege**
Ein Lesebuch. Hrsg. von Beatrice Richter. 250 Seiten. Serie Piper 1660

**Hier bin ich – wo bist du?**
Ethologie der Graugans. 320 Seiten mit 140 teils farbigen Abb. Serie Piper 1358

**Das Jahr der Graugans**
200 Seiten mit 147 Farbfotos von Sybille und Klaus Kalas. Leinen

**Die Naturwissenschaft vom Menschen**
Eine Einführung in die vergleichende Verhaltensforschung. Das »Russische Manuskript« (1944–1948). Aus dem Nachlaß herausgegeben von Agnes von Cranach. 429 Seiten mit 12 Zeichnungen des Autors. Ln.

**Die Rückseite des Spiegels**
Versuch einer Naturgeschichte menschlichen Erkennens.
**Der Abbau des Menschlichen**
Zusammen 537 Seiten. Geb.

**Das Wirkungsgefüge der Natur und das Schicksal des Menschen**
Gesammelte Arbeiten. Hrsg. und eingeleitet von Irenäus Eibl-Eibesfeldt. 368 Seiten mit 23 Abb. Serie Piper 309

**Über tierisches und menschliches Verhalten**
Aus dem Werdegang der Verhaltenslehre. Gesammelte Abhandlungen Band I. 412 Seiten. Serie Piper 360

**Über tierisches und menschliches Verhalten**
Aus dem Werdegang der Verhaltenslehre. Gesammelte Abhandlungen Band II. 398 Seiten. Serie Piper 361

**Karl R. Popper / Konrad Lorenz Die Zukunft ist offen**
Das Altenberger Gespräch. Mit den Texten des Wiener Popper-Symposiums. Hrsg. von Franz Kreuzer 143 Seiten. Serie Piper 340

PIPER

Serie Piper

# Paul Watzlawick

1237

2100

174

742

373

1222